genron 14

2023 March

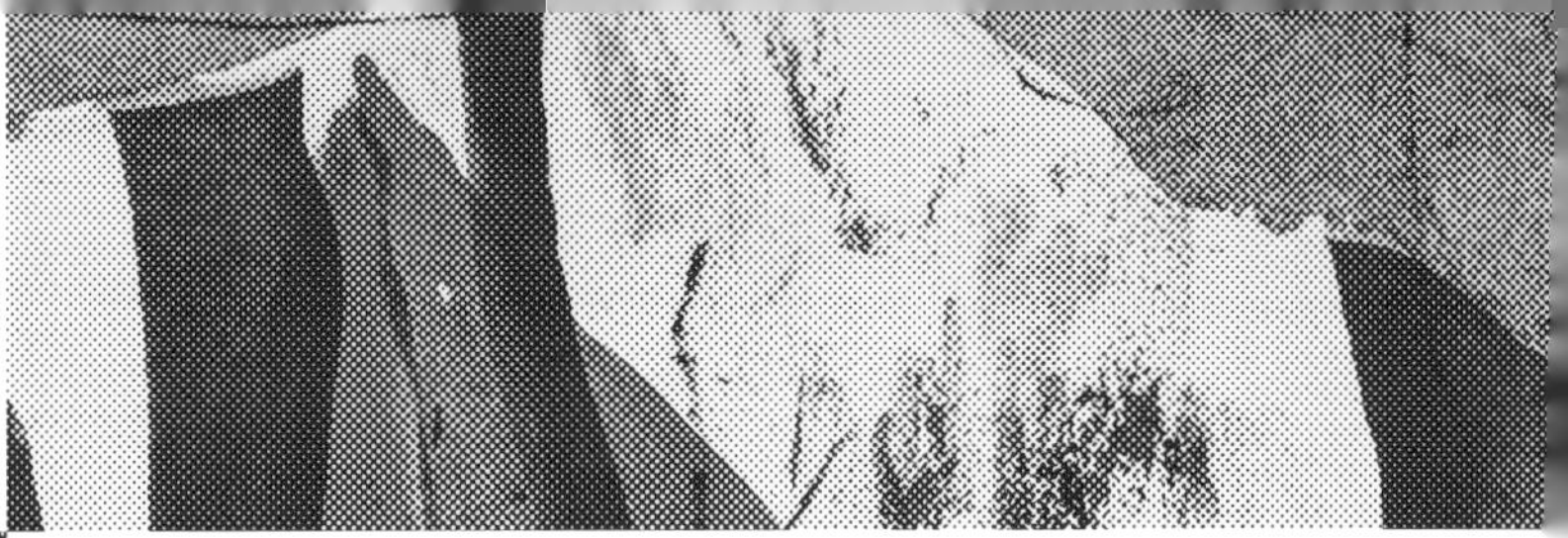

ゲンロン

編集長—東浩紀

ゲン

14
2023
March

ロ ron ン

イ・アレックス・テックアン「理論と冷戦」、福冨渉「タイ現代文学ノート」、上田洋子「ロシア語で旅する世界」は今号は休載です。

表紙：梅津庸一　デザイン：川名潤

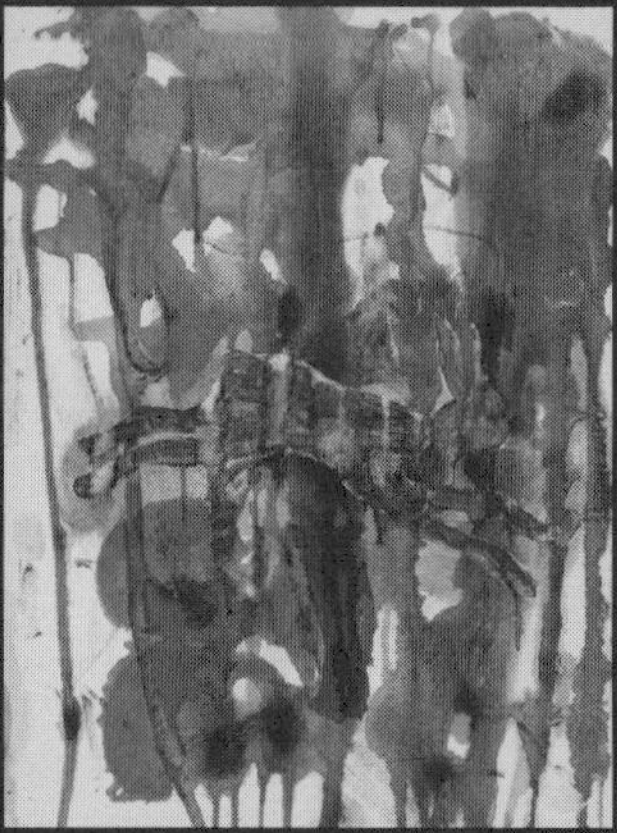

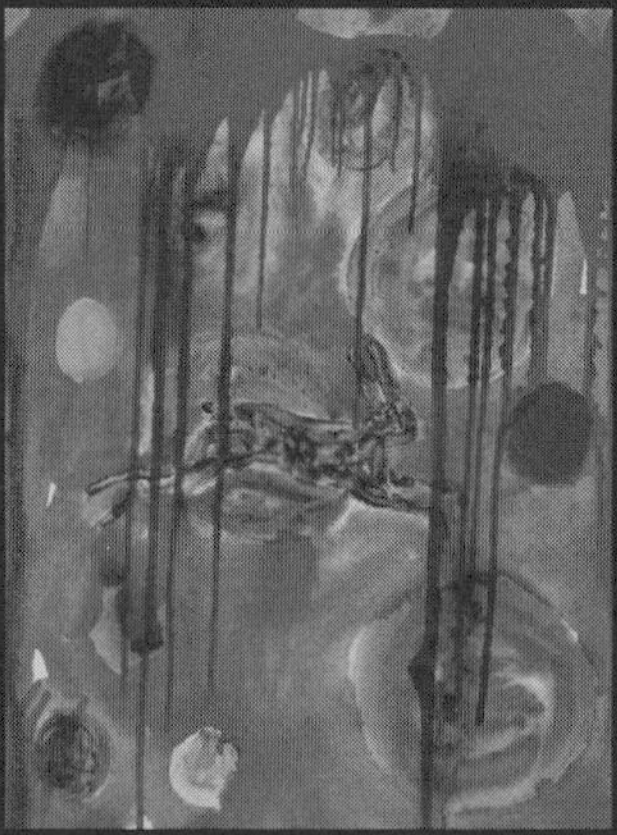

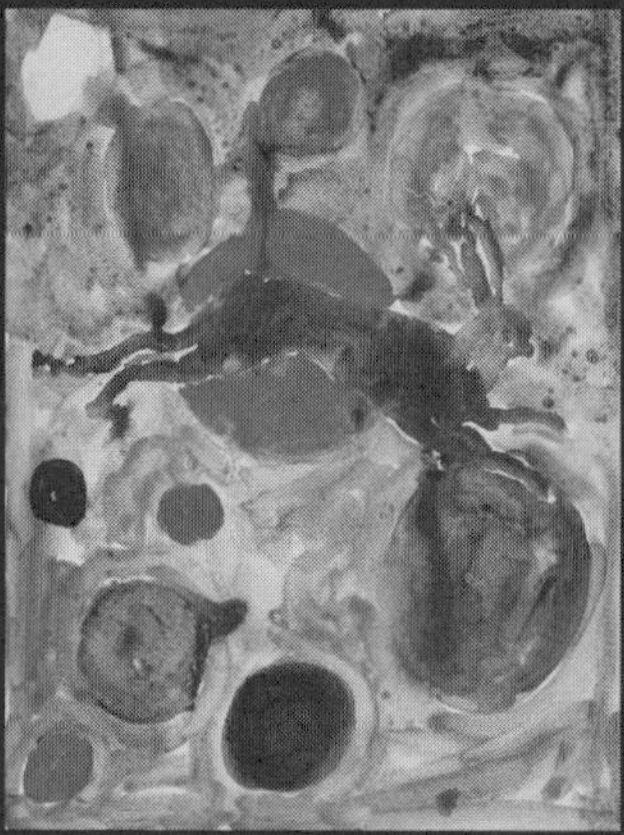

作品撮影＝今村裕司

10	9	8	7	6
5	4	3	2	1

表紙は梅津庸一の《うさぎ、美術の良識からの逸脱 no.10》(2023)。65×50cmの版画用紙に油彩、水彩、アクリル、インクの混合で描かれている。卯年なので兎の絵がほしいという弊社の依頼で描かれた新作。弊社がなかなか承諾を出さなかった結果、10枚の連作になった。連作全体は裏表紙で紹介している。作品番号については上の対照表を参照してほしい。作家曰く、兎の形象はヨーゼフ・ボイスへのオマージュであるとのこと。本誌掲載のエッセイで記されているとおり、作家は最近信楽で陶芸に取り組んでいる。不定型な茶の流れは林の木立のようでもあり、釉薬の垂れのようでもある。背景の金と赤の矩形や緑の球体は仮想現実の虚構性・人工性を思わせる。不確定で不気味な時代のなか、本誌もまたアナログとデジタルの境界を飛び跳ねる兎のようでありたいとの願いを込めて表紙に選んだ。　（編集長・東浩紀）

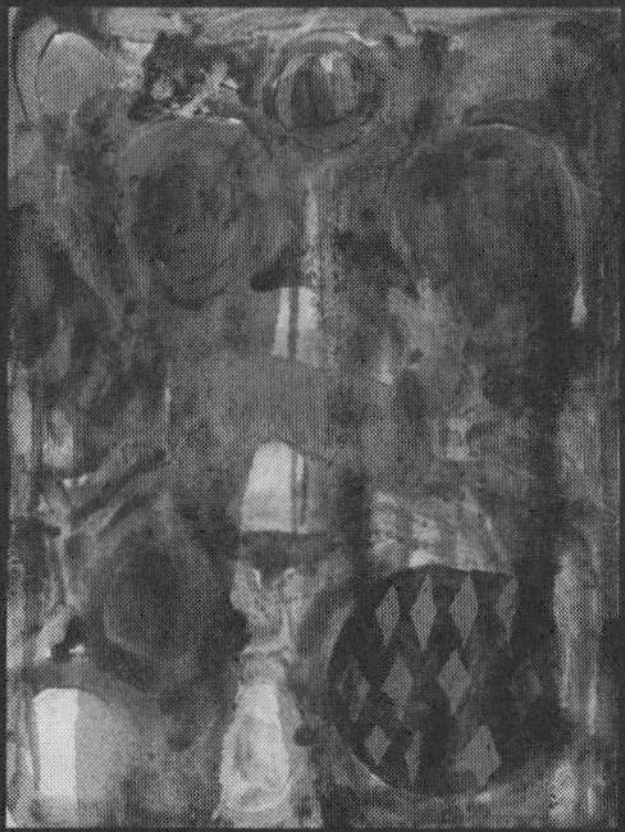
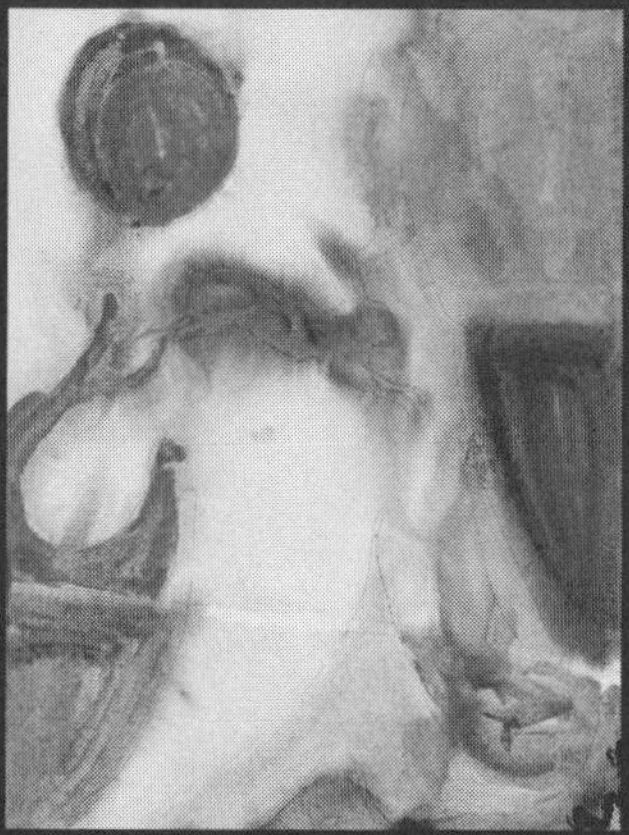
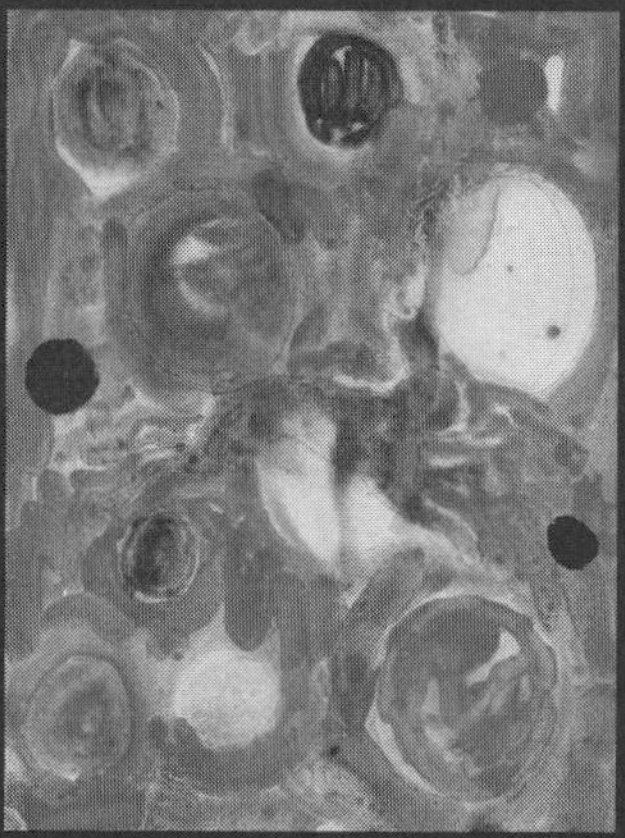

作家より

本作は昨年末のゲンロンの上田代表からの依頼で制作されたものだ。うさぎは今年の干支なので元旦から制作することにした。しかしうさぎというモチーフは自分には馴染みが薄く、正直かなり困惑した。というのも僕はどんな主題でも自分の作品にできるような強力な「作風」を持ち合わせている作家ではないからだ。そして主題と表現様式、方法論が嚙み合わないと作品は成立しないとも考えていたので、うさぎというお題が先にある状態での制作は難航した。最初は日本画風のものを想定したがアイデアスケッチの時点で違うなとボツになった。

「うさぎ＝可愛らしい」から逃れるためにうさぎをシルエット的に扱うことにした。それと自分がこれまで触れてきた様々な表現様式を結びつけることでなんとか作品にならないかと試行錯誤を繰り返した。

ヨーゼフ・ボイスのうさぎ、子どもの頃に読んだ『キンダーブック』（フレーベル館）の表紙、須田国太郎の油彩画、濱田庄司の釉薬の流しがけ、ピーターラビット、フリーハンドで描く幾何学、岡﨑乾二郎的な地と図の扱いを軽率な感じに、ヘレン・フランケンサーラーのステイニング、パウル・クレーの詩情、梅津の近作の自己模倣……などなど様々な要素をブレンドしながら描いた。

「よし、できた」と上田さんにおそるおそるメッセージで送ると「もっとポップに」「ビジュアル系成分マシマシで」「書店の群雄割拠の中で勝たねばならない」とお返事があり、その後も「わかりやすく」「文芸誌っぽさを排除する方向で」「うさぎは大きめ」「黒がやや重い」と次々とオーダーがあった。正解がわからないままうさぎの絵はどんどん増えていった。

2023年1月4日からは西船橋のギャラリーKanda & Oliveiraで上田勇児との２人展「フェアトレード」展の設営が始まった。けれどもいっこうに納得がいくうさぎが描けず、展示の設営を中断し「うさちゃんが完成しないと展示は無理です」とか言いながら制作は続けられた。ギャラリーオーナーの神田さんも不安そうだったが、最終的には10枚に及ぶ連作として完成した。3月にゲンロン友の会総会で一部が、4月からは1ヶ月ほどの会期で上記のギャラリーでフルセットが展示される。結果的に新しい挑戦ができて本当によかった。めずらしく満足のいく出来である。


（梅津庸一）

genron

14

2023
March

荒俣宏
梅津庸一
浦沢直樹
鹿島茂
小松理虔
櫻木みわ
櫻間瑞希
さやわか
田中功起
辻田真佐憲
豊田有
ユク・ホイ
松下隆志
松山洋平
山森みか
東浩紀
上田洋子

Photo by Viktoria Sedova / iStock

座談会

荒俣宏 + 鹿島茂 + 東浩紀

Hiroshi Aramata + Shigeru Kashima + Hiroki Azuma

コレクションはタイムトラベルだ

博物学的な知と「どっちつかず」の美学

東浩紀　作家の荒俣宏さんとフランス文学者の鹿島茂さんにお越しいただきました。二〇二二年の五月から七月まで、日比谷図書文化館で鹿島さんのコレクション展が行われました［★1］。関連企画としておふたりの対談があったのですが、荒俣さんが何十枚も用意された写真のうち二、三枚を紹介しただけで時間が尽きてしまった。そこで鹿島さんから「ゲンロンカフェで続きをやったら」という話をいただき、この会が実現したわけです。今日は存分にお話しいただければと思います。
　まずはおふたりの出会いから伺えますでしょうか。

家には本が住んでいた

鹿島茂　最初にお会いしたのは一九八九年です。瀬戸川猛資さんが創刊した雑誌『ＢＯＯＫＭＡＮ』に、荒俣さんが「ブックライフ自由自在」を連載されていた時期です［★2］。共通の知り合いの編集者の紹介で横浜のわたしの家にいらした。書斎に積んであった古本屋のカタログをずっとご覧になっていたのを覚えています。そこにはタイトルと値段以外、ほとんどなにも書いていない。けれど、わたしたち愛書家にとって一番幸せなのは、カタログを見ている瞬間なんです。

荒俣宏　インターネットがない時代、いいものを探すための唯一の導きになるのがカタログでした。いまのように情報が入る時代ではないので、すこしでも安く、状態のいいものを探すために、とにかくみんな真剣だった。
　当時は本そのものに魔力があったんです。子どものころは本のなかにすべての秘密があると思っていました。わたしは団塊世代なので、親が受験を心配して、中学から大学までの一貫校に入れた。それもあって、もう勉強はいいやと思い、高校時代はすべてを本に費やしていました。自慢ではないですが、わたしは大学卒業まで、お昼ご飯を食べたことがありません。食費を本代にあてていたからです。そうすると昼休みが手持ち無沙汰になってしまうので、図書室に行ってますます本が好きになる。

Hiroshi Aramata +
Shigeru Kashima +
Hiroki Azuma

鹿島　わたしも似たような少年時代でした。親は商売人でいわゆるインテリではなく、家には一冊も本がありませんでした。かわりに小僧さんが買っている雑誌や、商売の関係で取っていた新聞三紙を読み漁っていた。当時は『日本経済新聞』の「私の履歴書」が黄金時代で、田中角栄や三島海雲や大谷米太郎など、伝説的な政治家や実業家が登場していました［★3］。これがまたじつにおもしろかった。当時の新聞や雑誌やマンガはどれも総合性があり、自分の興味があることもそうではないことも、どちらも目に入った。それでわたしも荒俣さんも、いろんなことに手を出す人間になったのではないかと思います。

荒俣　マンガは、「読むと必ず不良になる」と禁書扱いでしたね。なかでも劇画は悪だとされ、さいとう・たかをなんて学校で読めなかった。しかしそういう弾圧には立ち向かった。学校で持ち物チェックがあるときは「お腹が痛いです」とトイレに行く。じつはトイレには隠し場所があって、禁止物品の避難所になっていた。

鹿島　同じです。どんな状況でも抵抗勢力は出来上がるんだなと感心しましたね。

荒俣　わたしたちが本格的にコレクションを始めたのは一九八〇年代ですが、サブカルチャー系の本はまだほとんど二束三文で売られていました。古本屋もすべての本を知っているわけではありませんから、彼らのまちがいを正すのを趣味にしてるマニアもいた。洋古書店で英語の訳がまちがっていることもあった。有名なのは007シリーズの『ドクター・ノオ』が「医者はいらない」というタイトルになっていたり（笑）。

東　（笑）

荒俣　当時、植草甚一という評論家が古本屋を歩き回り、タイトルや値付けを勝手に修正しているという話が、都市伝説のようになっていた。

鹿島　ありましたね。わたしも東京泰文社［★4］で植草さんが値付けしている現場を目撃しました。本屋さんも困る。

★1　二〇二二年五月二〇日から七月一七日まで開催された特別展「鹿島茂コレクション2――『稀書探訪』の旅」を指す。後出の対談は七月三日に行われた。

★2　『BOOKMAN』はミステリー批評家で編集者の瀬戸川猛資が一九八二年に創刊した雑誌。創刊号の岩波文庫特集以降、新書や洋書、辞書や古書店、それにSFや探偵小説など、本をさまざまな側面から特集した。荒俣宏や呉智英らが執筆陣に名を連ね、一九九一年までの一〇年間で三〇号を数えた。古書蒐集をテーマとした荒俣の「ブックライフ自由自在」は、八三年から九一年にかけて連載された。

★3　三島海雲はカルピス株式会社の創業者。大谷米太郎は大谷製鋼所（後の大谷重工業）およびホテルニューオータニの創業者。ゲンロンに近い五反田TOCビルの建設を計画したのも大谷米太郎である。

★4　東京、神保町にあった古書店。洋書、なかでもSFやミステリーのペーパーバックの品揃えが優れており、安価であったという。一九九六年閉店。

荒俣　そういう状況なので、本屋もよくわからない珍本や良い本が簡単に手に入れられた。それがわたしたちの時代の良かったところです。明治維新のとき、浮世絵や錦絵が一斉に市場に出ました。状態のいいものは海外に流れてしまいましたが、神田の本屋で一束いくらの紙クズをよく見ると、当時はまだ明治の錦絵みたいなものが残っていました。加えて当時は円が強くなって、洋書が安く買えるようになったこともよかった。いまでは日本円が弱くなり市場で海外のバイヤーの存在感が増していますが、逆のことが起きていました。海外の雑誌もどんどん入ってきていた。たとえばイタリアのフランコ・マリア・リッチという城を持ってる美術雑誌の出版物。『ＣＯＳ』という豪華美術雑誌では毎号、日本の美術界には知られぬジャンルが特集されてた。蝋人形とかカラクリとか博物図なんかがね。

鹿島　そういった紙束や雑誌のバックナンバーを大量に買いつけるから、家がすぐ古本で埋まるんです。

荒俣　そうそう。わたしは一時期平凡社に住んでいたので、家にはまったく帰らなかった。家にはだれが住んでいるかといえば、本が住んでいた。

集め「させられる」体験

東　平凡社の話が出ましたが、荒俣さんの代表的なお仕事で、一九八〇年代から九〇年代にかけて同社から全七巻（別巻含む）で刊行された『世界大博物図鑑』があります。この図鑑には豊富な図版が掲載されていますが、基本的には荒俣さんが自費で集めたとか。

荒俣　そうなんです。この図鑑の執筆には莫大なお金がかかっています。たとえば、一七一〇年代に出版された、ルナールによるインド洋の魚類図鑑がある。世界ではじめて生きている熱帯の魚を彩色写生した本だと言われていますが、刊行当初は空想の本だと思われていた。極彩色の熱帯魚なんて、フランスの海には存在しなかったからです。

　ところがのちすべて写生で、実在の魚であることが判明し、二〇〇〇年ぐらい経って古書市場で価格が高騰するようになった。いまでは世界に三〇部くらいしかない稀覯本なんですが、当時カタログでオランダの古本屋が売っているのを見つけました。値を尋ねると、なんと五〇〇万円。まだふつうのサラリーマンだったわたしにはとても払えない金額です。でもどうしても欲しい。それで、その時代にできたばかりだったサラ金に駆け込みました。

鹿島　サラ金は我らコレクターの味方でしたね（笑）。

荒俣　ところが給与明細を見せたら「二〇万円しか貸せない」と言われてしまった。すがる思いで古本屋に相談したら、特別に月賦にしてもらえたんです。真剣な客だとわかってくれたんでしょうね。

東　とはいえ、月賦で五〇〇万円を返済するのはかなり大変なのでは。

荒俣　だから昼ご飯はやはり食べていなかった。平凡社では会社の床に段ボールを敷いて寝泊まりをさせてもらっていました。出版社はコピーが取り放題で、そこは非常にありがたかったですね。サラリーマン生活は三二歳くらいのときに辞めたのですが、五〇歳ごろまでそんな生活をしていました。

鹿島　当時、荒俣さんは家に全然いないから連絡が取れなかったんです。そこで出版社に直接会いに行った。すると、何百万円もする古本をバーっと開いてコピーにかけていたんですよ。本当に驚きました。本が壊れちゃうじゃない！

荒俣　畳半分くらいの大きさの古書もあり、いちいち現物をひろげて読んでいられないんですよね。コピーを取ると読みやすい。

鹿島　といっても、ふつうは躊躇いますよ（笑）。

東　コレクターというと本をきれいに保存する印象がありますが、必ずしもそうではないのですね。

鹿島　ひとによります。荒俣さんほどではないですが、わたしも装丁よりも中身とくに挿絵が見たいので装丁の状態にこだわりはない。そもそも状態を追求してしまうと、価格が数十倍になって買うことができなくなる。逆にいえば、美品なら何億円もするような本が、状態次第では数百万円で手に入ることもある。だから、それほど裕福でなくてもコレクションに踏み出すことができるんです。

荒俣宏

東　しかし中身が重要なのだとすると、図書館から借りてコピーするだけでもいい。「所有する」ことの意味はどこにあるのですか。

鹿島　それはむずかしい問題です。わたしにも借りるだけでいいという本はあります。しかしこの世には「所有しないとまずい本」というものがあるんですよね（笑）。たとえばマンガや挿絵本は、情報として参照できるだけでは意味がない。モノとして持たないと意味がないと感じてしまう。だから、オリジナルの古書を買うと同時に読むための再販本も買う。

荒俣　ひとことでいえば、知とは情報ではなく物量なんですよ。質や検索性よりも、山のように「積める」かどうかが大事なんです。鹿島さんは中身が大事だとおっしゃったけど、中身の質を判断して集めているわけでもない。積んでいるものの多くはたんなるゴミかもしれない。でも集める。コレクションの本質は、価値があるかどうかわからないものを集めるから創造性が出てくるところにある。コレクションとして集積されると、紙クズも宝に位置づけられてくるから、ふしぎです。

東　なるほど。たいへん興味深いお話です。関連して質問したいのですが、そのような感性にインターネットはどう影響していますか。おふたりから見て、若い世代のコレクターに変化はありますか。

鹿島　どうでしょう。いまは情報だけ保存できてしまうので、逆にモノとしての本が廃棄されるスピードは上がっています。本が探しやすくなっているのは確かなので、コレクションはしやすい。ただ、コレクションを築くためにはあるていどジャンルを限定しなければいけませんが、ジャンルを限定しすぎるとコレクターではなくオタクになってしまう。その兼ね合いがむずかしいところですね。

荒俣　鹿島さんはフランス本が専門、わたしは英語本とフランス語本が中心だけど、いまはいろんな国のいろんな古書にアプローチができる。だからいまの時代ならではの新しいジャンル・コレクションが作られる可能性はあると思います。ただ大事なことは、コレクションをするなかで、主導権をどちらが握るか。古書か自分か。オークションや市で出る本を、どうしても入手したいと思ったら、お金も時間もなくなる。ほんとに自分に必要なら、いつかかならず手元に落ちてきます。それを気長に待つから、ある種のワビサビになる。

鹿島　わかります。主導権のありかが大事ですね。

荒俣　わたしたちの時代には、自分ではなく古書、つまりコレクターではなくコレクションが主導権を握っていました。ところがいまでは、コレクションがコレクターの自己表現の一要素になっているように見えます。「これを集めたところでなにになるんだろう」と疑問を抱きながら集める、という諦念がないんじゃないか（笑）。

東　コレクションが自己表現になってはいけないと。

鹿島　いけません。わたしが集めているのではなく、集めさせられている。その境地に至るのが大切です。コレクションとはマゾヒズムの経験なんです。

荒俣　コレクターは天命に従っているにすぎません。自分が集めたいわけじゃない。高価な古書をかき集めてやっと出した『世界大博物図鑑』の最初の印税は、三、四〇万くらいでした。資料代を考えると、本を出すことは経済性が成り立たない行為です。地獄へ落ちるようなものです。

　けれどもそれでますます古本に愛着が湧く。書いた人は大赤字で、一〇〇年後の古本屋にすべての利益が落ちる。いい換えれば、世の中のすべての本は安い。わたしの本だけじゃない。本というのはみな莫大な労力をかけて作られているものです。何年もの人生がかかっている。それだけの労力のかけられたすばらしい本が、たったこれだけの値段で買える。それはすごいことです。そうなってくるとこれはもう買わせていただくしかない。わたしたちの生活なんてどうなってもいいんですよ（笑）。

本というモノの魅力

荒俣　ところで鹿島さんは少年時代、少女マンガも読まれましたか。

鹿島　はい。となりの商家で雑誌を売っていたので、そこにあるマンガはジャンル関係なく読んでいました。

荒俣　劇画とならんで、少女マンガを読むのも不良少年の特徴でしたね。わたしは上野の下町出身で小学校は板橋でした。家の近所は町工場が多く、同級生はみんな跡取りだった。わたしは将来、昼間は町工場で働き、夕方に家に帰ってマンガを描く生活を夢想していたんです。当時の少年マンガは教育的な内容でなければならず、健全な大人になる手本として描かれていた。その点、少女マンガはかわいい女の子さえ描ければ物語はかなり自由にできたんです。たとえムチャクチャな話でもね。それで少女マンガ家になろうと思っていました。

　高校生のころは出版社に持ち込みもしていたんですが、あまりうまくいかず、方針を変えて一時期は挿絵画家を目指していました。昔は挿絵入りの本がたくさんあったんで、その影響ですね。そういえば、読書量を買われてマンガ家のネタ集めのバイトをやっていたこともありました。

鹿島　いまはあまり聞きませんが、昔の大衆小説家やマンガ家はアイデア提供者を雇っていたんですよね。それこそ菊池寛も何人も抱えていました。特に英語ができるひとは重宝されていた。

荒俣　わたしもそのひとりだなァ。当時の忘れられないエピソードがあります。ある雑誌を読んでいたら、どこかで見たようなストーリーを描いているマンガ家がいる。のちに個人的にお付き合いさせていただく水木しげる先生です。

　当時のわたしがネタとして出したのは「二重の影」という話でした。シャミッソーの『影をなくした男』の設定を変えて、殺人を犯した男の影がふたつになった、という話にしてオリジナリティを出したつもりでした。ところが、水木先生のマンガを読み進めると、殺されたあとの展開がちがう。影がなんと三里に伸びる。やはり作家は、このくらいの奇想が必要なんだと驚かされました。

　ただ、これはオチがあって、後から考えるとじつはネタだしのメモのたんなる誤読だったんじゃないかと気がつきました。わたしの手書きの「二重」という文字を「三里」と読みちがえたのではないかと思うんです。

東　なるほど（笑）。

荒俣　先生にははぐらかされましたので、真相はわかりませんけど。そういう仕事をいただけるようになったものの、相変わらず絵の仕事はなかった。

　いま振り返ると、わたしは当時から、本の中身を書くことではなく、本全体を作ることに興味があったのだと思います。挿絵を描いていたのも、挿絵を入れた自分の本を作りたかったからです。ひとつお見せしますが、大学時代には、ダンセイニ卿のテキストを図書館で借りて模写して［★5］、装丁も挿絵もすべて手がけた自作の本を作ったことがあります［図1・2］。ウィリアム・モリスを真似して、ガリ版でプライベート・プレスを作ったりしたこともある［★6］。洋書は装丁や挿絵にこだわっているものが多く、憧れがあったんですね。かつて文学者に愛書家が多かった理由のひとつには、装丁の美しさがあったと思います。

鹿島　日本でも昔は版元が装丁に凝っていましたね。夏目漱石や萩原朔太郎の初版はどれもすばらしい。

荒俣　昭和に入ると、円本の影響でだんだん簡素化していくんですけどね。ただ、円本でもけっこうしっかりした装丁でした。そもそも円本はけっこう高くて、いまの文庫のようなものだというのは誤解なんです。

東　当時の一円はどれくらいの価値だったのでしょうか。

鹿島　いまだと三〇〇〇円くらいかな。円本以前の本は二、三円ぐらいでしたから、いまでいうと一万円ぐらい。本はそもそもかなり高価な商品だったんです。

円本は「セット予約」の形式をとる文学全集のはじまりでもあります。このビジネスがなぜ成功したかというと、読むためではなく、ステータスとして家に飾るために本を買うひとがとても多かったからです。こうまとめるとだめな風潮に感じられますが、そういう虚飾のおかげで、わたしたちのような商人の家庭にまで文学が届くようになったわけで、わたしはたいへんよいことだったと思います。

もうひとつ大事なのが、当時は日本の人口が急速に増えていたということですね。文学全集は、人口の増大期に読書層

図1　荒俣が大学時代に制作した私家本の装丁　提供＝荒俣宏

図2　同書の挿画と前付　提供＝荒俣宏

のすそ野を広げるものとして現れる。わたし自身も中学生のころに読書感想文を書くために本屋から紹介され、文学全集を購読しました。最初は夏目漱石や谷崎潤一郎といった有名作家が配本されるのですが、途中からいまではだれも知らないようなマイナーな作家のものばかりになっていく。けれどそういう作品もぜんぶ読んでしまうことで、人々は教養を身につけていたわけです。

荒俣　「教養」は重要なキーワードです。昭和初期の円本は文学に詳しくない一般読者をターゲットにしたので、全体を体系として見せなければいけなかった。日本文学なら夏目や芥川、海外文学ならゲーテのような横綱級の作家だけではなく、マイナー作家も併せて提示することで、文学や思想の相場観そのものを提示しなければいけなかったわけです。

　円本の普及は若者世代に大きな影響を与えました。漱石門下の哲学者に阿部次郎という人物がいて、彼が大正初期に『三太郎の日記』という随筆集を出しています［★7］。こういう本が円本時代も売れつづけてベストセラーになるのです。円本は小説家を世界一周に行かせ、青春期の学生には哲学に親しませる道をひらいた。昭和初期の若者がいかに教養人であったか、それを知りたければ学徒出陣した学生の遺言を見るのがいちばんよい。そういう影響もあって、日本では陰々滅々とした実存的な日記文学が増えていく。西洋では日記といっても社会批判とか対外的な論争を書くものが多いんですが、日本では悩みを記し、生き方を自問自答するジャンルになっていくんですね。

鹿島　日記はおもしろいですね。当時の青年は修養という目的で日記をつけることが多かった。これについてはおもしろ

鹿島茂

★5　ダンセイニ卿はアイルランドの作家。ファンタジーやミステリーなどの小説や戯曲、詩を残した。荒俣はこの作家を高く評価し、『ペガーナの神々』（創土社、一九七五年）、『魔法使いの弟子』（ハヤカワ文庫FT、一九八一年）など数々の著作を翻訳している。「ダンセイニ」をもじった「団精二」という筆名を用いたこともある。

★6　一九世紀イギリスを代表するデザイナー、作家のウィリアム・モリスは、安価な大量生産品に対抗したアーツ・アンド・クラフツ運動の主導者として知られるだけでなく、印刷工房「ケルムスコット・プレス」を設立し私家版の書籍を発行していた。

★7　大正から昭和期の哲学者、評論家。新カント派の哲学者リップスの影響を受けて人格主義・教養主義を唱えた。理想を求める思索を描いた随筆評論集『三太郎の日記』（一九一四年）は当時の若者のあいだで大ベストセラーとなる。他の著作に『倫理学の根本問題』（一九一六年）など。

いエピソードがあって、戦時中、日本軍では一兵卒にいたるまでみんな日記をつけていた。軍が推奨していたらしいです。手紙が自由に出せたアメリカ軍とちがい、日本軍は検閲が厳しかった。そのためのガス抜きとしての役割があったのでしょう。ところがこれによって思わぬ事態が生じる。アメリカ軍が日本兵の死体を漁ると、どんどん日記が出てくる。そしてそこには作戦もなにもかも全部書いてある。

東　あちゃあ……。

鹿島　いくら手紙を検閲しても、日記が渡っては意味ない。日記は検閲していないですからね。

荒俣　日本軍は米軍が日本語を解読できることを想定していなかった。ドナルド・キーンは当時海軍の情報士官として働いていて、実際に彼らの日記を読んでいます。その経験についてはよく書いていますね。

東　円本という出版形態が、日本人の教養や内面を変えてしまったわけですね。

少女マンガの原点と『ラ・ヴィ・パリジエンヌ』

東　今日は、荒俣さんがコレクションされているという、パリの少女絵（ガールアート）もお持ちいただきました。

荒俣　少女マンガ家になりたかったこともあり、女性の絵には関心がありました。なので海外に雑誌を買いに行けるようになると、すぐにパリのガールアートを集めるようになります。日本の少女マンガの原点にあたるものです。

そのなかでもとくに重要なのが、二〇世紀初頭に活躍したラファエル・キルヒナーというイラストレーターです［★8］。彼はたいへんな大物なのですが、日本人の女の子もときおり描いています。

当時のヨーロッパでは、日本の女性が大きな流行になっていました。ピエール・ロティ［★9］という作家が一八八七年に『お菊さん』という小説を書き、一九世紀末にはヨーロッパで「ムスメ」という日本語が広く流通するようになります。ゴッホにも同名の作品があります。さらに流行を決定的なものにしたのが、一九〇〇年のパリ万博に現れた貞奴でした［★10］。彼女の歌舞伎的な演技は西洋人の目に新しく、一躍スターになる。とくに絶命するときの全身の痙攣がうけた。その影響もあって、日本女性そのものがイラストのテーマになっていた。

鹿島　この時期の女性の表象はおもしろいです。フランスに『フェミナ』という女性雑誌があったのですが、そこで一九〇五年ごろ、かわいい男の子にガーリーな格好をさせて写真を撮るというコーナーがありました。見出しには「ギャルソンヌ」とあり、これは「少年《ギャルソン》」という単語の女性型です。

東　いまの日本の「男の娘」にも通じる文化ですね。パリにもあったんですね。

荒俣　実際、ある時期からのパリでは女性の描き方がどんどんユニセックスになっていくんです。

　パリのガールアートのなかでも、わたしがとくに熱心に集めたのがこの『ラ・ヴィ・パリジエンヌ』という雑誌です［図3］。挿絵としてセクシーな女性が描かれていますが、けっしてポルノではない。いまでいう萌え雑誌ですね。この雑誌にはさきほどのキルヒナーをはじめ、ジョルジュ・バルビエ［★11］など錚々たる面々が寄稿します。彼らのイラストをとおし、それまでは娼婦のひとたちに特有のものとして考えられていたセクシーさ、あるいはお座敷芸的なユーモアのセンスが、一般の若い女性にも広まっていくんです。それは女性たちが社会進出していく過程と並行している。

東　中身はイラストが中心ですか。

鹿島　いや、広い意味での風俗案内の雑誌ですね。かつての『ぴあ』のような演劇やスペクタクルの情報プラス軟派記事です。パリのひとたちが、劇場がどこにあるか、どんなファッションが流行っているかを知るためというのが表向きですが、裏情報も載っていました。一九一四年に第一次大戦が始まると、パリでも多くの雑誌が終刊してしまう。けれども『ラ・ヴィ・パリジエンヌ』は逆にそこから爆発的に売れ始める。兵士がみんな戦場で読んだんですよ。

荒俣　戦時中でもそうしたパリジエンヌ文化を途切れさせないという女性たちの根性はすばらしいと思います。自粛の要

図3　『ラ・ヴィ・パリジエンヌ』表紙　引用元＝https://www.flickr.com/photos/halloweenhjb/49954980463　Public Domain

★8　オーストリア出身のイラストレーター。一九〇〇年から『ラ・ヴィ・パリジエンヌ』誌をはじめとする雑誌の挿絵画家としてパリで活躍。のちアメリカに渡った。

★9　フランスの作家。一九世紀末に海軍士官として長崎に滞在。そのときの経験をもとに書いたのが『お菊さん』（一八八七年）である。オリエンタリズムに満ちた小説であるが、当時のヨーロッパで広く読まれた。オペラ『蝶々夫人』のもとになったジョン・ルーサー・ロングの同名小説のさらにもとになっている。

★10　自由民権運動で知られる川上音二郎は演劇でも頭角を現した。一八九九年には米国ツアーを敢行。妻の貞奴が舞台に立って、『娘道成寺』などを演じて大喝采を浴びた。その後ヨーロッパに渡り、一九〇〇年にロンドンで公演をした後、パリ万博に招かれる。一九〇一年から〇二年にかけてヨーロッパツアーを行い、ふたたび人気を博した。

★11　フランスのイラストレーター。アール・デコ様式の耽美なイラストで知られる。ニジンスキーやカルサヴィナら、バレエ・リュス（ロシアバレエ）のダンサーたちを描いた作品で高い評価を得た。ファッション雑誌などの挿絵で活躍したほか、舞台美術や衣装デザインなどの仕事も手掛けている。

請が来てもミュージックホールは開いていたらしい。それは第二次大戦のときに日本人が浅草文化を守ったことと似ている。

さきほど日本女性のイメージがパリのガールアートに影響を与えたという話をしました。おもしろいのは、パリのガールアートのほうも日本に輸入されていることです。アルセーヌ・ルパンの挿絵を描いたことでも知られるレオ・フォンタンという画家がいますが［★12］、彼は『ラ・ヴィ・パリジエンヌ』誌の人気作家でした。藤田嗣治や蕗谷虹児［★13］は彼からも大きな影響を受けたはずです。竹久夢二も参加した『婦人グラフ』［★14］の表紙はパリの雑誌と構図がとても似ています。プラトン社から出ていた『女性』という雑誌なども、表紙をほとんどパリジエンヌ系雑誌からトレースしていました。つまり、いわゆる抒情画のおおもとは同時代のパリのガールアートにあるんです。

鹿島　そういう「トレース」が可能だったのは、この時代に汽船の速度が上がっていたからですね。一ヶ月とかからずにフランスの流行を輸入できた。第一次大戦のあおりでフランが暴落し、好景気だった日本からパリに人々が殺到していた時期でもある。西洋のトレンドを輸入するスピードは、いまよりも早かったかもしれない。

図4　『ラ・ヴィ・パリジエンヌ』1922年3月18日号挿画　提供＝フランス国立図書館（BnF）

荒俣　フラン暴落によって、一九二〇年代のフランスはなりふり構わずセクシーな雑誌を海外に出すようになった。それが日本の大正から昭和にかけての新しい雑誌文化の源になったんです。輸出されたガールアートに目をつけたのは日本だけではありません。アメリカのハリウッドも着目していた。マリリン・モンローの有名な、地下鉄の風でスカートが吹き上がるシーンがあるでしょう。あの元ネタはじつは『ラ・ヴィ・パリジエンヌ』の一九二二年三月一八日号なんです［図4］。ほかにもハリウッドの女性のポーズの多くは、フランス雑誌からの流用です。

鹿島　さらに時代が下ると、ナチの迫害を逃れるために、ドイツやオーストリア、フランスのユダヤ系のアーティストたちが一気にハリウッドに流れるようになる。アメリカはそれまで非常に性的に禁欲的だったんですが、これで一気に文化が花開いた。一九二六年に創刊された『アメージング・ストーリーズ』というSF雑誌がありますが、あの表紙でも亡命イラストレーターが活躍しています。

東　なるほど。ジャンルSFには、光線銃をもった火星人に露出の高い女性が襲われているようなセクシーイラストの伝統がありますが、あの起源もパリのガールアートにあったんですね。おもしろいなあ。

ゲアダとリリーの物語

荒俣　現代につながる要素がじつにいろいろとあるんですよ。今日はもうひとつネタをもってきていて……。

東　ほお。

図5　ゲアダ・ヴィーイナ《若い女性の横顔》　提供＝荒俣宏

荒俣　わたしが『ラ・ヴィ・パリジエンヌ』をコレクションするなかで、最も関心を持ったのがゲアダ・ヴィーイナというデンマーク女性の作家です［★15］［図5］。この絵は半分開いた目になぜか惹かれて、原画まで購入しました。当時、半分見開かれた茶色の目は「アマンド」といって、セクシーな表現として受容されていたんです。

それでヴィーイナの作品にのめり込んでいくうちに、彼女のセンスはどこから来たものだろうかと気になりはじめました。彼女は決して女性の真正面の絵を描かず、必ず横向きか後ろすがたで描く。そのことが彼女の絵に不思議な魅力を与えている。その源泉を探りたいと思って彼女についての記事

★12　フランスの画家、イラストレーター。『ラ・ヴィ・パリジエンヌ』などの新聞、雑誌で活躍。ミュージックホール「フォリー・ベルジェール」のポスターでも知られる。

★13　挿絵画家、アニメーション作家。その画風は抒情画と称される。一九二五年に渡仏し、パリで活躍していた藤田とも交友を深めた。

★14　一九二四年から二八年にかけて国際情報社が刊行した婦人雑誌。次文にある『女性』は化粧品会社である中山太陽堂を母体とする出版社・プラトン社が、一九二二年から二八年にかけて刊行した婦人文芸誌。

★15　デンマーク出身の画家・イラストレーター。パリで活躍し、アール・ヌーヴォーおよびアール・デコの画風で新聞・雑誌の挿絵を描いた。後述の『リリーのすべて』は、ヴィーイナと夫のアイナーをモデルとした、米国作家デヴィッド・エバーショフによる小説、およびトム・フーパー監督による伝記映画である。

を探しましたが、一向に見つからなかった。ところが二〇〇〇年代になってから突然情報が出てくるようになる。

鹿島　『リリーのすべて』ね。夫のことを二〇〇〇年にアメリカの作家が小説化して、二〇一五年に映画にもなった。

荒俣　ちょっと、なんでそれ先に言っちゃうの！（笑）

鹿島　あれ、ごめん（笑）。

東　え、ということは。

荒俣　そうです。ネタバレされてしまったから言うと、ゲアダが描いていたのはトランスジェンダーだった。それがわたしが惹かれた魅力の源泉だったんです。

ゲアダの夫はアイナー・ヴィーイナという名前でしたが、いまではリリー・エルベという女性名で知られています。彼女は近代的な性転換手術を受けた世界で最初の男性です。映画の主人公はこちらです。

リリーが性別を変えるきっかけは、ゲアダが依頼されたある肖像画の仕事でした。もうすぐ納品というところで、女性のモデルが病気になってしまった。そこで華奢な体格だった夫を代役にして残りの部分を仕上げた。するとふしぎなセクシーさのある絵になりました。それ以来、夫は女装の魅力に目覚めて、名前を変えてパリの社交界にデビューして人気者になります。当時は性転換が技術的に可能になった時期にもあたっており、リリーは手術を受けて女性の身体になりました。

ところが、男女の夫婦ではなくなったということで、デンマーク国王がふたりの婚姻解消を命令することになります。しかしゲアダとリリーのふたりは最後までパートナーでいた。いまの同性婚を先取りするような話です。リリーは子どもを産めるように五〇歳をまえにして子宮移植手術を試み、残念ながら結果として亡くなってしまいます。ゲアダのイラストにはこのような背景があった。つまりモデルが身体的には男性だったんです。だから絵も正面から描かれなかった。

東　これはすごい話ですね。荒俣さんはもともと少女のイラストを描いていた。その起源を探して出会ったガールアートが、じつはトランスジェンダーを描いていた。いろいろと考えさせられます。

荒俣　そうと知らずにコレクションをしていた荒俣は、我ながら偉いと思います（笑）。風俗系雑誌を集めていてさえ、こういうおもしろい発見があるんです。本気でコレクションをするなら雑誌を見なければいけません。

鹿島　だから、雑誌はバラバラで買ってもおもしろいんだけど、つい全巻欲しくなっちゃうんですよ（笑）。通しで見ていくと時代の変化が覿面《てきめん》にわかる。ある瞬間に一九世紀の文化が終わってモダンが始まった、そういう転換点が刻まれている。これは美術にも文学にもない現象です。そしてアカデミズムではなかなか扱えない。我々のようなコレクターにしか発見できない切断面なんですね。

まつろわぬ都市、東京

東　パリの話が続いたので、東京の話もしたいと思います。じつはぼくが荒俣さんのお名前を知ったのは、中学生のころにリアルタイムで『帝都物語』を追っていたときでした。一九八五年に始まり、大ベストセラーになったSFファンタジーです。ひとことで紹介すれば、陰陽道を操る怪人が主人公で、怨霊を引き受けて繁栄する帝都を灰塵に帰すことを目的に暗躍する物語ですね。明治末期から始まり、関東大震災、二・二六事件、三島由紀夫の死、一九八六年の伊豆大島・三原山の大噴火などが扱われ、未来篇に至る。

　ぼくはずっと東京とその郊外に住んでいるのですが、いま振り返れば『帝都物語』に惹かれたのは、そこに描かれた東京像が一九八〇年代にぼくが見ていた東京のすがたとあまりにちがったからだと思います。ぼくは当時は東急田園都市線の沿線に住んでいたのですが、まるでテーマパークのなかで暮らしているような感覚でした。ぼくにとって、東京は戦争で焼け野原になったあとにできたいわゆる「ポストモダン都市」で、歴史がまったくないのっぺりとした街だった。その古層にはこんなに暗い情念がうごめいていて、それを使えばこんなエンターテインメントが作れるんだ、というのはとても新鮮でした。実際、『帝都物語』以後、マンガやゲームでの東京の扱われ方は大きく変わったと思います。

荒俣　ほお。わたしは親子三代とも東京の下町ですので、東京に歴史がないという見方のほうが新鮮です。ずいぶんちがうものですね。

鹿島　わたしは横浜で生まれ育って、大学で東京に出てきました。そこで驚いたのが山手と下町の関係です。文学作品を読んでいると、麻布の貧民街についての記述が出てくる。東京に住むまでは都心に貧民街があるという感覚がいまいちわからなかった。しかし実際に来て見てみると、たしかに水はけの悪い谷底になっている。地形が生活空間に大きな影響を与えている。

荒俣　東京は定期的にカタストロフに見舞われる災厄都市だったのです。大正二年には神保町で大火があり、その後は関東大震災、第二次大戦では空襲の標的になる。定期的にすべてやりなおしになっている。

　そこでおもしろいのは、その「やりなおし」で、同じ地域の住人が町ごと引っ越してしまうことがあることです。たとえば三鷹に上連雀と下連雀という地名がありますが、あれは秋葉原のあたりにあった連雀町がほぼまるごと移転した土地です。中央線

荒俣宏『帝都物語　第壱番』
（KADOKAWA／角川文庫）

にはそういう土地が多く、となりの吉祥寺ももとは水道橋あたりの地名だった。
東　そうなんですね。ぼくは三鷹市出身ですが、まったく知らなかった。
鹿島　そもそも江戸は海が迫っていて地盤が緩く、住民がよく移動しているんですよ。だから古い地図を見るとおもしろい。

わたしは昔、各国の大使館の場所を地図上にマークしたことがあります。そうすると江戸・東京の西南方向、いまの港区あたりに固まっているんです。このあたりは、風水でいったら裏鬼門になる。東京のひとは、外国のひとたちをそういう場所に集めてしまったんです。
荒俣　まさに『帝都物語』ですね（笑）。
鹿島　開国以前はフランス大使館やイギリス大使館は寺のなかに入っていました。寺は面積も広く、外国人に対しても寛容だったからです。そんな寺も昔から同じ土地にあると思ったらまちがいで、定期的な災害によって江戸時代から郊外に移転を続けています。
荒俣　東京は災害に慣れている。第二次大戦では武家地や町人街がすべて焼け野原になりました。ところが当時の東京都は、これをチャンスととらえたんです。昭和二一年に東京都都市計画課が作った『二十年後の東京』という宣伝映画がありますが[★16]。いまではネットで見ることができますが、それはつぎのような言葉から始まっています。「イギリスの衛生大臣がこう嘆いたそうです。『都市は紙でできていればよかった。そうすれば、その都市が時代に合わなくなればすぐ焼いて建てなおすことができる。石や鉄でできている都市ほどやっかいなものはない』。イギリスの衛生大臣が羨ましがりそうなチャンスが我が国を訪れています」と。
東　ポジティブ感がすごいですね（笑）。
荒俣　『帝都物語』にも「何にもなくなったからやりやすくなったね」というセリフがあるのですが、まさに同じことを東京都が言っていました。
東　災害と風水を結びつける『帝都物語』の想像力は、多くの後続作品に影響を与えています。最近の作品では新海誠監督の『すずめの戸締まり』もその系譜ですね。この作品も、『帝都物語』と同じく地中にある龍脈を制御する物語です。作中では龍が御茶ノ水にある丸ノ内線のトンネルから出てきます。
荒俣　御茶ノ水のトンネルは、わたしもたいへん関心がある場所です。『帝都物語』から三〇年以上経ちますが、この街はいまだに「東京都」とひとくくりにされることに慣れていない。古い地図を見るとわかるのですが、八王子から新宿を経由で皇居のほうへ延びていた甲武鉄道、いまの中央線に相当するものですが、それは途中でいったん切れてしまっていました。御茶ノ水の断崖のせいです。

ほかの線路も同様で、東京は山手と下町の落差を長いあいだつなげることができなかったのではないかと思うんです。皇居の堀は段差を設けて作られたので、水流をコントロールすることができた。だが、鉄道ではそうはいかなかった。鉄路で断崖がつながるのは、昭和に入り山手線と中央線が全通して以降のことです。そこまでは江戸時代の延長で、「東京」がひとつのまとまりになったのは意外と最近のことなんですね。

そういうこともあって、わたしは地下に関心があるんです。『帝都物語』でも地下都市の話を入れました。『帝都物語』はフィクションですが、じつは正岡子規は現実に「四百年後の東京」という短いエッセイを書いていて、高低差が解消されたあとの東京のすがたを夢想しています。

東　地理的な広がりについてはどうでしょうか。『帝都物語』はまさに「帝都」の物語であり、日本が帝国だった時代の話ですよね。さきほど『帝都物語』と『すずめの戸締まり』は似ていると言いましたが、ちがいもあります。荒俣さんの作品では龍脈は日本列島を超えて大きく広がっていて、頭が東京で尻尾は大連に通じることになっている。物語のなかでも満洲が大きな役割を果たしている。

東浩紀

それに対して新海さんの想像力では、龍脈はもっと小さく、いまの本州、四国、九州とほぼ範囲が一致しているようです。

荒俣　いまは、満洲よりももっと視野を大きくし、縄文までさかのぼらなくてはならないと思っているんです。関東平野の文化的なピークは、じつは二万年から一万年前くらいの時期からスタートしています。柳田國男は武蔵野の貝塚を見て回り、縄文時代に関東がどう作られていったのかを考えた。そのときに発見したのが、ダイダラボッチが海から平野を作り出し、人間が住めるように整えてくれたという伝説が各地にあることです［★17］。それは縄文海進のあと、沖積平野が

★16　『二十年後の東京』は東京都都市計画課の企画による一九四七年の映画。日本観光映画社が製作した。戦後復興をチャンスとして新しい時代にふさわしい都市をつくることを訴えている。映像は非公式のものがYouTubeなどで視聴できる。

★17　柳田國男は「ダイダラ坊の足跡」（『一目小僧その他』、角川ソフィア文庫、二〇一三年所収）で、日本各地に伝わる巨人、ダイダラボッチについての伝承を収集している。その多くが山や湖沼の由来に関わることから、柳田はそれらの伝承を、地形の変化という「水土の大事業を神にゆだね」て解釈した例だとする。彼によれば東京は「日本の巨人伝説の一箇の中心地」であり、それは武蔵野が「最も混乱した地層と奔放な地下水の流れを持っていた」ことに起因している。

広がって縄文文化が発展していくプロセスの記憶なんじゃないか。その時代の定住から考えないと、東京という都市の本質は捉えられないんじゃないかと思っています。

東　最近の研究では、稲作も西から北へまっすぐに広まっていったのではなく、先に東北北部に伝わり、関東の受容はいちばん最後だったらしいですね。関東は最後まで稲作に抵抗していた。関東は日本でもっとも古代的なものが残っている土地かもしれない。

荒俣　おっしゃるとおりです。そもそも日本という土地全体が、日本アルプスからクジラの骨が出てくることからわかるように、海からせり出したものなんです。東京はその端っこにぽつんと浮いている。そういう視点が大事ですね。

学生運動と任侠的想像力

東　もうひとつ、じつは今日はおふたりに学生運動の記憶についても伺いたいと思って来ました。鹿島さんは以前ぼくとの対談で、学生運動の問題を考えるためには、本当はセクシュアリティの問題を考えることが大事だとおっしゃっていました［★18］。

鹿島　はい。全共闘の運動は一九七二年の連合赤軍事件によって終わることになるわけですが、あれは日本人が対幻想についてよく考えてこなかったから起きたものだと考えています。遠山美枝子さんが化粧をしていたから粛清されたというのは有名な話です［★19］。つまりあの陰惨なリンチの背景には、セクシュアリティの領域、吉本隆明がいうところの「対幻想」の抑圧があった。

東　そういう性的な抑圧と、今日話題になってきたような同時代のサブカルチャーの台頭の関係はどう見ますか。大塚英志さんが指摘するように、永田洋子がじつは少女マンガタッチの絵を描いていたりもする。

鹿島　むずかしいですね。ただ、政治とサブカルは分かち難く渾然一体になっていたと思います。

そもそも一九六〇年の第一次安保闘争はまっとうな政治運動で、東大生を中心とした党派が主導していました。けれどもわたしが大学に入学した一九六八年には、あらゆる文化が政治と混ざりあっていて、組織もぐだぐだになっていた。背後にあったのは喫茶店文化です。じつは当時は党派によって喫茶店が決まっていた。携帯がなかったので、連絡のために電話がある拠点が必要だったわけです。かといってそこでも政治の話ばかりしていたわけではなく、わたしのように周辺的な人物も集まっていた。

荒俣　そのあたりはわたしの感覚とすこしちがいます。わたしはもっと反社会的というか、近代社会不適合な江戸の原住者の一員であって、藩閥的な政治闘争とは距離があった。

そもそもわたしは、この世をよくするというよりも、古きものが捨てられていくのを防ぎたい、言ってみれば旧士族や江戸町民的な生き方が好きだったんです。わたしは上野の貧乏な地域で育った。お父さんも戦争で心が折れて昼間から酒を飲み、お母さんが子どもを背負って内職をやっているような地域です。そういう日々を心おだやかに送るためには、個人の諦観や美学から出てくる共生思想が必要だと感じるようになりました。いいかえれば、発展や変革を望まないことです。これが原体験にあって、その感覚はいまも持っています。

学園紛争が盛り上がってきたとき、司馬遼太郎の『新選組血風録』を読んで感銘を受けたんです。薩長がのさばって世の中を変えようとするなか、新撰組は古きものを守って死んでいく。なんの得もないけれど、いさぎよい。それで一発で新撰組のファンになりました。そういう、大義に走らない生き方や命の捨て方こそかっこいい。だから世の中を変えようと言っている同世代の一部のすがたは、空想科学小説のように非現実的なものに見えていた。

今日のテーマのコレクションの話と深く関わりますが、サブカルチャーの中心は、あくまでもそういう役に立たない生き方や死に方を肯定する人々だと思うんですね。むろん政治運動に命をかけたひともいるけれど、大部分は、自分たちが名もなくこの世から消えていく、それをよしとするなかで一番幸せな方法を探していた人々ではないか。そういう美学こそがサブカルの核心ではないかと思います。

鹿島　いまのお話はわかります。とはいえ当時の学生運動は、いまの狭い左翼のイメージよりはるかに広いものだった。当時モスコ・ブーコーという映画監督が日本に来た際、通訳をやったことがあります［★20］。彼は、日本の左翼学生がなぜ高倉健のヤクザ映画に惹かれているのか、ふしぎがっていました。それは西欧的な価値観からするとじつに不可解だし、実際現代の左翼には理解できない部分だと思います。しかし現実に、当時の学生運動とヤクザ的な感性には親和性があった。当時は運動をしている学生にも、荒俣さんがおっしゃったような任侠的な美学があったのです。

東　たいへんおもしろいお話ですが、一方で任侠的な美学は、

★18　二〇二一年一〇月一五日にゲンロンカフェで行われた対談「無料の誕生と19世紀パリの魅力」での発言。同イベントは下記のURLで視聴できる。URL=https://shirasu.io/t/genron/c/genron/p/20211015

★19　遠山美枝子は連合赤軍のメンバーであり、連続リンチ事件（山岳ベース事件）の犠牲者のひとり。事件を首謀したとされる永田洋子は、遠山が唇にクリームを塗り、指輪をしていたことがメンバー内で問題視され、リンチにいたったという記述を残している。永田洋子『十六の墓標――炎と灰の青春（下）』、彩流社、一九八三年。

★20　モスコ・レヴィ・ブーコーはブルガリア出身のフランスのドキュメンタリー映画監督。ナチスドイツ占領下のフランスでレジスタンスとして活動したユダヤ人たちが主題の *Des Terroristes à La Retraite*（一九八五年）などの作品で知られる。*Douze Millions de Tokyo*（一九八七年）ほか、東京の娼婦やヤクザを取り上げた作品を撮影している。

男は戦って死ぬ、女は子どもを守って生きろ、といったステレオタイプのジェンダー観を強調するもののようにも思います。それはまさに連合赤軍が抱えていた性の抑圧と直結している気がするのですが、その点はいかがでしょう。

鹿島　そうですね。細かい話をすると、わたしは東映ポルノ映画はホモソーシャルが強すぎるので評価しません。他方で日活系の無国籍アクション映画はホモソーシャリズムからあるていど自由だったように思います。石原裕次郎は全然ホモソーシャルじゃない。

ただ、そういう任侠的美学と政治の結合というのは、歴史的には周期的に現れているように思います。学生運動の空気は、そういう意味で、一九一〇年代の後半、第一次大戦から昭和初期に近かった。吉本隆明が「飢える自由」と表現していますが、自分のやりたいことをやるためなら飢えてもいい、というひとがどっと現れてきた時代です。その結果、プロレタリア文学が隆盛を極める。学生運動とサブカルの時代だった一九六〇年代はそれに似ている。荒俣さんはプロレタリア文学研究の権威でもあるわけで、両方の時代に共通する美学に惹かれたのではないでしょうか。

荒俣　鹿島さん、まさにそういうことです。もう大好き（笑）。

プロレタリア文学についても、声の大きいひとの言うことは全体に影響しますが、いつの時代もマジョリティーは「どっちつかず」の静かなひとたちでした。明治維新をはじめ、プロレタリア文学から学生運動まで、それを底辺で支えたのはつねに「どっちつかず」のひとでした。

福澤諭吉と頑固さの価値

荒俣　どっちつかずの立場という点で、もうすこし話したいです。わたしはじつはいま福澤諭吉の伝記を書いています。それで実感していますが、明治維新のなかで一番研究されていないのはヤクザと医者の活動です。倒幕派と佐幕派が血で血を洗う内戦をするなか、彼らはどちらにもつかなかった。

緒方洪庵が主催した適塾という蘭学塾がありました。福澤もここで学んでいます。彼ら蘭学者にとって、討幕派も佐幕派もどっちでもよかったんです。どちらも等しく救う対象でした。人脈的にも、幕府側の医者も官軍側の医者も同じ適塾の出身で友だちだった。就職先がちがうだけだったんです。より厳密には「どっちにもつく」ひとたちだったわけです。維新時に榎本武揚が打ち首にならず済んだのは、福澤のようなひとが薩摩の黒田清隆に「あいつはあとで役に立つ」と助言をしたからです。役に立つかどうかという判断、実践的な評価は、政治的な派閥を超えるんですね。これが非常に重要です。ちなみに適塾のうち医者にならなかった人々は、幕末では砲術家になって戦争を指揮し、明治維新以降、博物学者になります。わたしがやっていた博物学の原点もここにあった。

そして明治維新前後において、医者以上に重要な役割を果たしたのがヤクザです。もう一グループ加えるとすれば僧侶です。彼らは、助けてくれと言われれば政治に関係なく助けるのが仕事で、だからといって名誉や地位や金銭を要求するわけでもなかった。場合によっては命を捨てるのもいとわなかった。維新の混乱のなか、幕府側の戦死者は見せしめのために道路に放置されていた。埋葬したり弔ったりしたら打ち首にされるので、みんな手が出せなかった。その亡骸を処理したのが坊さんとヤクザです。そういう、どちらの派閥にも属さなかったひとたちの存在が加わらないと、明治維新は理解できないんです。

鹿島　咸臨丸の死者を弔った清水次郎長が有名ですね。山田風太郎の小説にも出てきます。次郎長のライバルだった甲州ヤクザに雨宮敬次郎がいますが、彼は軽井沢を開発した鉄道王として歴史に残っている［★21］。

荒俣　ええ、次郎長も最後は貿易商になって茶葉の栽培で成功します。同じように維新後に産業を支えた任侠は多い。我々の学生運動の世代も、そうしたどっちでもない生き方としてサブカルを作ったと考えるといいんじゃないかと思います。

東　サブカルの起源をさかのぼると明治期の博物学につながり、しかもそれは任侠の美学と双子のような存在だったと。たいへん興味深いお話です。

荒俣　福澤諭吉はまさに「どっちつかず」の代表でした。世の中の大きな流れとは別に、自分の関心を持っておくことが軸になっていた。別の言い方をすれば、「どっちつかず」と言葉の印象は正反対ですが、頑固親父に徹していたということでもあります。徹底して自分を貫いた。福澤が言ったということになってる「独立自尊」というのは、小幡篤次郎の言葉らしいですが、福澤自身がまちがいなく使ったのは、「やせ我慢」という単語でした。

しかも彼は、自分が世の中に向けている「どっちつかず」のまなざしが、自分にも跳ね返ってくることをよく知っていた。自分の考えがオールマイティでないことを知っていたんです。だからしばしば考えなおした。

東　頑固親父なんだけど、考えなおすんですね！

荒俣　そうです。もっとも、単純に考えなおしたと見えないようにするところに彼のダンディズムがあったとは思います。意見を変えているんだけど、そう見せない。現代ではなかなか受け入れられないでしょうが。

福澤は晩年、慶應義塾は潰れてもいい、それよりも修身の

★21　雨宮敬次郎は明治期の実業家で投資家。甲州財閥と呼ばれる、当時力を持っていた山梨出身の実業家たちのひとりである。東京市街鉄道（現在の東京都電車）、大日本軌道など鉄道関連会社を多数設立し、明治の鉄道王と呼ばれた。日本製粉の創業者でもある。

綱領を作りたい、とよく言っていたそうです。いまのわたしたちからすると、大学経営と修身をなぜ天秤にかけるのかと疑問に思います。しかも晩年の福澤が広めようとした道徳は江戸時代の修身ですからね。家族仲良く、女性を大事にといううじつに平凡な主張なんですよ。そんなものを広めるために慶應を潰しても構わないという、その姿勢がたいへん頑固でおもしろい。

鹿島　『福翁自伝』にも修身へのこだわりを示すエピソードが書かれています。アメリカに渡った福澤が、ワシントンの子孫がいまどうしているかを尋ねたとき、アメリカ人が誰も答えられなかったことにたいへん驚いたらしいんです。たしかに当時の日本では、徳川家康の子孫である徳川家について、現況をだれもが知っている。福澤諭吉のなかには、西洋の学問を学んでも消えなかった日本的な家族観が残っている。

東　荒俣さんは、いまなぜ福澤の伝記を書かれようとしているのですか。

荒俣　福澤諭吉は偉人だと思われていますが、なぜそう思われているのか。評価の基準を改めるべきだと思ったからです。彼が偉大なのは、大きな大学を作ったからでもなく、近代日本の礎を築いたからでもない。彼の頑固さこそが大事なんじゃないか。『学問のすすめ』とか西洋風にいろんなことを偉そうに言ってきたけど、最後は修身に戻ってしまう。なんで今更そんな封建的なことを言うんだ、とさんざん悪口を言われながらも、晩年は大学のお金で教授たちを日本中に派遣し、修身の説明会を開く。そこにこそ、福澤の最大の魅力があるとわたしは思います。

さきほど咸臨丸の名前が出ました。じつは彼は、あの渡航でとくに歴史上重要なことはしていません。ただ、航海中に亡くなった船員がふたりいる。そのふたりがどこに埋められて、どこにお墓があるのかを最後まで気にしたのが福澤だったんです。そして彼はちゃんと墓をたてて弔った。そういうところが、福澤の本筋であり、一番理解してあげないといけない部分ではないかと感じているんです。後世のひとは、そういう小さな記憶をすぐ忘れてしまいますから。

コレクションというタイムトラベル

東　多岐にわたるお話をありがとうございました。最後に、もういちど今日の出発点だったコレクションの話に戻って締めくくることができたらと思います。

というのも、「頑固だけど考えなおす」という、荒俣さんが福澤諭吉に見出した両義的な態度は、まさにコレクションの話ともつながるように思ったからです。なにかをコレクションする態度というのは、特定のものを集めつづけるという意味では頑固ですが、集める対象が広がっていったり、対象の価値があとから再発見されるという意味では柔軟だといえないでしょうか。

荒俣　そうかもしれません。その頑固さが、ふつうは考えられないような方向に向けば向くほど、コレクションはおもしろくなるのだと思います。そういう一種のあまのじゃくの精神がコレクションの肝です。

東　鹿島さんはベンヤミンを引用し、コレクションは集団の無意識を表しているとよくおっしゃっていますね。

鹿島　ベンヤミンによれば、社会集団の無意識は、数十年、数百年の時間が経たないと表れてきません。たとえばパリの建築や風俗を追っていたとして、ある時にはとてもモダンに見えていたデザインにじつは古代的な不気味なモチーフが潜んでいたとして、そういうことはだいぶあとになってしかわかりません。コレクターは、その「だいぶあと」になる前に勘を働かせ、みんなが集め出す前にモノを集め出さないといけない。だから、さきほど荒俣さんもおっしゃっていましたが、いまはゴミにしか見えないものを集めることこそ、コレクションの王道です。

荒俣　それは言いかえれば、記憶そのものをコレクションするということです。記録と記憶は異なります。記録は一〇〇〇年経っても同じように呼び出せますが、記憶は数十年で移ろっていく。それ自体を消滅させる。

東　とはいえ、原理的に後世でしか価値が見つからないものをいま見出すというのは、それこそ矛盾にも響きますね。ゴミも無限にあるわけですし……。

鹿島　ベンヤミンがエドゥアルト・フックスについてのエッセイで、コレクターは作品からその「後史」を読み取る存在だと言っています[★22]。コレクターで重要なのは、自分を未来から来たタイムトラベラーだと思い込むことなんです。気持ちだけ未来にいったん飛んで、そして現在に戻ってきたと仮定して、その視点からまわりの世界を見る。そうすると、未来に向かってどういうものを保存しておくべきかがわかってくる。

東　おもしろい！　SF的でもありますね。

鹿島　かつてシュールレアリストは、パサージュに「過去未来」を見出しました[★23]。パサージュは、当時の現在がそのまま現れているのではなく、過去のひとたちが未来として想像した現在のすがたが冷凍保存されているような空間なんです。それでいえば、コレクターは逆に、未来のひとから見

★22　ベンヤミンはエッセイ「エードゥアルド・フックス」において、歴史を静的に見る歴史主義と、歴史を弁証法的に見る歴史的唯物論を対置させ、蒐集家としてのフックスを後者に重ね合わせる。ベンヤミンによれば蒐集家にとって作品は完結したものではなく、その「前史および後史」を統合するものであり、「作品の機能がどのようにしてその創作者の死後も生き続けることができるのか、創作者の意図を超えて先に進んでゆくことができるのかを教える」ものであるという。ヴァルター・ベンヤミン「エードゥアルド・フックス――蒐集家と歴史家」（浅井健二郎訳）、浅井健二郎編訳『ベンヤミン・コレクション2』、ちくま学芸文庫、一九九六年。

た過去を、現在のなかに見出すのだと思います。コレクションの肝はその時間感覚にあり、偉大なコレクターとはつまりタイムトラベラーなんですよ。

荒俣　よくわかります。時間はコレクターにとって、本当に重要なものですね。時間をかけて集めていくと、コレクションが熟成していく。ゴミでしかないと思っていたものが、あるタイミングで急に意味を持ち出し、光り輝くことがある。コレクションはいつもその瞬間を待っている。コレクターはその瞬間を用意するために、現金を本に換えて浪費という名の投資をしつづけているんです。ほぼ利益の出ない投資を。

鹿島　ベンヤミンは、そのような意味の再発見を「コンステラチオン」と呼びました。あるものとまったく異質な別のものが、あるとき突然、星座のようにつながってしまうことを言います。古書を集めるのがやめられないのは、そういう瞬間があることを我々が知っているからです。

荒俣　そういう瞬間は会話でも起こりますよね、わたしは三〇年間コレクションをしつづけていますが、今日のように文化的な背景まで掘り下げる話は鹿島さんが相手じゃないとできません。今日はとても楽しかったです。

東　ぼくも聞いているだけでとても楽しかったです。荒俣さん、鹿島さん、贅沢な時間をありがとうございました。

★23　鹿島は著書『パリのパサージュ』で、パサージュを「人間水族館」と表現したシュールレアリストのルイ・アラゴンを、「未来が過去であり、過去が未来」であるパサージュの「摩訶不思議な魅力を強調した」先駆者だと評している。同書はそれを「過去の見た未来を、その未来よりもはるかに遠くに来てしまったわたしたちが振り返るときの不思議な時間の感覚、つまり『過去未来感覚』」と表現する。鹿島茂『パリのパサージュ――過ぎ去った夢の痕跡』、中公文庫、二〇二一年。

本座談会は、2022年11月20日にゲンロンカフェで行われた公開座談会「博物学の知とコレクションの魅惑――古書、物語、そして『帝都』」を編集・改稿したものです。

二〇二二年一一月二〇日
東京、ゲンロンカフェ
構成・注・撮影＝編集部

論考

東浩紀
Hiroki Azuma

声と戦争

ベトナムのホーチミンに行ってきた。ベトナム戦争の遺物や写真展示で知られる戦争証跡博物館と、郊外に残る南ベトナム解放民族戦線(ベトコン)の地下秘密基地跡を見学するためである。

ベトナム戦争やベトコンといっても、いまの読者にどれほど通じるか心もとない。そもそもぼく自身も詳しいわけではない。一九七一年生まれのぼくは、戦争が終結した一九七五年には幼稚園児だった。

ぼくのベトナム戦争についてのはじめての記憶は、石ノ森章太郎のマンガ『サイボーグ009』の「ベトナム編」だ。一九六〇年代半ば、二〇代だった石ノ森は、戦争の背後に「黒い幽霊団」なる悪の組織が存在するという架空の設定を導入し、サイボーグたちを南ベトナムの戦場に送り込んだ。反戦色の強いエピソードで、子ども心に強く印象に残った。

つぎの記憶は中学生のころに読んだ本多勝一の文章である。社会科担当の教員がいわゆる「ホンカツ主義者」で、ぼくは大いに影響を受け、図書館にある本多の本をつぎからつぎへと読んだ。『戦場の村』や『殺される側の論理』で米軍の暴力や虐殺を知り、衝撃を受けた。本多の主張は左翼色が強く、批判があるのはよく知っている。けれども、南ベトナムに一年近く滞在し、政府軍にもゲリラにも肉薄して文字どおり命を賭けてルポを記した行動力は、イデオロギーと関係なく評価されるべきだと思う。

高校生になると、そこにフランシス・コッポラの『地獄の黙示録』やオリバー・ストーンの『プラトーン』といった有名な戦争映画が加わることになるが、とにもかくにも、ぼくはそのようにして、ベトナム戦争の情報に遅れて出会うことになった。いま振り返れば、その状況にはこの戦争のメディアとの独特の近さが関係している。

ベトナム戦争は戦争とメディアの関係を考えるうえでも画期となるできごとである。当時の米軍は従軍取材に寛容で、ジャーナリストに最大の便宜を図り、検閲もほとんど行わなかった。それは自由民主陣営の宗主としての自負の表れだったのだろうが、結果として、米軍の犯罪行為を含む陰惨きわまりない現実が、しかも写真や動画付きで世界中のメディアに発信されることになった。それは国際的な反戦運動を生み出し、最終的にアメリカ自身の首も絞めた。ベトナム戦争は、豊富な映像記録とともに、センセーショナルにリアルタイムで報道され続けたはじめての戦争だったのだ。

ベトナム戦争は当時「リビングルーム戦争」とも呼ばれ、メディア論的な議論を巻き起こした。その点でこの戦争は、「ニンテンドー戦争」と呼ばれたのちの湾岸戦争、「SNS戦争」と呼ばれる現在進行中のウクライナ戦争などの起点にある。一九七一年生まれのぼくが、この戦争の衝撃をさまざまなコンテンツで追体験することができたのはそのせいだ。

ちなみに、このエッセイを書くために調べてあらためて驚いたのが、当時ベトナムについて語っていた人々の若さだ。さきほど本多の名を挙げたが、彼は一九三二年生まれで、取材時はまだ三〇代半ばの青年だった。

ほか日本人の報道関係者を思いつくままに挙げてみても、岡村昭彦が一九二九年生まれ、開高健が一九三〇年生まれ、沢田教一が一九三六年生まれ、石川文洋が一九三八年生まれ、近藤紘一が一九四〇年生まれ、一ノ瀬泰造にいたっては一九四七年生まれの戦後世代で、みな二〇代から三〇代で現地入りしている。むろん、それは基本的には戦争取材に体力が必要だったからだろうが、米軍の圧倒的な戦力に対してアジアの農民が創意工夫でゲリラ戦を挑むという構図が、どこかロマンティックな情熱を掻き立てた側面もあっただろう。ベトナム戦争は、とても映像的で、センセーショナルで、それゆえ「文学的」に消費された戦争でもあった。

1

訪れた順序と逆になるのだが、さきに地下秘密基地跡の話をしよう。基地跡はいまでは観光地になっていて、一般に「クチトンネル」と呼ばれている。観光ガイドにもかならず載っている。

クチはホーチミン北西の地域名である。いまでは行政区分としてホーチミン市に組み込まれているが、かつては市外だった。四〇〇平方キロ以上ある広大な田園地帯で、日本でいえば横浜市の面積にほぼ等しい。

クチは長いあいだ激戦区だった。南北ベトナムが統一されるまで、ホーチミン市はサイゴンと呼ばれ、南ベトナムこと「ベトナム共和国」の首都だった。その首都に隣接するにもかかわらず、クチには多くのゲリラが潜んでいた。クチから二〇キロほど西に行けばカンボジアとの国境で、そこを通して北ベトナムこと「ベトナム民主共和国」の支援が流れ込んでいたからだ。

ちなみに、いまふたつの共和国名を挙げたが、現在のベトナムの国名にも共和国がつく。ただし、双方と異なって「ベトナム社会主義共和国」という。ベトナム社会主義共和国は、北のベトナム民主共和国が南のベトナム共和国を打ち破り、南で活躍していたゲリラ（ベトコン）たちによる臨時革命政府を呑み込むかたちで一九七六年に成立した国家だ。臨時革命政府もまた「南ベトナム共和国」といった。共和国ばかりでじつにややこしい。

そもそもベトナム戦争の展開そのものがややこしい。「ベトナム戦争」という名称は多くの場合、アメリカの軍事介入が本格化した一九六四年（トンキン湾事件）あるいは一九六五年（いわゆる北爆開始）から、北ベトナムが南に侵攻して首都サイゴンを陥落し、南北を統一した一九七五年までのほぼ一〇年の期間を指す。けれども実際にはそれはより長い戦争の一部であり、どこからどこまでをベトナム戦争と呼ぶかは文脈によってかなり柔軟に変わる。

ここで近代東南アジア史のおさらいを始めるつもりはないが、本稿を読むために必要最低限の知識だけ確認しておきたい。ベトナム戦争の起点はフランスの植民地支配にある。フランスは一九世紀からベトナムを植民地にしており、第二次大戦中は日本がその支配を引き継いだ。したがって一九四五年に日本が敗れ戦争が終わると、ベトナムはただちに独立を宣言することになる。首都は北部のハノイ。そのときの国家主席が、いまは南部の都市名になっている社会主義者のホー・チ・ミンだ。

いま振り返れば、そこで素直に独立が認められていればのちの混乱の多くは回避できた。けれども現実には、日本が去ったあと、フランスは植民地支配の回復を目論むことになる。フランスはハノイの政権を認めず、一九四六年には南部を切り離して「コーチシナ共和国」とし、一九四九年にはサイゴンを首都とする「ベトナム国」なる本格的な傀儡国家を打ち立てた。コーチシナ共和国設立を受けて始まった独立戦争は、八年ほど続いて一九五四年に終結する。有名なディエンビエンフーの戦いは、このときのものだ。

戦争の終結にあたって結ばれた協定（ジュネーブ協定）では、いったんベトナムを南北に分割したあと、フランスはインドシナ半島から撤退し、のちに選挙によって南北を統一することが決められた。そして実際にフランスは撤退したのだが、こんどはそこにアメリカが乗り込んでくる。そのままでは北部主導の統一が実現することはあきらかで、共産勢力の拡大につながるからだ。かくしてアメリカは翌年の五五年に「ベトナム国」を「ベトナム共和国」に改造し、フランスの傀儡国家を引き継いで統一を阻止すべく政治介入を始めることになる。あらたに誕生した南の共和国は当然のことながら名ばかりの共和国で、アメリカの経済援助に依存した腐敗した独裁国家でしかなく、宗教弾圧や貧富格差も激しかった。いっこうに独立も民族統一も実現しないことに苛立った人々は、ついに一九六〇年に反政府組織「南ベトナム解放民族戦線」を結成し、北の支援のもと政府軍を相手に戦いを始めることになる。これが通称「ベトコン」で、以後ベトナム南部は泥沼の内戦に突入していく。そこにアメリカがずるずると引き摺り込まれ、軍事支援が拡大していき、最終的に狭義のベトナム戦争に至るのである。

つまりは、ベトナムにしてみれば、戦争は一〇年どころか三〇年にわたって続いていたことになる。クチもまた、そのあいだ断続的に戦地となった。

そんなクチにはかつて解放民族戦線の司令部（サイゴン・ザーディン地区軍事管理委員会）が置かれ、基地跡がいまでは公園になっている。ぼくは今回それを見に行ったわけだ。

基地跡が「クチトンネル」と呼ばれているのは、それが文字どおりトンネルだからである。

ゲリラは農民を偽装する。外見では見分けがつかない。そこで政府軍と米軍は、ゲリラを追い立てるため、村を襲い、田畑を焼き、絨毯爆撃を行い、森を見通しのよい平地に変えるために枯葉剤を撒いた。

ゲリラはそんな攻撃に対抗するために、作戦室や武器庫、寝室や厨房、病院などを掘削してトンネルでつなぎ、ネットワーク状の巨大地下基地を建設した。彼らは昼は地下に潜み、夜になると這い出して政府軍と米軍に攻撃を仕掛けた。建設は一九四〇年代に始まり、拡大し続け、一九六〇年代にはトンネルはクチ北部の広大な地域を覆うまでになった。全長は、にわかには信じがたい数字なのだが、二〇〇キロ以上に及ぶという。

　クチのトンネルは掘削機によってではなく、人間の手によって掘られた。だから基本的にはたいへん小さい。作戦室や厨房は立って歩ける天井高が確保されているが、通路のほとんどは狭く、中腰や四つん這いでなんとか進むことができるほどの高さしかない。

　いまではその一部が公開され、何十メートルかを這うことができる。ぼくも試してみたが、運動不足の体ではすぐに息があがり汗だくになってしまう。ジグザグに曲がっているので自分の位置もわからなくなってしまう。ベトナムは暑いし、戦争中は照明もなく暗闇だった。おまけにところどころには、敵兵の侵入を防ぐため竹槍が突き出た落とし穴も仕掛けられていたという。そのようななか、重い銃を抱えて何キロも移動し、夜な夜な戦闘に臨んでいたというのはまったく想像を絶している。米軍がベトコンを怖れ、森ごと焼き払うしかないという病的な結論に飛びついたのもさもありなんと、妙な納得感を抱いてしまった。

図1　すっかり穴に嵌まっている筆者。手前に木製の蓋がある

　観光地としてのクチトンネルがどんなところかは、検索すれば画像や動画がたくさん出てくる。だからあらためて説明しない。ぼくからは一枚だけ、観光客らしい写真を載せておこう［図1］。これはぼくが林のなかの秘密の入口から、地下通路に入ろうとしているところを撮ったものだ。入口はとても小さく、木の蓋を閉めて落ち葉を被せてしまえばまったく気づかない。ほんとうは全身すっぽりと地下に入り、腕だけ出して撮ってもらうのが基本なのだが、ぼくは体型の限界でこれ以上潜れなかった。ゲリラはみな痩せていたのだ。


　さて、そんなクチトンネルなのだが、じつは二箇所で公開されている。それぞれベンディンとベンズオック（南部の発音だとベンユックで、そちらの読みで紹介されていることもある）という。

　クチという名の町は、ホーチミンの中心から北西に三〇キロほど離れたところに位置する。しかし前述のとおり、地域としてのクチはかなり広い。ベンディンはクチの町から北に一〇キロほど離れたサイゴン川のほとりにあり、ベンズオックはさらに一〇キロほど上流の奥地にある。それもみな行政区域としてはクチだ。

ベトナムの交通事情はよくないので、ホーチミンの中心から行こうとすると、ベンディンでも車で一時間半、ベンズオックだと二時間近くかかる。そのため多くの外国人向けツアーでは、ベンズオックには行かず、ベンディンのトンネルをまわるだけで済ませている。

けれども歴史公園としてのクチトンネルの中心はベンズオックのほうである。前述の司令部があったのもこちらで、国家史跡としての認定も二〇年以上早い。なによりもベンズオックには、ベンディンにはない付属施設がある。事前に調べたところによれば、戦死者の追悼施設や戦時の農村を主題にしたテーマパーク、米軍から鹵獲した戦車や武器の展示場などが併設されているだけでなく、プールやテニスコート、サバイバルゲームのフィールドまであるらしい。つまりは、かつての秘密基地跡を中心として一大保養公園がつくられているようなのだ。

『テーマパーク化する地球』の著者としては、これはなんとしても行かねばならない。というわけで、ベトナム人のガイドに頼みこんで、ベンディンとベンズオックの双方を一日でまわってもらうことにした。

とはいえ結論からいえば、ぼくのような歩みの遅い観光客にとって、この行程には根本的な無理があった。市中心のホテルを出たのが午前八時。途中いくつか寄り道をしてベンディンに着いたのは一〇時近く。解説を聞きながらトンネルに出たり入ったりし、作戦室やら食堂やらを見学して、射撃場でライフルを撃ったり、ゲリラが食べていたというキャッサバ芋を試食させられたり、なにやら地場産業のパフォーマンスを見せられたりとしているうちに(それらはみな標準的な見学コースの一部なのである)あっというまに時間は経過し、昼食を終えてベンディンを出たときにはもう午後三時近かった。ベンズオックに到着したのは、なんと三時半だ。

だから残念ながら、ベンズオックの公園全体を見学することは叶わなかった。司令部のトンネルに入ることもできなかった(とはいえ結局はトンネルなので、ガイド氏によれば見学できるものはベンディンと変わらないらしい)し、

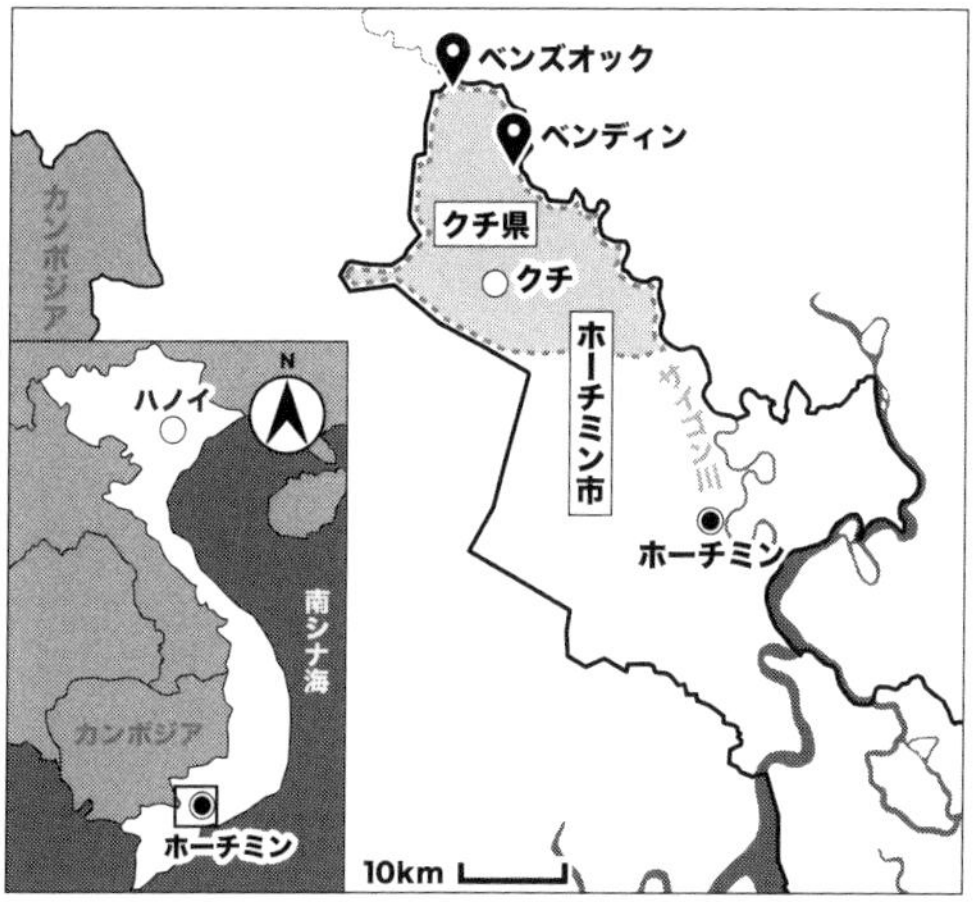

ホーチミンはベトナムの南部に位置し、クチ県は同市の北部に位置する。ベンディン、ベンズオックはいずれも市境のサイゴン川沿いに位置する。編集部制作

サバイバルゲームのフィールドも看板を見ることができただけだった。五時の閉園をまえに追悼施設とテーマパークを駆け足でまわるのが精一杯で、機会があればぜひ再訪したいと思う。

それでも行ったのはよかった。短い時間ではあったが、いろいろなことを考えさせられた。両施設について語りたいのだが、誌面の余裕がない。テーマパークのほうだけを紹介しておこう。

テーマパークの名称は「解放区再現エリア」という。公式パンフレットに記された日本語訳が怪しげなものだったので、ベトナム語の名称「Khu Tái Hiện Vùng Giải Phóng」を機械翻訳を参考にあらたに訳しなおした（なので、まちがいがあったら教えてほしい）。公園内では、一九六〇年から一九七五年まで、すなわち解放民族戦線の結成からサイゴン陥落までの内戦期における「解放区」の生活が、復元された住宅や田畑、黒い農民服を着て円錐形の葉傘（ノンラー）を被った人形などによって再現展示されている。

図2　再現された農家。ガイド氏が水甕の使い方を教えてくれる

解放区あるいは「解放村」というのは、当時のジャーナリストの本を読むとかならず登場する言葉だ。解放民族戦線に実効支配された地域を指している。当時の南ベトナムは、サイゴン政府の統治がおよぶ地域、ベトコンに奪われた地域、中間の紛争地域の三者がモザイク状に混在しており、政府軍の歩哨が立つ国道からほんの数百メートル入るだけで解放区になるようなこともあった。解放区の村には女性や子ども、老人などの非戦闘員が残り（女性兵士は少なかったようだ）、食糧の供給や兵士の治療などにあたった。学校もつくられた。クチトンネルのような秘密基地は、解放区という「銃後」の支援で支えられていたわけだ。

ベトナム戦争では、人々の生活の場そのものが戦場になった。森が燃やされ、畑は潰された。同じ民族同士が殺し合う戦争でもあり、家族が敵味方に分かれることもしばしばあった。当時の書籍を読むと、なによりも庶民の悲劇が強調されている。それゆえぼくはこのテーマパークでも暗く厳しい銃後の展示があるのかと考えていたのだが、これが意外なことに拍子抜けするほど穏やかなつくりだった。

たしかに、作戦会議や手作業での武器製作の模様、傷ついた兵士を手当する村人、空爆で大破した人家の再現などの展示はあった。ゲリラの制服を着た人形もあちこちに立っている。けれども全体としては、穏やかな農村生活の紹介のほうに重点が置かれている。入口をくぐるとすぐに、ヤシの葉で屋根を葺いた土壁の農家や伝統様式の木造住宅の再現があり、小さな水田がそれに続く［図2］。小屋のなかには古い農具や調理器具、漁具などが展示され、脱穀作業を実演してくれるスタッフもいた。ガイド氏自身も一九八〇年生まれで、似た田園光景のなかで育ったという。路傍の野草を摘んで香りを嗅がせてくれたり、当時の子どもの遊びかたを教えてくれたりした。ベトナムの観光客は、きっとこの公園の展示を日本人が『三丁目の夕日』を見るように眺めるのだろう。

けれど、それでいいのだろうか。むろん、日本人のぼくには、ベトナム人の過去への視線に対して口を出す権利はない。しかし、なにかこう、しっくりこない戸惑いを感じてしまったのである。

2

日本にも似た施設はある。国が豊かになり都市化が進めば、貧しかった農村生活はどこでも郷愁の対象となる。

ただし日本と異なるのは、クチではその郷愁が戦争参加の記憶と深く結びついていることだ。これは「解放区再現エリア」だけの話ではない。ベンディンにもベンズオックにも米軍が残した武器の展示場が併設されている。とくにベンズオックのものは大きく、全長二〇メートルはありそうな巨大な輸送機やヘリコプター、戦車などが、山のように積まれた錆びた弾頭とともに野晒しで並べられている。サバイバルゲームのフィールドもその隣にある。

さきほどちらりと触れたように、ベンディンの見学コースには射撃場が組み込まれている。ベトナム戦争で実際に使用されていたものと同じ型式の銃やライフルを選び、実弾を撃つことができる。ぼくはＡＫ４７を選び、五発撃った。むろん撃つか撃たないかは自由だが、多くのひとが参加する。だからベンディンでトンネルを見学しているあいだは、じつはずっと銃声が鳴り響いている。射撃場はベンズオックにもある。

つまりクチトンネルの史跡公園は、観光客がかつてのゲリラの秘密基地を、かつてゲリラが聞いたものと同じ銃声を聞きながらまわり、かつてゲリラが現実に接した脅威を見て、そして最後にテーマパークで銃後の村の生活を懐かしく思い出す、そのような構成になっているのだ。史跡公園全体の公式パンフレット（ベトナム語版）の表紙を飾るのは、黒い農民服に身を包み、首元にゲリラのシンボルである格子模様のスカーフを巻いた若い女性である。

このような構成は日本では考えられないだろう。日本で「銃後」といえば、まずは厳しい食糧配給や疎開、軍事教練などが連想される。それらの記憶はかならずといってよいほど批判的に語られ、平和教育と結びつけられてきた。日本では空襲警報に怯える夜や疎開先での慣れない農作業を再現するテーマパークはつくられなかったし、たとえつくられたとしても需要はなかったにちがいない。過去への郷愁と戦争の記憶は、ぼくたちの国では慎重に隔てられている。

けれどもベトナムでは、その両者がじつにまっすぐに、なんのためらいもなく結びついているのだ。ぼくの戸惑いの原因はそこにある。

むろん理屈はわかる。ベトナムは「戦勝国」だ。彼らはフランスにもアメリカにも勝利し、栄光ある独立を勝ち取った。解放民族戦線と解放区の歴史は、現代ベトナムの建国神話の一部だ。その過去を誇り、懐かしく思い出すのは当然のことであり、敗戦国の日本とは大きく事情が異なる。

しかしそれでも、と、かつて本多の読者だったぼくは思うのである。たしかに国家としてのベトナムにとってはゲリラ三〇年の戦いは栄光の歴史にちがいない。しかし民衆にとってはどうか。

ベトナム戦争下の大衆の生活はたいへん苦しいものだった。解放区でも人々は安全に暮らすことができたわけではなかった。男たちは政府軍に見つかれば殺された。米軍は絨毯爆撃と枯葉剤散布を繰り返し、住居は移動や建てなおしを強いられ、空からの無差別銃撃で子どもや老人が犠牲になることもあった。

ましてや解放区の外はじつに悲惨だった。政府支配下の村でも安心はできない。村民は裏でゲリラを支援しているかもしれない。そんな疑心暗鬼に囚われた米軍と政府軍は、さしたる根拠もなくつぎつぎに村を襲い、家に火をつけ、女性や子どもや老人を殺し、蓄えた食料を焼き、収穫間近の水田を戦車で押し潰した。

そもそもベトナム戦争は、二一世紀の常識でふりかえればとんでもなく犯罪だらけの戦争だった。もっともよく知られているものは、米軍が一九六八年に起こしたソンミ村の虐殺事件だ。いまでも検索するとショッキングな写真が多数出てくるが、この事件では乳幼児を含む五〇〇人以上の村民が数時間で惨殺された。そして関係者はほとんど裁かれなかった。ほかにも虐殺は多数あった。強姦もあったし拷問もあった。正気を失ったとしか思えない野蛮な行動も見られた。フォトジャーナリストの石川文洋は、米兵が死んだベトコンの腹を切り裂き、肝臓を持ち去って生のまま食べるのを見たと証言している。石川が一九六七年にメコンデルタで撮影した写真には、腹を鋭利な刃物で切られ、内臓を取り出されたベトナム人の死体がたしかに写っている［★1］。

ベトナム戦争はベトナム人が始めた戦争ではなかった。彼らは自分の土地で独立を求めただけだったのに、アメリカが勝手に入ってきた。そして彼我の力の差を頼りにし、圧倒的な戦力を投入した。一九五八年から一九七五年のあいだ、米軍がベトナムに投下した爆弾およびゲリラとの戦いで使用した砲弾の総量は一四三〇万トンにのぼるといわれている。これは第二次大戦で米軍がヨーロッパとアジア全域で使用した量の三倍に相当する［★2］。加えて一九六一年から一九七一年までの一〇年は高濃度のダイオキシン類を含む枯葉剤を撒き散らし、数百万の被害者を生み出した。いまも一〇〇万人以上が健康被害で苦しんでいるといわれ、一部は観光客向けの伝統工芸品の制作で生計を立てている。ワークショップのひとつがホーチミンからクチへの途中にあり、ぼくも短い時間立ち寄った。ベトナムの人々は、かくも理不尽な暴力に長いあいだ耐え続けた。それが、国家の視点からではない、民衆の視点から見える歴史のはずだと思う。

つまりは、ベトナム戦争におけるベトナム人は、独立戦争を勝利に導いた英雄であっただけではない、圧倒的な「被害者」でもあったはずなのだ。そこがクチの展示からは伝わってこない。彼らの被害者としての思いは、いったいどこに行ってしまったのか。ひらたくいえば、なぜクチでは、銃後の村の苦しみが強調されていないのか［★3］。

じつは同じ戸惑いは前日と前々日に訪れた博物館でも感じていた。冒頭に記した戦争証跡博物館である。

戦争証跡博物館はホーチミン市内にある。こちらもどんなガイドにでも掲載されている。モデル的な観光コースでは一、二時間の見学が前提となっているが、ぼくは二日にわけて六時間ほど滞在した。

博物館は三階建てで、館内に常設展示室が八室、特別展示

★1　石川文洋『写真記録ベトナム戦争』、一九九六年、金曜日、一二二－一二三頁。

★2　本文でものち紹介するホーチミンの「戦争証跡博物館」第一室のパネルに記載された数字に拠った。この数字の算出にはさまざまな方法があるようで、ネットで検索すると、投下爆弾の総量は七五〇万トンから七八〇万トンという半分ほどの数が出てくる。砲弾を入れていないための元統計のちがいかもしれないが、松岡完の『ベトナム戦争』には「一九六五～七三年に限っても、インドシナ半島には一四〇〇万トンを超す爆弾が降り注いだ」との記載があり（中公新書、二〇〇一年、ⅳ頁）、これは戦争証跡博物館の数字に近い。いずれにせよ、ベトナムに想像を絶する量の爆発物が投下されたのはたしかである。第二次大戦で日本に投下された爆弾量は、原爆を除いて一六万トンほどだといわれている。

★3　公平を期するために記せば、ぼくは本文で記しているとおりテーマパークを駆け足で回らざるをえず、入口にあった特別映像上映館を飛ばしてしまっている。したがってそこに別種の展示があった可能性はある。とはいえ、パンフレットを読むかぎり、その上映館の主題もまた、米軍が一九六七年に展開した大規模ゲリラ掃討作戦（シーダーフォールズ作戦）とベトナム側の抵抗の紹介にあったようだ。

室が一室、屋外には米軍から鹵獲した飛行機やヘリコプターや戦車や自走砲などがずらりと並び、またかつての南ベトナムにあった収容所の再現展示がある。

　順路は三階から始まり、三階が狭義のベトナム戦争の紹介、二階が一九四五年以降の長い戦争を含む戦争の紹介、二階が戦争犯罪と枯葉剤で非戦闘員が受けた被害の紹介、一階が国際的な反戦運動と連帯の紹介となっている。ネット風におおざっぱにまとめれば、三階が「おれたちこんなに戦ったよ」の階、二階が「おれたちこんなに苦しんだよ」の階、一階が「おれたちこんなにつながったよ」の階とでもいえるだろうか。写真と文章（ベトナム語と英語）によるパネルが中心だが、ときおり、戦場で亡くなった記者の身分証明書や虐殺時に子どもが逃げ込んだ石臼、米軍がばらまいた特殊爆弾などの実物も展示されている。

　パネル中心というと無味乾燥な印象を受けるかもしれないが、これがかなり迫力がある。なぜなら、冒頭にも記したようにベトナム戦争はジャーナリストが大きな役割をはたした戦争で、ピュリッツァー賞をはじめ名誉ある賞を与えられた衝撃的な写真が数多く展示されているからだ。

　とくに三階の第二室から第四室まではひとつづきの広大な写真展の様相を呈していて［図3］、沢田教一の「安全への逃避」など、だれでもどこかで見たことがあるような歴史的な作品が並べられており圧倒される。沢田をはじめ、ベトナムに入ったジャーナリストには命を落としたひとも多い。キャ

図3　第二展示室の模様。ずらりと写真が並んでいる

図4　亡くなった写真家たちの遺影。ガラスケースに入っているのは遺品

プションをよく読むと、写真家は撮影の数日後に地雷を踏んで亡くなったとか、これは死後残されたフィルムから現像されたものだとか書いてあり、胸が詰まる。展示室には犠牲となったジャーナリストの顔写真を並べた一角もあり［図4］、報道の役割やありかたについて考えさせられた。

というわけで戦争証跡博物館はたいへん学びの多い博物館で、ホーチミンを訪れたらぜひ足を運んでほしいと思う。しかし、その前提のうえでだが、被害展示についてはやはり疑問を抱いた。

さきほど紹介したように、非戦闘員の被害の展示はほぼ二階に集中している。そこでは前述のソンミの虐殺を含め、米軍と南ベトナム軍が行ったさまざまな戦争犯罪が紹介されている。拷問される農民、ヘリコプターから生きたまま放り出される捕虜、ゲリラの生首を切り落として笑顔で記念写真に収まる米兵、枯葉剤の影響で身体が欠損したり歪んだりした子どもたちのすがたなど、じつに衝撃的な写真が並んでおり、三階とはまたべつのかたちで消耗する。

けれども、ぼくが気にかかったのは、やはりそこでも被害者の声が聞こえてこないことだった。わかりやすいのはソンミの虐殺の展示だ。

ソンミの虐殺は一九六八年の三月、米陸軍の第二三歩兵師団第一大隊のウィリアム・カリー中尉が率いる小隊によって行われた。べつの大隊の偵察ヘリコプターが通りかかり、事件を目撃していたことが知られている。同機に搭乗していたヒュー・トンプソンという士官は生存者の救助を行い、上官にも報告した。にもかかわらずカリーは裁かれることなく、半年以上が過ぎた。その状況に憤ったのがロナルド・ライデンアワーというべつの兵士で、彼は虐殺には関わっていなかったが現地で噂を聞き、除隊して帰国してからあちこちに告発の手紙を書いた。そこにシーモア・ハーシュというジャーナリストが注目し、陸軍所属のカメラマン、ロナルド・ヒーバリーという人物から虐殺現場を撮影した写真を手に入れて小さな配信会社で公開した。それが一九六九年一一月のことで、この事件が世界に知られるきっかけになった。虐殺からは二〇ヶ月が経過していた。

いささか詳しく経緯を記したのは、まさに博物館でこのような経緯が、多くのパネルが使われて紹介されていたからである。そこではトンプソンやライデンアワーやヒーバリーだけでなく、ほかにも露見に協力したアメリカ人が写真つきで紹介され、最初の新聞報道の複製も掲示されていた。軍事法廷での証言も大きなパネルになっていた。

にもかかわらず、驚いたことに、肝心の被害者であるベトナム人たちの言葉はほとんど紹介されていなかった。ソンミの虐殺には生存者がいる。一五年ほどまえまでは少なくとも数人が存命だったはずだ［★4］。いまも存命かもしれない。

けれども彼らの映像も音声もなく、証言が書かれたパネルすらない。展示されたヒーバリーの写真のなかには、殺害直前の村民が写っているものもある。そこでも撮影者のヒーバリーの名前は記されているのに、被写体の名前は紹介されていない。犠牲者の身元がわかっていないわけではない。展示コーナーには特別の腰壁がつくられており、手置き部分にベトナム人の名前が多数印字されている。おそらくはそれが犠牲者のものだが、たんなるデザイン要素になっていて存在に気づくのもむずかしい［図5］。

これはぼくには、おそろしくバランスを欠いた展示のように思われた。軍部の隠蔽と戦い、虐殺の事実を表に出した米兵の勇気はたしかに讃えられるべきだろう。しかし、トンプソンも結局はカリーと同じ師団に所属して同じ作戦に従事していたのだし、ヒーバリーにいたっては虐殺に同行していた。彼らの証言やらその後の人生やらをそこまで大きく取り上げるのであれば、少なくとも同じくらいの大きさで、生存者の人生や遺族の言葉なども紹介するべきではないのか［★5］。

図5　ソンミの虐殺の写真が展示されている一角。黒い手置き部分に犠牲者の名が印刷されているようにみえる

ぼくがそのようなことを気にするのは、かつて中国・ハルビンの「侵華日軍第七三一部隊罪証陳列館」なる博物館に行って、虐殺の記録のありかたについて考えたことがあるからである。同博物館は日本軍が日中戦争時に満洲で行った生体実験（七三一部隊事件）を主題としているもので、その訪問をきっかけにして『ゲンロン10』に長い原稿を書いた［★6］。詳しくはそちらを読んでほしいのだが、ぼくがそこで指摘したのは、虐殺の加害者は殺す相手の固有性をまったく気にしていない、つまり被害者から顔や名前を奪ってしまう、それゆえ博物館は被害者に顔と名前を与えなおすことで加害に抵抗するのだ、ということだった。ハルビンの博物館では、生体実験の「素材」として匿名で殺された犠牲者たちについて、ひとりひとり名前を調べ、人生を回復する展示が大きな部屋を占めていた。

ところがホーチミンの博物館は、そのような「被害者の固有性の回復」にほぼ関心を抱いていないようにみえる。これはソンミの展示だけの話ではない。枯葉剤の被害展示においても写真が並んでいる。多くの写真は日本人写真家の中村梧郎が撮影したもので、彼の業績を説明した大きなパネルがある。けれどもやはり患者の人生は語られていない。キャプションに名前はあるが、ほとんどは生年や撮影地と同じ無味乾燥なデータとして記載されているのみだ。数少ない例外はあるが、それも第三者の記述であって本人自身の言葉が紹介されているわけではない。被害者は、どこまでも声のない匿名の存在のままなのである。

このような疑問は、ぼくが本多の読者で、あまりにも「左翼的」だから抱いてしまうのだろうか。

そうではないと思う。むしろ逆かもしれない。なぜなら、民衆の苦しみを見ろ、声を聞けという要求はもはや左翼の専売特許ではないからである。保守のほうがそう主張するときもある。

現代世界では、過去の歴史を再検討し、虐殺や性搾取や植民地支配などの深刻さを再認識し、「被害国」として「加害国」への謝罪と償いを要求することが大きなトレンドになっている。それは右も左も関係ない。かつてはナショナリズムといえば、「建国の父」たちの英雄的な物語を核に形成されるものだった。けれども二一世紀のナショナリズムは、そのようなマッチョイズムではなく、むしろ無名の大衆が耐え忍んだ被害の物語に担われるように変わってきているのである。

日本でその変化を説明するには、韓国による従軍慰安婦をめぐる主張や中国による南京大虐殺をめぐる主張の変遷を例に出すとわかりやすい。実際それもトレンドの一部で、だからこそさきほど紹介したハルビンの博物館のような例も現れている。ハルビンの罪証陳列館は一九八五年開館で、二〇一五年にリニューアルされて現在の展示になった。

けれどもよりわかりやすい例は旧ソ連諸国の変化だ。ソ連は戦後長いあいだ、ヨーロッパをナチスから守った英雄だとみなされていた。当時はウクライナもバルト諸国もソ連の構成共和国で、ともにヒトラーと戦ったロシアの仲間の国だと

★4　ジャーナリストの村山康文は、本文でのちに紹介する著作『韓国軍はベトナムで何をしたか』のなかで、二〇〇八年に八二歳と七八歳の生存者にインタビューした記録を残している。小学館新書、二〇二二年、四七頁以下。

★5　ふたたび公平を期するために記せば、じつはこのソンミの虐殺展示のまえには、一九六九年二月にべつの米軍部隊によってベンチェ省のタインフォンという地域で行われた虐殺についての展示があり、そちらではきちんと二〇名の犠牲者の名が列挙され、生存者の証言も掲示されている。とはいえ——虐殺に軽重をつけるのが許されないことを承知で記すが——、ソンミの虐殺はタインフォンの虐殺に比較してはるかに有名であり、なぜソンミの展示で同様の方針が採られていないのか疑問が残る。

★6　東浩紀「悪の愚かさについて、あるいは収容所と団地の問題」、『ゲンロン10』、二〇一九年。なお、この論文ではほんとうは問題にさらに踏み込み、被害者の固有性を回復するだけでいいのか、それでは不十分ではないかと問いを立てているのだが、ここでは触れない。

考えられていた。それがソ連崩壊のあと、急速に風向きが変わった。いまではウクライナもバルト諸国も、二〇世紀についての語りを切り替え、ロシアという大国に蹂躙された被害者としてみずからを位置づけるようになってしまった。ぼくは数年前にリトアニアの首都、ヴィリニュスの「占領と自由の闘争博物館」という博物館を訪れたことがある［★7］。そこでは一九四一年から一九四四年までのナチスによる軍事侵攻、一九四四年から一九九〇年までのソ連への編入が、同じ「占領下」の時代として完全に連続して展示されていた。話には聞いていたが、冷戦期に高校教育を受けたぼくはあらためて驚いた。リトアニアはかつてはロシアとともにナチスと戦ったといわれていた。それがいまではナチスとロシアにともに害を受けたことになったわけだ［★8］。

誤解をしてほしくないのだが、ぼくはそのような語りの変化が、客観的な事実と異なるとか、政治的な意図に基づく虚構だとか主張したいわけではない。むろんいま語られている歴史のほうが事実に近いのだろう。ただ、そのような事実にあらためて注目が集まり、博物館の展示がつぎつぎと入れ替えられる背景に、二一世紀に入り、ナショナリズムの構造が変わってきたことがあると指摘したいだけである。韓国の歴史学者の林志弦《イムジヒョン》は、そのような「被害」を核にした新しいナショナリズムを「犠牲者意識ナショナリズム」と呼んでいる［★9］。

だからこそ、ぼくはベトナムの展示に戸惑いを覚えたのだ。いまは各国が争って被害者に声を与えている時代である。そしてベトナムには声を与えることのできる被害者が数多くいる。それは政治的な力になる。それなのに、なぜ彼らに声を与えないのか。

答えは単純かもしれない。被害者に声を与えるのも政治であれば、与えないのも政治だろう。

3

前掲の石川文洋に師事し、いまもベトナムで取材を重ねているジャーナリストの村山康文は、二〇二二年に『韓国軍はベトナムで何をしたか』というタイトルの小著を出している。ベトナム戦争にはアメリカの同盟国も参加した。たいていの国は形式的な参加だったが、韓国だけは本格的な派兵で、一九六四年から一九七三年まで延べ三〇万人以上が戦場に送られた。そして韓国軍も米軍と同じく虐殺を行った。性暴力もあった。おもな場所はソンミと同じベトナム中部だ。

村山は虐殺が行われた村を歩き、生存者の声を集めている。そのなかに「これからのベトナムは韓国との外交が大切なので、過去を忘れる努力をしてくれ」と政府関係者に指示されたとの証言がある。記念碑への介入もあったという。「憎悪碑」という名が「慰霊碑」に変更されたり、犠牲者の名前が削られたりした。韓越友好のシンボルとして韓国の元軍人たちの寄付で建立された慰霊碑の碑文が、韓国軍の蛮行をあまりに生々しく描いたため、外交問題となっていまでは読めなくなっている例もあるらしい［★10］。犠牲者意識ナショナリズムは、自国を被害者として位置づけることで強まるナショナリズムである。だから原理的に加害者への批判も強めてしまう。ベトナムはいまだ、対韓感情の悪化を許容できるほど国として力がないのだろう。

きっと同じ力学が戦争証跡博物館やクチトンネルでも働いている。否、こちらのほうがはるかに強く働いているはずだろう。虐殺にしろ枯葉剤にしろ、責任はあきらかにアメリカにある。被害者に声を与えれば怨嗟が出てくるに決まっている。領土問題で中国と緊張を抱え、経済成長まっさかりのベトナムに、対米関係を悪化させる余裕はない。

実際そのような観点で眺めてみると、戦争証跡博物館の展示にはアメリカへの配慮があちこちで働いていることに気がつく。前述のとおりソンミの虐殺展示では、被害者の声は紹介されず、内部告発やアメリカでの報道に重点が置かれている。枯葉剤の被害展示においても、米兵も被害に遭い、アメリカ国内で訴訟が提起されていることが追記されている。一階はベトナムへの支援の紹介だが、ここでもアメリカ国内での反戦運動が大きく取り上げられている（ちなみにここでもっと

★7　このときの取材の模様はつぎの対談で詳しく触れられている。東浩紀、上田洋子「現実のすこしよこで——大量生と虚構の問題」、『ゲンロンβ43』、二〇一九年。URL=https://www.genron-alpha.com/gb043_01/

★8　「リトアニアはかつてはロシアとともにナチスと戦ったといわれていた」という表現は、冷戦期に日本の高校生が教わった世界史の要約としては正しいと思われる。けれどもウクライナ戦争が勃発して以降、このような記述には繊細さが求められるようになった。詳細な時系列は下記のとおりである。ソ連の外交的圧力のもと、リトアニアに「リトアニア・ソビエト社会主義共和国」が成立するのは一九四〇年七月。翌四一年の六月に独ソ戦が始まるとナチスはただちにリトアニアを占領し、反ファシスト闘争の時代が始まる。一九四四年にソ連軍がふたたびリトアニアに入り、最終的にリトアニアをナチスから「解放」する。一九四〇年から四四年あるいは四五年まで、リトアニア人の共産党系パルチザンはソ連と協力して反ファシスト闘争を展開しており、その点ではリトアニアはロシア（モスクワ政府）とともに戦ったといえる。けれどもそこで主体となったのは前述のリトアニア・ソビエト社会主義共和国ではなく（共和国政府はロシアに疎開していた）あくまでもリトアニア人民なので、その点ではリトアニアという「国」がロシアとともに戦ったとはいえない。

★9　林志弦『犠牲者意識ナショナリズム』、澤田克己訳、東洋経済新報社、二〇二二年。

★10　村山康文『韓国軍はベトナムで何をしたか』、政府関係者の指示は一〇〇頁、「憎悪碑」から「慰霊碑」への変更は一二七頁以下、碑文の不可視化は一一一頁以下に記載がある。なお後者二点については、伊藤正子『戦争記憶の政治学』、平凡社、二〇一三年、第二章により学術的な紹介と分析がある。

も目立つかたちで扱われていたのは、ベ平連などの日本の市民運動だった）。さらにダメ押しなのが順路の最後に位置する特別展示室で、そこではぼくが訪問したときには「平和を勝ち取る――ベトナムにおけるアメリカの戦争に反対した米兵と退役兵たち」というタイトルのパネル展が行われていた［★11］。

つまりは、とにかくこの博物館では、三階のジャーナリストの部屋を含め、アメリカ人の顔と名前が、加害側としてではなく、被害側と連帯する存在としてやたらと紹介されているのだ。それはあたかも、わたしたちはたしかに蹂躙されました、けれども軍と市民が異なることは知っていますし、平和的なアメリカ人がいることも知っていますよと、犠牲者意識ナショナリズムに陥らないための理屈を一所懸命に並べているかのようだった。

ベトナムはいまだ、二〇世紀の歴史を語りなおし、犠牲者意識ナショナリズムを展開できるほど国力を備えていない。だとすれば逆に、国力がつけばベトナムもまた態度を変えるのかもしれない。そのときは戦争証跡博物館やクチトンネルの展示も大きく変わることだろう。

それは日本にとっても他人ごとではない。さきほどは記さなかったが、広義のベトナム戦争の起点には日本も関与している。

日本は一九四〇年に「仏印」、すなわちフランス領インドシナ北部、現在の北ベトナムに「進駐」し、フランスの支配権を実質的に奪い取った。日本の支配は敗戦直前の一九四五年春に強化されるが（明号作戦）、タイミング悪くこのとき歴史的な水害と寒波が北ベトナムを襲い、日本軍の強制的な食糧徴発は二〇〇万もの膨大な餓死者を生み出した。この事実は日本ではほぼ忘れ去られているが、ベトナムでは記憶されている［★12］。ベトナムで犠牲者意識ナショナリズムに火がつけば、この歴史もまた呼び起こされるだろう。

そんな日が来るのだろうか。観光客にすぎないぼくにはわからない。ただ、ぼくはこの短い旅行で、犠牲者意識ナショナリズムはいいものなのか悪いものなのか、あらためて考えてしまった。

旅行前には犠牲者意識ナショナリズムの台頭に批判的だった。犠牲者意識ナショナリズムは、被害の自覚をアイデンティティの核に据える。被害の自覚を核に据えることは、原理的に加害者の糾弾を招き寄せる。他者の糾弾は政治的な支持を集めやすい。だからこそ、そのようなナショナリズムの再編成がいま世界中で流行している。

けれども、それは要は、犠牲者意識ナショナリズムは、本質的に「敵」をつくることで育まれるナショナリズムだということである［★13］。ぼくはそのようなアイデンティティの形成は不健康だと考える。だから批判的な立場をとる。これはナショナリズムにかぎらない。わたしたちは暴力を受けた、経済的に搾取された、世代的に不利な条件を背負わされた、とにかく幸せではない、だから「あいつら」を許せない、味方以外はみな敵だといった負の感情は、いま、人々をまとめ、政治的な運動に駆り立てるにあたってあまりに便利に使われすぎているように思う。それもまた右も左も変わらない。トランプ現象からフェミニズムや気候変動まで、イデオロギー的には正反対の運動で同じ手法が使われている。ぼくはそのような動員そのものに警戒心を抱く。

とはいえ、犠牲者意識の政治的利用を警戒するあまり、被害者の声を無視したり軽視したりしてしまうのであれば、それもまた過ちにちがいない。


コロナ禍による三年近い渡航制限が緩和され、最初の海外訪問先にベトナムを選んだ。いろいろな理由があるが、二〇二二年春のロシアのウクライナ侵攻も関係している。

ウクライナでも、ベトナムと同じく虐殺が起きている。とりわけ四月のはじめ、キーウ郊外のブチャという町であきらかになった虐殺は世界に衝撃を与えた。

ウクライナ軍による解放後、ブチャの街路には死体が散らばっていた。犠牲者は四〇〇人以上で、子どもを含み、強姦や拷問の痕跡の残る死体もあった。許しがたい蛮行というほかないが、同時にぼくはその直後、ウクライナのゼレンスキー大統領が国連安全保障理事会で演説を行ったとき、彼が発した「第二次大戦以降で最悪の残虐行為」という表現も気にかかった［★14］。ブチャの虐殺が残虐であることは疑いない。戦争犯罪であることもまちがいない。しかしそれは「第二次大戦以降で最悪」だといえるだろうか。現実には第二次

★11　正確にはこの部屋の展示名は英語とベトナム語では異なっていた。本文に記したのは英語名を直訳したものだが、ベトナム語では「Làn sóng phản đối cuộc chiến tranh phi nghĩa của Mỹ ở Việt Nam」であり、これを機械翻訳で訳すと「ベトナムにおける米国の無意味な戦争に対する抗議の波」となる。英語名にのみ「米兵と退役兵」という言葉が入っているところに配慮を感じてしまうのは、ぼくの考えすぎだろうか。

★12　日本でもある時期までは広く知られていたようだ。一九七〇年代のベトナムについての著作には生々しい記述がある。丸山静雄『新生ベトナムと日本』、ダイヤモンド社、一九七八年、九頁以下など。なお、終戦時に一三歳で、東京大空襲についての著作でも知られる早乙女勝元は、当時日本で配給され彼自身も口にしていた「外米」の一部が、まさにこの飢饉下のベトナムから奪われたものだった可能性を指摘している。早乙女勝元『ベトナム〝200万人〟餓死の記録』、大月書店、一九九三年。

★13　このように記すと、ナショナリズムそのものが他者の排除によって成立しているのではないかと疑問を抱く読者もいるかもしれない。それは否定しないが、犠牲者意識ナショナリズムはその構造をよりいっそう純化しているように思われる。

★14　四月五日の演説。日本語の報道では「もっともおそろしい戦争犯罪」となっていることが多いが、このエッセイを書くにあたり英語圏の報道を確認したところ、そちらでは「the worst atrocities since World War II」となっており「戦争犯罪」の言葉がなかったので英訳に準じた。もとの演説はウクライナ語。

大戦以降、あちこちで想像しがたいおそろしい虐殺が繰り返されてきたのではないだろうか。正規軍が関与したものも少なくはなかったのではないだろうか。そもそもこの演説を絶賛しているアメリカ自身、わずか半世紀まえ、ベトナムで似た規模の住民虐殺を行い、それに対してまともな裁判も謝罪も賠償もしていないのではなかったか。ソンミについて、国際社会は忘れてしまったのか。

だからぼくはベトナムに行ってみた。そして、なぜゼレンスキーがベトナムを忘れたかのようにふるまえたのか、考えようとした。その結果、理由の一端は理解できたような気がした。けれどもそのせいで、またべつのことがわからなくなってしまった。

憎悪はよくない。けれども憎悪でしか歴史を未来に伝えることができないのだとしたら、ひとはどうしたらよいのだろう。

ウクライナは戦後、犠牲者意識ナショナリズムの道を突き進むことだろう。ロシアへの憎悪をますます駆り立て、政治的な力へと結集することだろう。それは避けられないだろうし、避けるべきですらないのかもしれない。

けれども、それでも、被害者の声を集めつつ、にもかかわらず加害者への過剰な憎悪に陥らないような、犠牲者意識ナショナリズムをいわば「脱構築」するような展示はできないものなのか。灼熱のベトナムを歩きながら、ぼくはそんなことを考えた。

＊

最後にもうひとつ。このエッセイを書くために日本人の本をいろいろと読んだ。多くは北ベトナムと解放民族戦線に肩入れし、統一を歓迎する著作だったが、いくつか例外もあった。

そのなかに近藤紘一というジャーナリストのものがあった。彼は一九七五年の三月から五月にかけてサイゴンに滞在し、四月三〇日の陥落を目撃した。その模様は『サイゴンのいちばん長い日』という著作にまとめられている。

近藤は以前にもサイゴンに滞在したことがあり、そのとき知り合ったベトナム人の女性と結婚している。サイゴン陥落の時点では妻と妻の連れ子はすでに日本にいる。けれども妻の親族はサイゴンにいる。彼らは社会主義になってもベトナムに残らざるをえない。近藤は本の最後で、妻の親族を残してひとり東京に戻る。

そのため近藤の視線はほかの日本人と少し異なっている。ひとことでいえば、彼の著作は、ジャーナリストというより、むしろ生活者の視線から書かれている。だから彼は戸惑いを隠さずにつぎのように記す。「私にとっての『ベトナム共和国』とは自分がそこで送った日々の生活にほかならない。〔……〕たとえ、現体制が『悪』であろうと、『カイライ』であろうと、『共和国』そのものが、その名に値しない虚構であろうと、そこで過ごした年月は、私にとってはかけがえのない実体だった」〔★15〕。あたりまえの話だが、南ベトナムも、そこに住む人々にとっては祖国だった。それが壊れた。その衝撃は政治とは無関係な水準にある。そして戦争の悲しみというのは、往々にしてほんとうはその水準で生じるものだ。

ぼくはここまで、ベトナム戦争を戦った兵士たちと、彼らを支えた農民についてのみ言及してきた。ホーチミンとクチの展示にその二種類の人々しか登場していなかったからだが、現実にはどちらでもない第三の人々がいたはずである。戦う人々でも支える人々でもない、逃げる人々だ。

あらゆる戦争は、かならず逃げる人々を生み出す。そしてあらゆる国家は、彼らについてもっとも語りたがらない。近藤の妻子はまさにこの第三のカテゴリに属している。彼らは兵士でも農民でもない、都市住民だった。近藤は前掲書のあと、東京で故郷を失った妻子をテーマにエッセイを書き続ける。

これもいまの若い読者には忘れられているかもしれないが、現在のベトナム、つまりベトナム社会主義共和国は、一九七六年以降、一〇年ほどたいへんむずかしい時期を経験している。隣国と紛争が起き、政治的に孤立し、経済も混乱し、多くの人々が国外へ脱出を試みた。

彼ら脱出者の一部は小さな船で南シナ海に漕ぎ出して隣国を目指し、「ボートピープル」と呼ばれた。一九七五年から一九九五年のあいだの二〇年間で、他国への脱出に成功したボートピープルは八〇万人に達し、他方で二〇万から四〇万もの人々が海で命を落としたといわれる〔★16〕。国連の管理のもと、安全なかたちでアメリカやヨーロッパに脱出したベトナム人も同じくらい数多くいる。二〇世紀のベトナムの歴史は、勇ましくアメリカと戦ったベトコンだけでなく、またその背後で苦しんだ農民たちだけでもなく、ほんとうはそんな逃げた人々の声も包摂しなければ完成しないはずだ。

あえて最初に記さなかったのだが、じつはぼくのベトナムとの出会いは『サイボーグ009』や本多勝一といったメディアを通したものだけではなかった。高校の同級生にベトナム人の息子がいた。同級生の父はベトナムから脱出してきたという噂だった。

★15　近藤紘一『サイゴンのいちばん長い日』、文春文庫、一九八五年、八三－八四頁。
★16　英語版ウィキペディアの記述による。URL=https://en.wikipedia.org/wiki/Vietnamese_boat_people

ぼくは一九七一年生まれなので、もし彼が同じ年の生まれだったとすれば、生まれたときから日本にいたのか、それともサイゴン陥落以降に家族と一緒に脱出したのかでは、たいへん事情が異なることになる。脱出手段や政治的な背景も気になる。けれども、彼は日本名を名乗っていて、日本語もまったく違和感がなく、ぼくたち高校生には遠い戦争の話などなんの実感も湧かず、それ以上に教室で話題になることはなかった。本多の愛読者を認じていたぼくも、深く尋ねることはできなかった。

それにいま振り返るに、当時のぼくは、きっと話を聞いてもなにも理解できなかったにちがいないと思う。戦う人々の話は勇ましい。支える人々の話は泣ける。逃げる人々の話はいちばん理解がむずかしい。

ロシアによるウクライナ侵攻以降、日本でも世界でも勇ましくマッチョな言説ばかりがもてはやされるようになった。逃げる人々の声に耳を傾けることは、ますますむずかしくなりつつある。けれどもぼくはいま、被害者に声を与えつつ、しかし犠牲者意識ナショナリズムの罠を回避する道は、もしかしたらそんな逃げる人々によってこそ開かれるのかもしれないと考え始めている。

図版提供＝東浩紀

あの日の誕生日プレゼント。好きな人にあげたチョコレイト。お互いに手渡したクリスマスギフト。最近もらっていないお歳暮。姪っ子にわたすお年玉。わたしたちの社会はもともと贈与にあふれていた。

　コスパなんて考えてなかった。効率とか投資対効果とか、そういう言葉は知らなかった。そういう言葉を知ったことで、わたしたちは贈与から遠のいた。

新しい贈与論

NEW GIFT THEORY

共同贈与コミュニティ
第十期会員募集中

あらためて考えよう。寄付のこと、贈与のこと。誰かのしあわせを願うことに、コスパなんて関係ないってこと。「新しい贈与論」は、あなたのお金の贈る先をみんなが決めるコミュニティ。私有や自己決定権が朽ち果てた世界は、どこか懐かしい匂いで満ちている。わたしたちはここで、新しい社会を考える。

代表理事　桂大介

共生の言葉について

ユク・ホイ Yuk Hui
訳＝伊勢康平 Kohei Ise

新連載 惑星的なものにかんする覚書 第1回

異星人が宇宙から侵略でもしてこないかぎり、全人類を政治的に統一する世界国家などありえないだろう。

——ピーター・ティール「シュトラウス主義の時代」

オランダのある宿屋には、墓地を描いた看板の上に、「永遠の平和のために」という皮肉な銘が書かれていたという。さてこの言葉は、すべての人間にあてはまるものなのか、それとも戦争に飽きることがない国の政治家たちにとくにあてはまるのか、あるいは永遠平和という甘い夢をみる哲学者だけにあてはまるのか、それはおいておこう。

——イマニュエル・カント「永遠平和のために」［☆1］

1

ピーター・ティールの「シュトラウス主義の時代」は、フランスの思想家で人類学者のルネ・ジラールを囲み、二〇〇四年に開催された「政治と黙示録」という学会に寄せられたもので、おそらくかれのなかではもっとも哲学的な論考である。そこでのティールの発言をまじめに受け取ってよいのなら、宇宙の異なる生命体との接触だけが、地球上の政治単位を「世界国家」やあるいは「天下」に変えようとする試みだとみなせることになる。

けれども、異星人の侵攻を待つのは不確かなことだろうし、キリストの再臨を待つ以上に根気がいるかもしれない。いやひょっとすると、キリストが再臨しても異星人は来ないかもしれない。だがこの星は、相変わらず朽ちてゆく一方である。ともあれ、この不確かな異星人待望論からなにかを引きだせるとすれば、それは私たちが惑星的な思考をつよく求めているということだ。これはいわば、こんにちの政治に適合する言葉の発見や、ひいては再発明を可能にするような思考のことである。

このティールのテクストは、9・11のテロ攻撃のあとに書かれている。9・11は歴史的事件だった。そこでは、先進的なテクノロジーを装備した個人が軍事攻撃を遂行しうる機械と化し、国家間の戦争は、かならずしも兵隊の対峙する国境で勃発するものではなくなっている。結果として、国家の安全保障と個人の自由は必然的に対立するようになった。安全のため、個人の行動はあらゆる監視のテクノロジーをつうじてモニタリングされることだろう。ティールが告げるように、「西洋の脆弱さが意識された結果、あらたな妥協が必要となった。これによって、多少の自由を犠牲にしてでも、さらなる安全性の要求を余儀なくされたのである」［★1］。

あらゆる場所での監視は、新聞で日々強調されているような、アジアの特定の国だけで起きていることではない。これは全体的な傾向であって、単にその進行速度や言葉のあやが違うだけなのだ。だが周知のとおり、この傾向はパンデミックによって加速され、多かれ少なかれ同期《シンクロナイズ》されてしまっている。ここ二〇年にわたる安全性の追求は、いまや予期しえぬほどの速度や規模に達しているが、それでも変わらないことがひとつある。すべての戦争は模倣的暴力［☆2］を防ぐための先制攻撃であるということだ［★2］。

ロシアとウクライナの戦争も、このパラダイムのなかにあるといえるかもしれない――ただし今回は否定の否定、つまり反‐反テロリズムとして起こったわけだが。冷戦が正式に終わりを迎えたあとも、歴史は終わらなかった。これは明白なことだ。少なくとも弁証法論者に言わせれば、歴史の終わりなどありえないことだったのだ。

すぐれた弁証法論者としては、モリッツ・ルドルフという

★1　Peter Thiel, "The Straussian Moment," in Robert Hamerton-Kelly (ed.), *Politics and Apocalypse* (East Lansing: Michigan State University Press, 2007), p. 190.

★2　模倣と暴力の概念については、以下を参照。René Girard, *Things Hidden since the Foundation of the World*, tr. Stephen Bann, Michael Metteer (Stanford, Calif.: Stanford University Press, 1987).〔邦訳はルネ・ジラール『世の初めから隠されていること〈新装版〉』、小池健男訳、法政大学出版局、二〇一五年。〕

☆1　邦訳はイマニュエル・カント「永遠平和のために――哲学的な草案」、『永遠平和のために／啓蒙とはなにか　他3編』、中山元訳、光文社古典新訳文庫、二〇〇六年、一四八頁。なお訳文は、英文に合わせて一部変更している。

☆2　模倣と暴力は、ジラールが主体性や社会秩序の形成を論じるにあたって用いた鍵概念。ジラールによると、（食欲のような原始的なケースをのぞき）人間は何らかのものに対して自律的に欲望を抱くのではなく、それをすでに欲望している他者を手本とし、まねるかたちで欲望する。つまり主体は、「媒体」としての他者を模倣することではじめて対象への欲望をもちうる。だがその結果、主体と他者のあいだには、同一の対象を欲望するというライバル関係が生じる。それゆえ模倣的欲望は、容易に暴力へと転化してしまう。さらには暴力自体もまた、欲望と同様に模倣をつうじて引き起こされうるだろう。

のちの議論のために補足しておくと、社会においては、こうした主体‐媒体‐対象の関係が各人の相互的な模倣として連鎖的に拡大し、最終的に暴力が全体化する無秩序にいたる。ジラールによると、このような事態を回避するために、集団内の全暴力が任意の犠牲者（スケープゴート）に集約され、暴力が統制されることになる。社会秩序は、このようにして創造されるという。

ドイツの若い書き手に従うとよいだろう。かれは近著の『サーモンとしての世界精神』のなかで、世界精神をサケにたとえて風刺している。つまりそれは東洋で生まれて西洋に渡り、ギリシアで成長しつつヘーゲルの時代のプロイセン王国でピークを迎え、いまや産卵して死を迎えるべく、かつて生まれた川へ戻っているというわけだ［★3］。

そもそもヘーゲルが述べたのは、世界精神は東洋ではじまってギリシアへ渡り、のちにローマ帝国へゆき、そしてヘーゲルの時代にゲルマン人たちのもとへたどり着いたということだ。この旅はまた、人類の解放（Befreiung）および自己意識の生成のプロセスでもあった。そして世界精神は、まるでサケのようにはじまりの地へ戻り、そこで終わりを迎えようとしているのである。世界精神は世界中を旅してきた。まずは東洋から西洋へ、またヘーゲルの死後にはアメリカにもしばし立ち寄っただろうが、いまや東洋へ回帰しつつある。やがてこの精神は死を迎え、不死鳥のようによみがえるのである。

しかし、もはやわかりきっていることだが、たとえ世界精神が復活したとしてもそこに新しいものなどなにもない。なにもないのだ。つまりオスヴァルト・シュペングラーのいう「西洋の没落」を語りなおしたとしても、また中国という「眠れる獅子」の目を覚ましてはならないというナポレオンの有名な戒めをたえず思い返したとしても、ヘーゲルの時代より（それ以前からとは言わずとも）私たちに受け継がれてきた地政学の言葉から見て、新しいものなどなにもないのである。

アレクサンドル・コジェーヴは、最晩年に、つまりかれの死と同年である一九六八年の五月革命の直前に、あるインタビューを受けている。そこでの発言によると、当初かれは、ヘーゲルはまちがっていて、ナポレオンにおいて歴史が終わるなんてナンセンス（billevesée）だと思っていたという。

歴史の終わりとは、ナポレオンではなくスターリンのことでした。そしてそれを告げようとしていたのが、ほかでもないこの私だったのです。ヘーゲルとは異なり、私には馬にまたがったスターリンを窓から眺める機会はないのでしょうが、まあよいでしょう……。のちに戦争が起きて、私はようやく理解しました。ええ、ヘーゲルはまちがっていませんでした。かれが一八〇六年を歴史の終わりと定めたのは正しかったのです。そのときから、いままでなにが起きたでしょうか？ なにも起きていません。［帝国における］諸地域の連合が変わっただけです。中国の革命も、単にナポレオン法典を中国へ導入したにすぎません。われわれは有名な「歴史の加速」についてよく語っていますけれども、歴史が加速すればするほどその進歩は緩慢になってゆくことに、あなたは気づいていますか？［★4］

一九六八年は、世界的に学生運動が起きた年だった。つまり学生運動は、コジェーヴの死と同時期の世界史的な出来事だったのである。それはまた、ヨーロッパにおける自由主義経済のはじまりを告げるものだった。はたして私たちは、フランシス・フクヤマが試みたように、コジェーヴの発言を否定できるのだろうか――もっとも、フクヤマが白馬に乗ったレーガンやサッチャーを窓から見ていたかは明らかでないが。

私たちはほんとうに新しい冷戦に突入しているのだろうか？ それとも冷戦はつねに起きているというのが真実なのか？ これを公然と否認するひとは、ほかの人々は盲目なのだとか、自分たちだけの嘘に囲まれて生きているのだとか思い込んでいる。二〇世紀に用いられた外交の言葉は、ヴォロディーミル・ゼレンスキーやかれ以後の世代にとっては、もはや二一世紀に合わないように思えるだろう。ゼレンスキーは、ロロ・ピアーナではなくユニクロを着用し、外交演説でも自撮りやスマートフォンを活用して、閲覧しづらい外務省のウェブサイトではなくYouTubeやTwitter、Facebookで発信しているのである。

私はこうしたサービスを称賛しているわけではない――プラットフォームとしては、それらはある種の病のあらわれでもある。私が言いたいのはむしろ、この技術的な現実は政治の重要な構成要素でもあること、そして世界秩序を記述しうるだけでなく、この技術的現実をも取り込めるような新しい言葉を見つけだす必要があるだろうということだ。また、かつて政治的現実を明記するために使われた古い言葉も詳しく検討しなければならない。とはいえ、ここでその課題に取り組むのは不可能だろう。私たちにできるのは、せいぜいその必要性や着手しうる入口《エントリーポイント》を説明する程度である。

西洋と東洋や南半球と北半球の対立をめぐる言説は、イデオロギー戦争のあかしであるだけでなく、その構成要素にもなっている。この種の言説は「共生」という指針を立ててごまかしているが、じつのところ、その修辞は共生の問いを決して明らかにしない。じっさい、共生という修辞と並行して、あるいはその裏では、終わりなき経済支配と軍備拡大が進行している。すべての国家が寛容さや共生を説きながら、同時に軍備費を増額し、攻撃を仕掛ける力を高めているのである。「いかなる国家も、自国をのぞく全世界の安全から分離したかたちで、他の諸国の安全を犠牲にしてまで、自国の安全を保障することはできず、またすべきでない」などという条項

★3　Moritz Rudolph, *Der Weltgeist als Lachs* (Berlin: Matthes und Seitz, 2021).

★4　Gilles Lapouge, « Les philosophes ne m'intéressent pas, je cherche des sages », une conversation avec Alexandre Kojève, *Le Grand Continent*, 25 décembre 2020. URL=https://legrandcontinent.eu/fr/2020/12/25/conversation-alexandre-kojeve/

はほとんど無意味である［☆3］。この条項は、攻防の境界があいまいな戦争の可能性を示唆している。というのも、これによって特定の国家が、かりに他の諸国がより裕福で強力な場合や、もしくは潜在的な敵対国との同盟を志向している場合、そうした国々が先手を打って自分たちの安全を脅かしていると非難できるようになるからだ。

2

主権国家とは、三〇年戦争（一六一八―一六四八年）および八〇年戦争（一五六八―一六四八年）の解決策となった一六四八年のウェストファリア体制の中心となっており、万人の万人に対する闘争を抑止するものとされる。この闘争の概念は、コモンウェルスにかんするホッブズの人間学的かつ政治学的な説明の核心をなすものだ。というのも、ホッブズの哲学で想定される個人の平等は、闘争のみなもとでもあるからだ――あるいはそれを、嫉妬や虚栄心をふくむ模倣的欲望による暴力と解釈することもできるだろう。

主権国家とは、ローマ帝国や教会のつぎに生じた「カテコーン」である［☆4］。そして主権国家が平等な個人とみなされるとき、模倣的暴力はあらたな次元で現れる（と同時に、おのずと非武装化を不可能な課題にしてしまう）。結果として、万国の万国に対する闘争を抑止するためには、諸国を治める絶対的主権が要請されることになるだろう。だが、ここにはパラドックスがある。カール・シュミットが述べたとおり、カテコーンを抑止すると、イエス・キリストの再臨が延期されてしまう。つまり敵を抑止すればするほど、黙示録的な終末や、その後訪れる平和がさらに延期されてしまうのである。

ジラール的な観点からいえば、昨今の政治的議論は、依然として現代の世界状況に適合していない。そのため、総じてこの分野では、人間の模倣によって起きる暴力の創始的な役割が否定されており、したがって黙示録的暴力の機会に対して意図的な過小評価がなされている。［★5］

この黙示録的暴力は、カテコーン――これは惑星的な政治のなかで再考すべき言葉だ――によって一時的に抑止されている。神学者でルネ・ジラールとも意見がつよく一致しているヴォルフガング・パラヴァーは、このように述べている。ホッブズから二〇〇年後、アレクシ・ド・トクヴィルによって、どんな形であれ、カテコーンは近代世界の問題に答えを出せないとはっきり示された。なぜなら「民主主義を阻止しようとする試みは［……］神の意志への抵抗である」からだ。もしそうであれば、パラヴァーが主張するように「われわれが自滅するのを防ぐためにも、報復や暴力、模倣的な競争をあきらめるべき」なのだろうか？［★6］しかし、こんにち私たちが使う政治の言葉には、カテコーンが深く刻まれている。トランプやプーチンでさえ、かりそめの平和のため犠牲にされるスケープゴートとみなせるかもしれないのだ。

私たちは、ある単一の言語ゲームに閉じ込められている。それは現実のごく一部を増幅して全体に仕立て上げることで、いつわりの「現実」を表現しているのである。近代的なメディアは、この現実が強固になる一因となっている。これもまた、私たちがいま直面している袋小路だ。まさにピーター・ティールが述べるように、

> 古代の世界へ引き返すのは不可能だし、カール・シュミットが思い描いたような、しっかりとした政治的なものの概念への回帰などなおさらありえない。だが真の意味で啓蒙主義と折り合いをつけることも不可能だ。そこで用いられていた数多くの安易な気休めの紋切り型が、われわれの時代ではまったくのうそ偽りと化しているからである。しかし、あらゆる決断から逃れる決断をして、イエスの再臨を期待しながら聖書研究に閉じこもるわけにもいかない。そうなると、もはや政治家ではいられなくなるはずだからだ。［★7］

まさに袋小路である。かれの論理に従うなら、啓蒙主義は、その価値観や統治形態を世界中に輸出しようと望んでいるわけだが、結局は実現しない観念であることになる。というのも、まさしくティールやニック・ランドといった人物——ランドの「暗黒啓蒙」は新反動主義者のバイブルとされている［★8］——にとって、啓蒙主義は人類の本性がもつ暴力を隠蔽し、まるで啓蒙自体が影のない、光だけを放つ太陽であるかのような幻想を生みだすものだからだ。くわえて、ティー

★5 Thiel, "The Straussian Moment," p. 212.

★6 Wolfgang Palaver, "Hobbes and the Katéchon: The secularization of sacrificial Christianity," *Contagion: Journal of Violence, Mimesis, and Culture* 2 (1995), pp. 57-74: p. 71.

★7 Thiel, "The Straussian Moment," p. 214.

☆3 二〇二二年二月四日に発表された、中露首脳会談共同声明の一部。全文（英語）は以下より閲覧できる。URL=http://en.kremlin.ru/supplement/5770

☆4 カテコーン katechon とは、「抑えているもの（物／者）」を意味する神学的概念。『新約聖書』「テサロニケの信徒への手紙二」によると、キリストの再臨に先立って「不法の者」である反キリストが出現し、終末が訪れる。その「不法の秘密の力」はすでにこの世に生じているものの、同時にこれを「抑えているもの」が存在しているという。この「抑えているもの」が取り除かれるとき、反キリストが現れ、その後キリストが再臨するとされる。カール・シュミットは、こうしたカテコーンの概念を政治（史）の考察に応用して、具体的な領域の秩序を維持し、外敵などによる破滅を抑止する政治的権威のことをカテコーンと呼んだ。具体的には、イスラーム勢力による征服を防いだ東ローマ帝国がその一例とされている。

ルはつぎのように主張している。まず「非西洋世界はウェストファリア条約を目の当たりにしなかった。啓蒙主義の進展は、世界のさまざまな地域によって異なる速度で起きる」[★9]。そして、古代の世界への回帰にはあまりに多くの暴力が、ひいては国家社会主義の一因となるシュミット的な政治思想がともなうのである。

　中国やロシアの政治理論家は、啓蒙主義の普遍的価値観を拒絶して、シュミットを信奉している。その理由は、なによりまずシュミット的な現実政治《レアルポリティーク》が、自由民主主義を否定しているからだ。自由民主主義と対立する非西洋勢力は、それを西洋の病と考えている。そして不幸なことに、こんにちの西洋では極左と極右だけがこの真実を見通しているのである。もうひとつの理由は、シュミット的な友敵の政治が、近代的な主権国家間の政治に完全に適合している——あるいはその唯一のルールとなっている——からだ。

　ところがシュミットは、とりわけ第二次世界大戦のあとに、主権国家の限界を見抜いてもいたのである。アレクサンドル・ドゥーギンによるユーラシア主義のプロジェクトが、シュミット的な言葉を取り入れているのもこのためだ。シュミットは、『大地のノモス』の英語訳に補論として収録された「大地の新しいノモスの問題」というテクストのなかで、未来の地政学に起きる三つの可能性を概説している。ひとつめは、東洋と西洋の対立が総合にいたる、つまり一方がもう片方を破り、統合のすえ天下ないしは世界国家を形成するというものだ。ふたつめは、領土・領海・領空に規定される領域主権という従来のノモスが維持されるものの、一八世以来海域で勝利をおさめ、その秩序を維持する責務を負っていた大英帝国が、この時代の最強国であるアメリカ合衆国に取って代わられるというもの。そして第三の可能性とは、たとえばユーラシアのような巨大なブロック、いわば独立した「広域《グロース・ラウム》」[☆5]に従って世界を再構築することである[★10]。このシナリオはプーチンの理想のなかでよみがえり、しばしば現れている。

3

中国の哲学者である趙《ジャオ》汀陽《ティンヤン》は、〔シュミット的な〕政治神学の言葉に反して、「天下」という中国のいにしえの概念を復活させようと提案している。そこでは、天下が世界的な共生の政治のモデルとして、あるいは帝国主義を特徴とする「支配的な世界システム」と対をなす「内部化する世界システム」として示されている[★11]。このモデルは、周王朝（西周は前一一〇〇－前七七七年、東周は前七七〇－前二五六年）をもとにしている。

　そもそも歴史は現在から遠くはなれたところにあり、その断片ばかりが残されていることを考えれば、趙の主張に対し適切な判断を下すのは難しい。それより興味深いのは、趙が国家主権との対比のなかで世界主権という概念を立てていることである。つまり、主権国家のうえにもうひとつの政治的単位があり、それがさまざまな主権国家同士の関係性を維持するというわけだ〔★12〕。政治神学の観点からすれば、このような世界主権とはカテコーンの言い換えである。だがよく知られているように、中国文化にはキリスト教的な終末論はなく、天下における平和もまったく黙示録的ではない。

私にはよくわからないのだが、いったいこの世界主権はどんなすがたになるのだろうか（どうやらかれにとっては、国際連合はそのような政治的単位ではないらしい）。そしてどんな基盤のうえで正当化されるのだろうか――つまり世界主権は、各国に対しもろもろの権利を有する統治機関として、すべての主権国家に認可される必要がある。さらに言うと、そもそもこのような主権が政治制度の体をなしうるかも疑わしい。

『法の哲学』のなかでヘーゲルは、宗教にもとづく同盟にくわえて国家間の同盟も結ばれるべきだというカントの主張を非難している。というのも、個体には〔自身とその他を区別する〕否定が必要なので、たとえばEUのように、諸国家が同盟を結べたとしてもまた別の敵が必要になるからだ〔★13〕。シュミットが国際連盟を批判したときも、同様の非難が繰り返された。かれにとって国際連盟とは人類の名においてなされる偽善であり、そのため「人類を口にするものは、欺こうとするものである」という、プルードンの言葉をもじった有名な指摘がなされたのである〔★14〕。ヘーゲルはシュミットよりも「責任感」があったようで、「世界法廷」というアイディアを提示してくれている。これは「世界史におけるこれ

★8　Yuk Hui, "On the Unhappy Consciousness of Neoreactionaries," *e-flux journal* 81 (2017). URL=https://www.e-flux.com/journal/81/125815/on-the-unhappy-consciousness-of-neoreactionaries/〔ユク・ホイ「新反動主義者の不幸な意識について」、伊勢康平訳、『加速する東洋／Accelerating the East』(*0-eA journal* vol.1、0-eA、二〇二三年四月刊行予定)。〕

★9　Thiel, "The Straussian Moment," p. 197.

★10　Carl Schmitt, "New Nomos of the Earth," in *The Nomos of the Earth: in the International Law of the Jus Publicum Europaeum*, tr. G. L. Ulmen (New York: Telos Press, 2003), pp. 354-355.〔カール・シュミット「大地の新しいノモスの問題」、『大地のノモス――ヨーロッパ公法という国際法における』、新田邦夫訳、慈学社出版、二〇〇七年、第四部。〕

★11　趙汀陽,《天下的當代性：世界秩序的實踐與想像》(北京：中信出版集團，二〇一六年)，第一三〇頁。

★12　Ibid., p. 2.

★13　Hegel, *Grundlinien der Philosophie des Rechts* (Hamburg: Felix Meiner Verlag, 2017), §324.〔ヘーゲル『法の哲学――自然法と国家学の要綱　下』、上妻精ほか訳、岩波文庫、二〇二一年、三四〇頁。〕

☆5　広域Großraumは、国民国家の領土を超えて形成される空間《ラウム》のこと。シュミットの議論では、アメリカのモンロー主義において特権が主張された西半球という領域が、広域のモデルとなっている。シュミットは、とりわけ一九三〇年代に、広域の秩序を担うべきなのは国家間の抽象的で規範的な連合ではなく、複数の国家を包括的に支配する帝国《ライヒ》であると考えていた。なお著者のホイによると、本連載の次回以降でこの概念が詳しく論じられるとのこと。

ら有限の精神を超えて［……］権利を行使する［……］世界の精神」を意味する［★15］。このヘーゲルの寛大な態度は、世界精神についてほんとうに語っているというより、むしろ理性を吟味し、政治的な国家とは世界精神の旅がかならず経由するひとつの段階だと認識するよう求めているのである。

私たちは、世界精神が産卵と死のため東洋へ回帰したのちになりうる姿として、天下という概念を考えてはどうだろうか？　かりに天下が中華帝国主義に転じるのをほんとうに回避できるなら、それは惑星的な思考を明確化する新しい言葉を再発明する試みとみなされるべきだ。主権国家のうえに天下を置くことの難しさは、主権国家や国民国家の概念が中国史に存在しなかった点にある。つまり、もともと中国は国家的な単位ではなく文化的な単位であり［★16］、また人間学および政治学の産物である天下は、カテコーンとはまったく異なっているのだ。

ホッブズ的な意味でいう万人の万人に対する闘争は、韓非子（前二八一－前二三三年ごろ）による法家の理論の中心となってはいるが、儒学とは相反するものだ。たとえば、culture の中国語訳には文化《ウェンホア》という言葉が使われている。これは文字通りには言語や文筆の教育によって変化することを表しており、ヘルダーなどの哲学者が一八世紀のヨーロッパで理解した、ある人種の「人為的」な特徴という意味とは大きく隔たっている。そして文化《ウェンホア》の核心には礼があり、それを実践することで、夷狄《いてき》（野蛮人）もまた中華の一部になれる。したがって、中華と夷狄の対立（華夷秩序）は、人種や国籍にもとづいておらず、礼を実践しているかによって決まるのである。

さきほど述べたように、天下という概念を受け入れる難しさは、主権国家が中国には存在しなかったため、両者が歴史的に相容れないことにある［★17］。だから残された可能性は、主権国家に適合するような天下を再発明することだ。このような至高の統治機関すなわち世界主権の可能性を、テクノロジーのシンギュラリティという観点から――つまりは全自動統治機関として――思い描くひともいるだろう（この意味で、ドゥーギンにとってシンギュラリティは反キリスト教的であり、シリコンバレーは反キリスト教の寺院となる）［★18］。あるいは日本の哲学者・柄谷行人が述べたように、第三次世界大戦ののち、国連のあとを継いでさらに強力な組織ができるのを待つこともできるかもしれない。だがおそらく、そうした可能性が国連を超えるとは考えづらい。結局のところ、どこか特定の国家の視点から説かれる惑星的な思考は詭弁でしかないのだ。というのも多くの場合、そのような思考は厄介な帝国の言語を隠しきれていないからである。

近代国家の概念がもつ限界を乗り越えるあらたな組織をつくるため、新しい惑星的な言葉が展開されなければならない。たとえば、脱中心化された現代のテクノロジーを介して主権国家を制限し、国家の外部に集団をつくりだすことはその一手段といえる――これは夢物語ではなく、じつに限られた可能性のなかのひとつの選択肢なのである（私たちの議論が進展したのち、この点を検討することになるだろう）。

共生をめぐる新しい政治の言葉は、まだ議論の俎上にも載っていない。あるいはまさしくコジェーヴが述べたように、ヘーゲルが白馬に乗ったナポレオンをイェーナで見かけたときから、じつはなにひとつ起きていないのかもしれない。この共生の言葉は、第三次世界大戦が起きようとするとき、急速に私たちのもとへやってくるのだろうか？　それとも、コスモポリタニズムや脱植民地化を説く思想家や、さきほど言及した天下の概念のようないにしえの思想における有益な概念を復活させ、現代に合うものにしようとする人々の努力によって、ゆるやかに形成されていくのだろうか？　いずれにせよ、共生のモデルを明確化することは喫緊の課題であり、平和と自由にかんする惑星的な思考の中心をなすものである。

カントにまつわるひとつの誤解として、永遠平和に到達するためには、すべての国家がシステムや価値観の点で均質化されるべきだとかれが主張していた、というものがある［★19］。だがカントはそんなことを一度も言っていない。たしかにかれは共和国憲法の必要性を強調しているが、それは特定のシステムよりむしろ理性の公共的な行使の可能性にかかわっている。じっさい、カントは中国や日本といった非ヨーロッパ諸国に共感を示しており、植民者の侵略に対抗して、それらの国家を擁護している。そしてかれらがヨーロッパの侵略者から自身を守ったのは賢明だったと述べているのである。もちろん、周知のとおり、一九世紀にはヨーロッパ諸国が先進的な兵器をたずさえて、ふたたび日本と中国の扉を叩いたし、東アジアの近代化も、当のヨーロッパよりはるかに急速に進展した。こうして経済や軍事の競争は均質的に

★14　Carl Schmitt, *The Concept of the Political*, tr. George Schwab (Chicago: University of Chicago Press, 1996), p. 54.〔C・シュミット『政治的なものの概念』、田中浩、原田武雄訳、未來社、一九七〇年、六三頁。〕

★15　Hegel, *Grundlinien*, §340, p. 315.〔ヘーゲル『法の哲学　下』、三五七－三五八頁。〕

★16　牟宗三，《歷史哲學》，《牟宗三先生全集》第九巻（台北：聯經出版社，二〇〇三年），第二一六頁。「中國以往不是一個國家單位，而是一個文化單位，只有天下觀念，而無國家觀念。」

★17　新儒家の牟宗三は『歴史哲学』のなかで、ヘーゲルへの応答として、なぜ中国は近代的な国家に発展しなかったのかを示そうとしている。そのため、牟は中国には主観的自由が存在しなかったというヘーゲルの主張を受け入れている。とはいえ、牟は自分の研究をヘーゲルの限界を批判するものとして扱ってもいる。

★18　Technical Issues with Yuk Hui and Aleksandr Dugin. URL=https://sreda.v-a-c.org/en/listen-08〔リンクは現在無効になっているが、対談を放送したV-A-CがもつSOUNDCLOUDのアカウントに音声データが残っており、聴くことができる。URL=https://soundcloud.com/vacfoundation/vacsreda-podcast08-technical-issues-with-yuk-hui-and-aleksandr-dugin/s-zYNAdt35Xx5〕

★19　趙汀陽，《天下的當代性》，第二二一－二二三頁。

なり、こんにち私たちがいう現実政治を形成している。

たしかに、「現実政治」に異議を唱えようとする取り組みのすべてを一笑に付すひともいるだろう。というのも、近代的な戦争——おそらくこれは西洋的な近代性と結びつけられる——に直面したとき、「近代の乗り越え」や「多自然主義」、あるいは「クリティカルゾーン」〔☆6〕といったものにかんする知的運動は、みなすっかり影を潜めてしまうように思われるからだ。だがその結果、私たちはほかの可能性を考える勇気を失い、民主主義のほんとうの意味を忘れてしまっている。これはまごうことなき問題だ。

*

さいごにカントの「永遠平和のために」へ立ち返り、本稿の締めくくりとしよう。このテクストは、いまもなお繰り返し読まれるべきものだ。その冒頭でカントは、現実政治と向き合いつつ、このように述べている。

もっとも、国家を運営するためには策略を講じる賢さが必要だという「開明的」な考え方では、どのような手段を使ってでも国家の威力をつねに増大させることが、国家の真の栄誉であるとされているから、わたしのこのような判断はアカデミックで衒学的《ペダンティック》なものと思われるかもしれない。〔★20〕

哲学はアカデミックで衒学的なものにすぎず、ゆえに単なる空論でしかないと貶められるのは、こんにちでも同様である。もちろん、昨今では学者たちが「十分にアカデミックではない」などと言って互いに責めあっていることを考えれば、こうした評価は多くのひとにとって何らネガティヴなものではないのだろう。他方でカントは聡明だったので、「政治理論家を単なるアカデミズムの世界の住人だとみくだしている」「実践的な政治家」を非難しつつ、同時にこのような評価をclausula salvatoria〔留保条項〕として利用し、そうした政治家と意見が対立する際に、自身が攻撃されるのを防ごうとしたのである〔☆7〕。「永遠平和のために」におけるこの興味深い書き出しは、諸学部の争いや、哲学と政治の関係にひそむ困難を強く示している。哲学は、観念的で実用性に欠けるためにないがしろにされる一方、公共的な見解として、国家への従順さに応じて審判されるのである。

哲学は非実用的で無意味だが、しかし危険なものだ。こんにちでもなお、これは地球のあちこちで当てはまっている。たとえば、反戦を請願する際には、過剰に慎重を期し、もっともらしい言葉づかいで飾りつけねばならず、また街頭で白い紙をもつことが、体制をおびやかす大罪となるのである。カントは、国家お抱えの思想家や政治的倫理を説く人々ではなく、哲学者にこそ「戦争の遂行と平和の樹立にかんする普遍的な原則について、自由かつ公《おおやけ》に論じ」る権利が付与されるべきだと主張している［★21］。はたして私たちは、啓蒙主義へと回帰しているのだろうか？　おそらくそうではない。光あるところにはかならず影もある。それが真実なのだ。そして長い夜のあとには、きっと朝日がのぼるだろう。私たちは、プラトンの洞窟の外側にある太陽ばかりを見ているのではない。太陽は目を眩ませ、眠れぬ夜の苦しみをも与えるからだ。こんにち、哲学者に口をつぐませるのは、権威主義的な検閲だけではない。いわゆるポリティカル・コレクトネスもそうなのだ。それは、すでに確立された道徳規範のなかに思考を制限してしまうのである。

　哲学は哲学自体に忠誠を示すべきだ。そして哲学が唯一もちうる自分への忠誠心とは、おのれの限界を超えようとすることである。惑星的な思考を展開させるため、私たちは哲学と政治の関係がもつ限界を、歴史的かつ批評的に理解するよう努めなければならない。

★20　Kant, "Toward Perpetual Peace: A Philosophical Sketch," in *Toward Perpetual Peace and Other Writings on Politics, Peace, and History*, ed. Pauline Kleingeld, transl. David L. Colclasure (New Haven and London: Yale University Press, 2006), p. 68; 8:344.〔カント『永遠平和のために／啓蒙とはなにか　他3編』、一五〇頁。訳は一部変更している。〕

★21　Ibid., p. 93, 8:369.〔同書、二一二頁。〕

☆6　クリティカルゾーン critical zone とは、人間を含む動植物が生息する環境をあらわす新しい枠組みとして提唱されている概念。「地球」や「惑星」のように宇宙から俯瞰される球体のイメージではなく、その表面を覆う薄い透過性の膜として自然環境を捉えることを特徴とする。それによって、生命と環境の複雑な相互作用をより包括的に理解し、グローバルな世界観の単一性や均質性にあらがうことができるという。二〇〇〇年代以降、アメリカに複数設置されているクリティカルゾーン観測所（CZO）をはじめ、各地で研究が行なわれている。日本語で読める資料としては、以下を参照。ブリュノ・ラトゥール「地球に降り立つことへの7つの反対理由　ブリュノ・ラトゥール『クリティカルゾーン：地球に降り立つことの科学と政治学』序論」、鈴木葉二訳、「美術手帖」、二〇二〇年五月二二日。URL=https://bijutsutecho.com/magazine/insight/21952

☆7　カント『永遠平和のために／啓蒙とはなにか　他3編』、一四八－一四九頁。

原題　Notes on the Planetary #1: On the Language of Co-Existence
本連載は本誌のために英語で書き下ろされたものです。

沖島・東京冬日記

櫻木みわ Miwa Sakuraki

氷魚

氷の魚と書いて、氷魚《ひうお》。冬のびわ湖で獲れる、アユの稚魚。氷のようにすきとおっていて、寒い時期だけしか獲れない。その氷魚の漁が、数日間だけ解禁されて、沖島の漁師さんたちも、数人でチームを組んで船を出す。

一二月最初の、よく晴れた日曜の朝だった。漁師見習いの塚本くんから、ＬＩＮＥに電話がかかってきた。氷魚の漁から帰ってきた漁師さんたちが、網に入っていたほかの魚をわけてくれるという。氷魚は業者さんに渡し、放流や養殖のために全国に出荷されていくことになるが、それ以外の魚が残っている。

「ほしかったら取りにおいでといってます」

「行きます！」

東京から滋賀に移り住み、さらにひょんな縁からびわ湖のなかの有人島、沖島に住ませてもらうことになったのは二〇二二年の二月のことだった。借りた家にはエアコンがなく、凍えながら初めて石油ストーブを使った。当初はテレビもネットもなく、その月の終わりにあったロシアのウクライナ侵攻は、スマホでひらいたツイッターのタイムラインで知った。

それから一〇ヶ月近くが経ち、季節が巡って、島はふたたび冬を迎えようとしている。一二月を島で過ごすのは初めてで、氷魚漁のことも、この塚本くんからの電話で初めて知った。ふたつ返事で答えると、コートを引っかけ、大急ぎで家を出た。

船着場に着くと、漁師さんから「ほいこれ」と、ずしりと重たいビニール袋を渡される。なかには、小さな魚が大量に入っている。スゴモロコ、ワカサギ、外来種のブラックバスやブルーギルの小さいの。ブラックバスが食用というイメージはあまりないかもしれないけれど、都会のレストランでは、びわ湖のブラックバスが「おうみスズキ」「びわスズキ」という名称で供されることもあるらしい。

小ぶりの魚は、島のひとたちの台所では、煮付けにすることが多いようだ。塚本くんは、「ぼくはこのまま、天ぷらにして食べます」という。水でといた天ぷら粉にくぐらせてさっと揚げ、塩をパラッとふるだけでいいそうだ。

船の甲板で、顔見知りの漁師さんがビワマスをさばいている。びわ湖固有のマスで、人気の高い魚だ。この夏、私は船で漁に連れて行ってもらって、初めてビワマスを釣った。さばきかたも習って、漁師さんに大きな包丁を借りて自分でやった。夏のビワマスは銀色で、陽光を浴びると、やわらかな鱗が虹色にひかる。「びわ湖の宝石」と呼ばれている由縁だ。

新鮮なビワマスは、さばいてそのまま刺身にすると、桜色のとろけるような身を堪能できる。或いはグリルでシンプルに塩焼きにしても、脂ののった身が程よく締まっておいしい。卵はとくに、ほとんど市場に出回ることのない珍味らしい。夏、私は魚卵を塩と米酢とみりんに漬けて、塩漬けも作った。島に住んでこの魚を知ってから、ビワマスは私の好物になった。

産卵と繁殖を守るため、ビワマスは川にかえってゆく一〇月一日から一一月三〇日まで、びわ湖全域とその河川水域で、禁漁とすることが決められている。いま目にしているのは、その禁漁期間があけたあとの、久しぶりにみるビワマスだった。漁師さんが船の上でさばいているのを、島の猫に交じってじっとみていたら、

「これは、あげられへんで！」

と笑われた。

「きょう皆で食べるんや」

氷魚漁の初日となったきょう、チームを組んだ漁師さんたちで、夕方に宴会をするという。それを聞く私は、よほどうらやましそうな顔をしていたものか。「親方に聞いてあげよ」と誰かがいい、「呼んであげていいか？」とべつの誰かが親方につなぐ。「来たらええ」と親方が許可を出す。

宴会は、船着場に立ちならぶ倉庫のひとつであるらしい。漁の道具や網、ロープなどが置いてある物置で、漁師さんがそれぞれに漁協組合から借りている。夕暮れ時、外からみる倉庫はどこもシャッターが下りている。ほんとうに、ここで宴があるというんだろうか。訝しく思いながら近づいてみると、ひとつの倉庫の前に自転車が数台停まっていて、なかからひとの声がする。

「こんにちは」、おっかなびっくり声をかけたら、内側からシャッターがあけられて、倉庫のなかへと招き入れられる。電気ストーブに橙色のライト、居心地よく設えられた秘密基地のような空間だった。

小さな簡易テーブルを、四人がかこんでいる。テーブルの上にはホットプレートが置かれ、鶏肉が焼かれている。平皿に、今朝のビワマスの刺身も盛りつけられている。缶ビール、缶チューハイ、大瓶の日本酒。漁師さんたちは酒を飲み、刺身や鶏肉をつまみながらあれこれ話す。

この日の氷魚漁のチームは男性だけだが、沖島の普段の漁は、夫婦船でおこなわれることが多い。夫婦で船に乗り、ふたりで協力して漁をする。海よりも危険が少ないようにみえても、漁は重労働だし、仕事中に湖に落ちて亡くなったひとたちもいる。島のひとたちは風や天候の変化に敏感で、注意深い。そしてどの家にも、天井まで届きそうな巨大な仏壇と、これまた大きく、りっぱな神棚がある。漁師さんたちは朝夕、手をあわせる。親方の倉庫にも、神棚があった。

少子高齢化が進み、島の漁師さんの大半が七〇代や八〇代になっている。若手は国の研修制度で見習いをし、もうすぐ独り立ちの日を迎える塚本くんと、島育ちで自分も漁師になりたいと修業をしている二〇代の子のふたりだけ。

七〇年代に総合開発事業がおこなわれて以来びわ湖の漁獲高は落ち、海外からの安い海産物の流入や他所での養殖技術の進化などもあいまって、天然の湖魚の値段は低

くなっている。いまはウクライナで続いている戦争の影響で、船の燃料である重油の値段も上がっている。

　冬の風物詩の氷魚の漁は、以前にはたくさんの希望者がいて、島では氷魚漁をするひとを抽選で決めていた。けれど最近ではできるひともしたいひとも減って、ここ数年はいつも同じメンバーなのだと、そんな話を聞く。

　朝が早い漁師さんたちは、散会の時間も早い。夕方六時ごろになると、「しまおうか」と、手際良く片付けを始め、それぞれに自宅に帰る。余ったビワマスの刺身を「持って帰りな」と持たせてくれる。

　それから数日後、島の酒屋さんをのぞいた。看板は出していないけれど、酒や菓子を売っている、島民御用達の店だ。板間では何人かの島のひとたちが、夕方の情報番組をみながら、持ち寄ったつまみで酒を飲んでいる。

　ちょうど獲れたばかりの氷魚を食べていて、釜揚げにしたものを、すこしいただいた。茹でた氷魚はとうめいではなくなり、白色のよく知るシラスになっている。ポン酢をかけるとうまいんや。そう教わって、そのとおりにする。氷の魚、と思いながら噛み締めると、冬の湖を食べている気持ちがする。

ハチミツ酒

　ふと、東京に行こうかなと思う。きっかけは、ネットで見かけた占いだった。一二月のこの日に東に出かけたら最高、という内容だった。「占いで行動を決めるのか？」と、科学的・論理的な思考をするゲンロン読者諸氏にはあきれられそうで気が引ける。だが占いとはいわば変数、東浩紀氏の言葉を拝借するなら「誤配」を起こしてくれる装置なのだと、私はいいわけしたい。ちょうど編集者の方からいただいていた誘いもあり、この機会に行こうと決めた。

　仕事があるときはホテルを取るようにしているけれど、今回は仕事と呼べるものもなく、会ってゆっくり話したいと思っていた友人たちの家に泊めてもらった。ゲンロンカフェで出会って一〇年近くになるゆりえさんに、最近親しくなって素敵だなと惹かれている文筆家の女性。そして最後の日は、エチオピア人の母子の家に泊めてもらった。

　リディアさんとアマくん（仮名）というこの親子とは、三年前、東京に住んでいたころに、地下鉄のなかで知り合った。

　そのころ私は、未婚のまま子どもを産もうとして、流産をしたばかりだった。まいにち地下鉄に乗って、契約社員として働いていた新聞社に通い、休みの日は依頼された小説やエッセイの原稿を書きながら、常にさみしい気持ちを抱えている状態だった。ひとりでまっくらな夜のなかにいるような、そんな気持ちで地下鉄に乗っていた。リディアさんは、そんな私を、ホームパーティーに招いてくれたのだった。

　初めて彼女たちの家を訪れたその日、壁にイエス・キリストの大きな絵が張られた部屋で、リディアさんは、エチオピアの伝統料理の、テフという穀物を発酵させてクレープ状にしたインジェラや、スパイスと一緒に煮込んだ肉料理などをふるまってくれた。

　豆から炒るエチオピア・コーヒーに、三

〇〇〇年の歴史があるというハチミツ酒も飲ませてもらった。リディアさんの親戚や友人のエチオピア人が集まっていた。

リディアさんはエチオピアで大学生だったとき、政府に反対するデモに参加していた。逮捕され、三ヶ月間留置所に拘束されていた。留置所ではまいにち、棍棒を持った警官に詰問された。警官がふりあげた棒が天窓にぶつかり、ガラスの破片がリディアさんの頭に降り注いだこともある。

大学を辞め、国を出て、日本に来た。日本で知り合った同郷の男性とのあいだに子どもができてアマくんを産んだが、相手とはわかれ、いまはピッツェリアで働きながら、ひとりでアマくんを育てている。

出会ったときには四歳だったアマくんも、いまでは小学生だ。私が東京にいるときも、滋賀に行ってからも、たまに会って、一緒にサイゼリヤに行くのが恒例になっている。誕生日には、ささやかだけれど毎年プレゼントも贈っているから、アマくんも私を覚えてくれている。もともと物怖じしない、人懐っこい性格でもあるのだろう。みわちゃん、みわちゃんとなついてくれる。

母子はすこし前に、引っ越しをしたということだった。以前に住んでいたマンションが老朽化のために建て替えをすることになり、出て行かなければならなくなったのだ。

「今度の家は前の家よりせまいけど、泊まれるから泊まって」

と、リディアさんはいってくれていた。

「ひとが来てくれて、ときどき変化があるのは、アマくんにもいいことだよ」

そうもいった。ふたりに連れられて行った転居先は、線路沿いのアパートだった。前の部屋と同じように、イエス・キリストを描いた大きな絵が壁に張ってある。部屋がせまくなったからベッドは処分して、ふたりは布団で寝ているということだったが、来客用にはこれがあるよ、とソファベッドの背もたれを倒して、寝られるようにしてくれる。ソファの内部は収納にもなっていて、なかからシーツや毛布を取り出して、それをきれいにセットしてくれる。

夜、すやすやと眠っているアマくんの横で、リディアさんはスマホで何かを聴いている。リディアさんのイヤホンからずっと、何かを話しているような、低い音が漏れている。私にはなじみのない抑揚で、エチオピアの言葉であるらしいことしかわからない。母国のポッドキャストやYouTubeを聴いているんだろうか、と私は想像する。ニュースか、或いはもっとカジュアルなトーク番組みたいなものか。これが、異国でひとりで子どもを育てているリディアさんの息抜きなのかもしれない。夜遅くまで、リディアさんはその音声を聴いている。

朝になると、リディアさんは、

「アマくん、学校だよー」

と日本語でアマくんを起こす。テレビをつけ、YouTubeでエチオピア語の音楽を流す。アマくんの服を着替えさせ、朝食のパンと卵を食べさせ、歯磨きをさせる。アマくんにエチオピア語で何かいう。アマくんが部屋の隅から小さな瓶と綿棒を取ってきて、リディアさんに渡す。瓶に入っているのは、油のようだった。リディアさんはそれを綿棒に垂らすと、真剣な表情で、何かを唱えながら綿棒でアマくんの額と頭を撫でてゆく。それまでひっきりなしにしゃべったりふざけたりしていたアマくんも、母の真剣さに応えるようにおとなしく、じっとしている。

「オーケー」

リディアさんは、子どもを抱きしめる。アマくんはふたたび飛び跳ね、

「みわちゃん！　きょうぼくと一緒に学童クラブに行く？　ぼくが学校から帰っても家にいる？」

と繰り返し尋ねる。アマくんが学校へ行くと、リディアさんはソファに座り、YouTubeをつないだテレビをながめる。映っているのは静止画で、ただただエンドレスに音楽が流れているだけだ。リディアさんは音楽にあわせ、規則的に何かの文句を口ずさむ。歌っているのかと思ったけれど、

「お祈り」

とリディアさんはいった。エチオピア正教の礼拝らしい。

「昨日寝るとき、夜中まで何か聴いてたよね？　何を聴いていたの？」

と尋ねたら、

「あれも、お祈りのためのお話」

と教えてくれた。

エチオピア正教ではクリスマスは一月七日で、それまでの四三日間、信者たちは午後三時までの断食をする。祈りを捧げ、その期間は肉食や性行為をせず、ベッドではなくかたい床の上で眠るひともいる。いまはちょうど、その時期にあたるのだという。

アマくんには普段どおり食事をさせているが、リディアさんはこの期間、午後三時までは何も食べず、祈りの時間を多く持つ。エチオピア正教には、クリスマスの前だけでなく、この断食の期間が年に数回あるという。

「これはいいことだよ」

と、リディアさんはきっぱりという。

「こころがカーム。したいことを何でもして、食べたいものを何でも食べてたら、カームでいられない。人間の欲望にはリミットがないから、もっともっとと、クレイジーになってゆく。日本はそうでしょ？」

後日、私はエチオピア正教の断食のことをネットで調べ、現地在住の日本人ジャーナリストの記事を読んだ（俵かおり「なぜエチオピアは貧しく飢えに苦しむのか」）。エチオピアが宗教から自由で、いつでも何でも食べるという文化であったら、国内の栄養不足がここまで蔓延していないのではないか、という考察だ。

そうした側面も、きっとあるのにちがいない。けれど、リディアさんがいったカーム、「平安、平静」と私は心中訳して聞いていたのだが、それは確かにこの友人のなかにあると、彼女と身近に接していてはっきりと感じ取れるのもまた、事実なのだった。

ふなずし

東京にいるあいだに、漁師のとみ江さんから、電話がかかってきた。「ふなずしを出したんやけどいるか？」という連絡だった。ふなずしは、最古のすしともいわれるなれずしの一種で、滋賀の郷土食だ。びわ湖で獲れるニゴロブナ（主には抱卵した雌）を春先に塩漬けにし、それを今度は炊いた米に夏から漬けこんで、数ヶ月間発酵させる。

農林水産省のサイトには、「発酵中に産生する乳酸で骨が軟らかくなり、骨まで食べることができる」「増えた乳酸菌による

整腸作用もあり、栄養価も高い」との説明がある。

地元のひとからは、子どものころ、風邪や腹痛のときにふなずしのお茶漬けを食べるとよくなった、というエピソードを聞いたりもする。そのように、くすり代わりに食されることもあるけれど、お正月やお祝い事のときに出される定番のご馳走でもある。お正月が近づいて、皆、ふなずしを樽から出し始めたのだ。

私も今年、近所の方に教わって、初めてふなずしを漬けた。けれど漬けた時期が通常より遅い夏の終わりだったので、樽を開けるのは、二月ごろまで待たなくてはならない。それでありがたく、島で過ごす新年用に、とみ江さんご夫婦のふなずしをいただくことにした。

東京から沖島に帰った翌日、さっそくふたりの家を訪れようと家を出た。空も空気もつめたく澄んで、風が強い休日だった。漁協組合の拡声器から島内放送がかかり、強風のため、きょうの通船は夕方六時で最終になるという案内が告げられている。

二五〇人ほどが密集して暮らしている沖島では、どこの家も徒歩圏内のご近所だ。みずうみ沿いの道を歩いて、夫婦の家に向かった。せまい道の片側には鈍色がかった冬の深いブルーのみずうみがひろがり、もう片側には家々が軒をならべ、そのすぐ裏手に山がそびえている。みずうみでは水鳥が激しい波に揺られ、山側では木々が揺れ、大きな音でざわめいている。強風で歩きづらいけれど、冬の湖面のうつくしさにみとれる。

夫婦は茶の間にいて、年賀状を書いていた。あがるようにいわれ、おじゃまして、お茶をいただく。

「わたしもう七四」

とみ江さんがいうと、間髪入れずに夫の幸光さんが、

「むかしやったら山にのぼっとる年や」

という。

「ほんまや」

とみ江さんが笑う。どういうことかわからなくて、

「山にのぼるって何ですか?」

と私は尋ねた。ふたりは、島では一七年前まで、むかしながらのやり方で、山の上で火葬をしていたのだと話してくれる。遺体を担いで山の上まではこぶのは、死者のいとこの役割だった。遺体を焼くのにはコツがいる。みずうみの水に浸けたむしろを巻いて、ゆっくりと蒸し焼きにする。そうすると、きれいに焼けて、骨がのこるのだという。

「最後に山の上で火葬をしたのは、わたしの叔母さんやった。大雪の寒い日やった」

と、とみ江さんがいう。

幸光さんがふなずしを出してきて、

「ほい食べ」

まるごとの魚のまま数匹くれる。

「樽から出したばっかりや」

夫婦は島に自生しているムべや夏みかんの実をホワイトリカーに漬けこんで、果実酒も作っている。それをふたりで普段のたのしみに飲んでいて、

「ムべってめずらしいやろ? わたしらの子どものころはこの実がおやつやった」

「ほうや。ムべやらアケビやらな」

と話しながら、私にも果実酒を飲ませてくれる。春に、私はべつの元漁師の女性に島の山奥に連れて行ってもらい、蕨《わらび》や蕗《ふき》の

薹《とう》、虎杖《いたどり》を採った。そのとき、島のひとたちは山のなかに、それぞれが見つけたひみつの採取所を持っていて、それを「寝床」と呼ぶのだと教えてもらった。とみ江さんと幸光さんにも、山の寝床があるのだろう。

春と秋に、島では神への感謝を捧げる祭りがあり、それとはべつに魚介を供養する日もある。冬の夜のお寺の御堂に、島のひとたちが、みたことのないくらいたくさん集まって、煌々と灯された燈の下、皆で経を読みあげていた。

島についても、島のひとたちについても、私はまだ、知らないことばかりだ。看板を出していない酒店のことも、漁具の倉庫のなかで漁師さんたちが宴会をしていることも、島のひとたちの家のなかに巨大な仏壇と神棚が設えてあることも、自分たちが獲り、食べている魚介を熱心に供養していることも、最初のころは知らなかった。すこしずつ親しくなり、物理的にもすこしずつ内側に入れてもらっているという感覚がある。

東京の線路沿いのアパートで、一月のクリスマスのための支度をしながら、ひとりで断食をし、祈りを捧げていたリディアさんもそこに重なる。この異国の友だちの暮らしとその内面世界も、自分はすこしずつ教えてもらっているのだと思う。

私が辞去するとき、リディアさんは、

「次にあなたが泊まりに来るときは、またテフを作るから連絡して」

といった。

「新大久保に、テフの材料を売ってるお店があるんだよ。そこに買いものに行って、準備しとくからね」

東京に住んでいたころにリディアさんがふるまってくれた、すっぱいヨーグルトのような風味のテフやつけあわせの濃厚な肉料理、そのときに初めて飲んだハチミツ酒。それらを思い出しながら、うん、うん、と私はこの友人の言葉にうなずいた。

ひとにも、ひとの暮らしにも、内側には生活のよろこびや、静かな支えとなっているものがあって、それは、外側からはみえないことも多い。だからこそ、ほんのすこしそこに触れさせてもらったとき、そのなかのよきものを分け与えてもらったとき、わずかに胸がふるえる気がする。

文化や、信じていることや、暮らしのなかの工夫やたのしみ。ひとはそういうものを培いながらその土地に暮らし、ときにはそれらを携えたままほかの土地へと移動して、いとなみを続けている。そういうことを考えるとき、東京の地下鉄のなかで、自分をひとりだと思っていたときの真冬の夜みたいなかなしみが、薄らいでいくのを感じる。闇夜のあちこちに星がひかっているのを見つけることに、それは似ているようにも思う。

同時に、戦争という非常事態によってそれらを故意に破壊され、踏み躙られているひとがいることにも思いが行く。思いが行くが何もできない。相変わらず食べ、ゴミを出し、自らを快適に生きながらえさせるために、有形無形のものを傷つけながら生きている。その自分への無力感やうしろぐらさをなだめるものとして、祈るということはあるのだろうか。何もできないけれど、或いは何もできないから、ひとは祈るのだろうか。カームという、リディアさんが口にした言葉を思い出す。

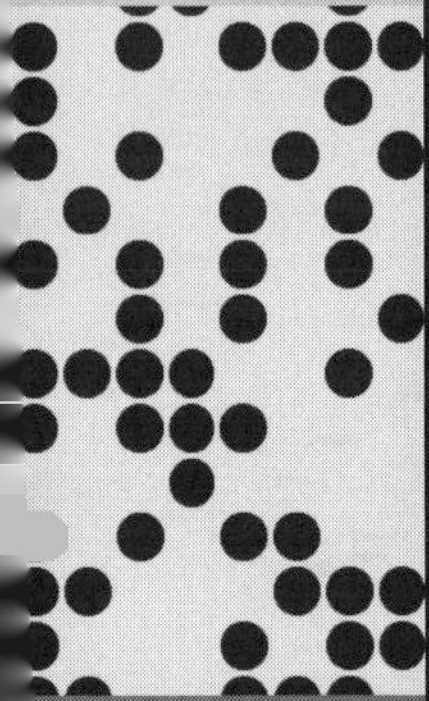

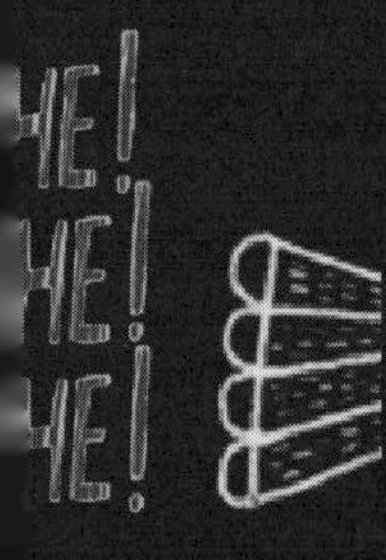

斜めから見る戦争

ロシアが戦争を始めてから1年が過ぎた。戦争が終わる気配は見えない。この1年間、軍服や戦車、爆撃される街や村、戦ったり苦しんだりする人々の姿を目にしない日はなかった。

戦争のまわりにも、生活はあり、日常はある。今号では、上田洋子が継続的に観察してきたロシアの反戦アクティヴィズムについてレポートする。激しい弾圧の中でも、戦争への抗議をなんとか表明しようとしている人々がいる。ロシア文学者の松下隆志は、同国のヒップホップ史をまとめている。ヒップホップという音楽の1ジャンルが、政権やプーチン大統領を批判したり賞賛したりしながら、鏡のように政治を映してきたのがよくわかる論考だ。文末には2次元コードを添えて楽曲リストを入れたので、あわせて視聴されたい。ロシア連邦内の民族共和国タタールスタンに関する櫻間瑞希の論考は、「ロシア」という国名で簡単に名指されているものが、実際はきわめて複雑な複合体であることを理解するための一助となるだろう。

戦局を追うことだけが、戦争を考えることではない。戦争の背景には、複雑な歴史があり、人間社会がある。

斜めから見る戦争

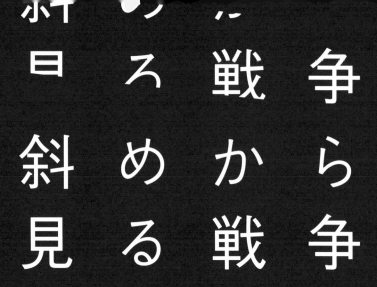

反戦運動を推進する「春」が配布するポスターとビラの一部、櫻間の撮影によるタタールスタンのスナップ、上田撮影による独ソ戦のスターリングラードの戦いの跡地、ロッソーシキ戦争記念公園の写真をコラージュしている。

ネットとストリートの戦争と平和
ロシアの反戦アクティヴィズムについて

上田洋子 Yoko Ueda

クリスマスの出来事

ロシアとウクライナの戦争が始まってから、今日でX日目。ロシアの独立メディアは、いまも日数をカウントし続けている［図1］。最初の頃は一桁だった。それが一週間を過ぎ、一〇日を過ぎ、三〇日を過ぎ、五〇日を過ぎ、一〇〇日が経過したのを知る。半年、二〇〇日、三〇〇日……。この本が出ている頃にはもう一年を過ぎている。戦争は終わらない。頑固に日数を表示し、報道を続けるメディアには感謝と敬意を表する。いったい何日まで積み上がっていくのか。

この原稿を書き始めたのは一月七日だった。戦争の三一七日目、東方正教会のクリスマスにあたる日だ。その二日前、ロシア正教会のキリル総主教がクリスマス前日の正午から三六時間の停戦を呼びかけた［★1］。誰もがミサに行けるようにとの配慮だという。プーチン大統領はこれを支持して、ロシア側から停戦が実施された。

しかし、ウクライナ側は停戦を信じない。世界のメディアも信じない。そうこうしているうちに停戦の時間になる。ロシア軍は停戦を遵守していると報道される。同時に攻撃がやんでいないというニュースが流れる……。この停戦の期間に、ドネツィク州のバフムトでは住民二名が亡くなったという。

この日、キーウのペチェルシク大修道院では、史上初めて、モスクワ総主教座の管轄下にない新生ウクライナ正教会によるミサが行われた。ウクライナでは宗教は東方正教が主流であるが、それが二つに分裂している。モスクワ総主教座の管轄下にあるウクライナ正教会とソ連解体後につくられ、モスクワからの離脱を図り続けて、ついに二〇一九年に政権の後押しで独立した新生ウクライナ正教会が、それぞれ別々に活動しているのだ［★2］。

キーウ・ペチェルシク大修道院は、モスクワ総主教座管轄下のウクライナ正教会の総本山だった。けれども戦争が始まって、ウクライナ政府はこの修道院が敵国ロシアに軍事協力をしていると非難している。そして、二〇二三年一月以降、モスクワ系ウクライナ正教会への修道院のレンタル契約を打ち切った。ミサが新生ウクライナ正教会によって行われたのはそのためだ。ペチェルシク大修道院の主人は代わった。クリスマスに限らず、モスクワ系ウクライナ正教会のミサがここで行われることはもはやない。二〇二二年一二月一日には、ゼレンスキー大統領はロシアの影響下にある宗教の活動を停止し、また宗教の蓑に隠れた諜報活動を根絶するための大統領令に署名している［★3］。

今回の戦争で、ロシア正教会はプーチン政権支持にまわった。キリル総主教をはじめ、ロシアの高位聖職者たちは過激な言説を繰り返して戦争を肯定し、軍人を祝福している。モスクワ総主教座管轄下のウクライナ正教会は、キリルらの発言を非難し、二〇二二年五月の時点でモスクワからの自立を宣言していた。それでも彼らはウクライナで禁じられた宗教になってしまった。ペチェルシク大修道院のクリスマスミサは、この戦争を象徴する大きな出来事だと言えよう。

修道院に残っていたモスクワ系ウクライナ正教会の人びとが、本当にロシア軍のスパイだったのか、そうでなかったのかはわからない。しかし、信仰第一で、国よりも神や信徒のことを考えている聖職者は少なくないのではないか。いずれにせよ、門徒だった人たちは、この戦争ですでにどれだけ傷ついてきたことだろう。彼らはペチェルシク大修道院のクリスマスミサを、どんな思いで受け止めたのだろうか。

いくらロシア正教が戦争を讃美していても、ロシア国民の全員がそれを受け入れているわけではない。ロシアには、戦

図1　戦争開始からの日数を数えながらの報道。メディアゾーナのニュースサイトよりスクリーンショット
出典＝https://zona.media/theme/war-chronicles

★1　Призыв Святейшего Патриарха Кирилла установить Рождественское перемирие. // Русская Православная Церковь. 05.01.2023. URL=http://www.patriarchia.ru/db/text/5992770.html

★2　ウクライナにおける正教会の分裂と独立に関しては以下の論考を参照。高橋沙奈美「祖国か、神か──戦争がウクライナの正教徒に強いる選択（1）」、「webゲンロン」、二〇二三年二月二三日。URL=https://www.genron-alpha.com/article20230223_01/

★3　УКАЗ ПРЕЗИДЕНТА УКРАЇНИ No. 820/2022. // Президент України Володимир Зеленський. URL=https://www.president.gov.ua/documents/8202022-45097

争に反対している人びとがいる。そして、少しでも自分たちの声が聞かれるように、さまざまに工夫を凝らしている。本稿ではそういった人びと、特に若い世代の活動を紹介したい。

　クリスマス停戦はロシアで、反戦の思いを伝える機会ともなった。この日を前に、「春 Весна」(ヴェスナー)という団体が「永久停戦 Пере(мир)ие навсегда」(ペレミーリエ・ナフセグダー)というアクションを呼びかけた。「ペレミーリエ Перемирие」はロシア語で停戦・休戦のことで、クリスマス停戦もペレミーリエだ。単語の途中で括弧でくくられている「мир」(ミール)は、平和を表す言葉である。括弧でくくることによって、「平和」が強調されているのだ。

「春」は二〇一三年にサンクトペテルブルクで生まれたリベラルな若者の運動体で、これまでアクションやパフォーマンスによる社会運動を行ってきた。戦争が始まって以来、彼らは直後の二月や三月のデモを主導し、その後もさまざまな反戦運動を展開してきた。五月九日の戦勝記念日には、独ソ戦で戦った祖父母の写真を掲げて行進する全国的な愛国デモ「不死の連隊」に、それらの写真に反戦の言葉を書き込んで、あるいはそれらの代わりに戦時下のウクライナの惨状の写真を掲げて参加するように呼びかけ[★4]、後日、市民に対する人格と権利を侵害し、違法な行動を煽動した罪で起訴された。一〇月には活動家のボグダン・リトヴィンとチモフェイ・マルティネンコが外国エージェントに認定された(六日)[★5]。その後「春」全体が過激派に指定され(一一日)、さらに数日後には外国エージェントの認定を受けた(一四日)。

　アクション「永久停戦」は、一月七日の現地時間一九時に、各自反戦プラカードを持って街頭に立とう(ピケ)という主旨のものだった。ロシアは国内に時差があるので、人びとがそれぞれ現地時刻でアクションを行った場合、アクションは東から西へ、最大八時間リレーされて継続することになる。ロシアでは一日が東から明けていくのと共に、デモも東から西へバトンタッチされていくのだ[★6]。

　しかし、「永久停戦」は呼びかけの数時間後に取り消された[図2]。「春」によると、クリスマスに向けて街には警察が増えており、ピケをする人が拘束されるリスクが高いという情報が複数寄せられたとのことだった[★7]。ツイッターからはアクションを呼びかける投稿が削除された。古い呼び

図2　「永久停戦」アクション中止のお知らせ。「春」のテレグラムチャンネルよりスクリーンショット。
出典＝https://t.me/vesna_democrat/5001

かけが一人歩きして、拘束者が出たら元も子もないからだろう。実際、クリスマス前日の一月六日には、タタールスタンのカザンで反戦ピケを行った男性が警察に拘束されていた。勇気ある反戦行動の写真は人権団体や独立メディアがSNSでシェアするので、日本人のわたしにもすぐに伝わってくる。

結局、「春」はピケの代わりに、安全な行動を提案した。推奨されたのは、ウクライナで戦うことを拒んだせいで軍の牢獄に不法に拘束されている兵士の釈放を要請する署名運動への参加［★8］、動員を逃れることを促すビラの配布やSNSでの情報の拡散、「パルチザン的アクション」の方法で反戦を呼びかけること（パルチザン的アクションについては後述する）。これなら安全に行うことができ、かつ意味があるという。デモはおろか、ピケすらも難しいのがいまのロシアの状況だ。そもそも「永久停戦」を呼びかけた投稿にも、一度反戦運動で罰金を科されている人や、動員対象のカテゴリーに入っている人は危険だから参加するなと注意書きが付されていた。国外に出る人も多い中、国内で反戦活動をする同志は少数派に過ぎない。無駄に拘束されることを許している場合ではないのかもしれない。

反戦運動とSNS

誰かが顔出しでピケを行って警察に拘束されると、「春」（@vesna_democrat）のほかにも、政治犯を支援する人権団体「OVD-インフォ OВД-инфо」（@OvdInfo）［★9］、独立メディアの「SOTA」（@Sota_Vision）、デモや抗議行動の情報を発信する「アクティヴァティカ」（@Activatica）などが一斉にツイートする。

二〇二二年の三月四日にロシア政府によってアクセスが遮

★4　アクション「彼らはこのために戦ったのではない」
URL=https://twitter.com/vesna_democrat/status/1516045228083486724

★5　外国エージェントとは、国外から資金援助などを受けているNPOやマスメディアなどの法人、個人で、国家の利益や方針に反する活動を行っているものに対してロシア政府が認定するものである。認定されると、当人の発言やその人に対する言及の際に、必ずその人が外国エージェントであることを付記しなければならない。いわば政府によるレッテル貼りである。ウクライナへの侵攻以降、外国エージェントに認定される人びとや機関の数は大きく増えた。また、法改正が行われて、反戦運動を含む社会運動を制限されたり、教育職に就けなくなったりしている。本論考でのちに言及するOVD-インフォ、フェミニスト反戦レジスタンス、プッシー・ライオットはいずれも外国エージェントに認定されている。

★6　こうした、時差があることによるデモにおける盛り上がりの継続は、前述の対独戦勝記念日の愛国デモについても同じことが言える。

★7　URL=https://twitter.com/vesna_democrat/status/1611354950251995136

★8　一月一四日には自称ドネツク人民共和国の地下からそうした兵士たちが二四人解放され、一人を残してロシアに帰国したというニュースがあった。Из подвала в «ДНР» освободили всех отказников. // Activatica. 14.01.2023. URL=https://activatica.org/content/9cf4fa27-ab13-44bd-8ed1-715811928850/iz-podvala-v-dnr-osvobodili-vseh-otkaznikov

断されて以来、ロシアでのツイッター利用者数は減っているが、それでもまだ情報発信に利用されている。国外に出た反体制メディアのみならず、「ガゼータ・ル Газета.ру」（@GazetaRu）のような親政権メディアもいまだ平常運転だ。ツイッターにはロシア語や英語で発信する在外ロシア人がかなりいる。ウクライナからの率直かつ辛辣な声も聞こえる。ロシアの外の世界の声を聞くにも、また反戦運動が行われていることなどを外にアピールするにもツイッターは便利なプラットフォームなのである。同じく遮断されているはずのインスタグラム（二〇二二年三月一四日遮断）やフェイスブック（同三月四日遮断）も、一般の人の投稿は激減したとはいえ、いまも利用されている。

　これらロシアで遮断されたツールで情報を得ている層には、在外ロシア人や一時的に国外に出た人、それにわたしのような外国人でロシアの動向を追っている人が多いのかもしれない。とはいえ、国内でもVPN（仮想プライベートネットワーク）を利用してチェックしている人びとがいる。戦争を契機にロシアから撤退したり、ロシアで遮断されたりした外国のプラットフォームにも、反戦の声を上げてロシアで遮断されてしまったメディアにも、依然として国内からアクセスする手段があるのだ。「メドゥーザ Медуза」もロシアで遮断された独立メディアのひとつだが、三月の早い段階で、遮断されたサイトにどのようにアクセスすればよいかという解説記事を、ロシアからもアクセスできるようにあえてグーグルドキュメントを用いて公開していた［★10］。当然政府はVPN狩りを行っているが、VPNがなくなることはないようだ。

　「春」のツイッターのフォロワー数は二〇二三年一月時点で一万一〇〇〇、インスタグラムも同じく一万一〇〇〇である。他方、いまも国内で妨害なく使われているSNS「テレグラム」では八万六〇〇〇とはるかに多い。もちろん反戦運動を盛り上げるにはまだまだ少ない。とはいえフォローせずに見ている人もいるだろう。たとえば先に紹介したアクション「永久停戦」は、テレグラムですぐに他の反戦団体にシェアされていた。そのうちのひとつ「フェミニスト反戦レジスタンス Феминистское Антивоенное Сопротивление」（FAR）では、「春」がテレグラムでデータを配布した「永久停戦」のプラカードを持って雪の街に立つ人の写真が投稿されていた。危険と隣り合わせでもアクションを決行した人はいた。なんとか効果的に反戦の意を表明しようと、機会を窺っている人はいるのだ。

　テレグラムはロシア発のメッセンジャー型SNSで、日本のLINEのようにチャンネルスレッドにメッセージが流れてきて、そこに情報がどんどん溜まっていく。二〇二二年六月の時点で、世界にアクティブユーザーが七億人いるとされている。ロシアのほか、インド、イタリアやスペイン、それにウクライナでも活発に利用されている［★11］。ウクライナでは開戦後、それまで週五分だった各人のテレグラム滞在時間が四〇分にまで増えたという分析もある［★12］。わたしも戦争当初はテレグラムのウクライナのニュースチャンネルで情報を集めていた。地方自治体が発信する被害状況や停電などのインフラの情報もテレグラムで流れていた。カジュアルに情報を投稿でき、かつスレッドに溜まっていくテレグラムは、戦時のような緊急事態の情報交換に大きな力を発揮する。

ロシアでは、この戦争は侵攻の当初から「特別軍事作戦」と呼ばれている。政府の当初の公式見解は、ロシア軍は軍事関連施設を攻撃しているだけで、民間人への攻撃などしているわけがない、キエフやハルキウへの攻撃の映像は西側が作った「フェイク」だ、というものだった。ロシアでこの戦争を「戦争」「侵攻」と呼ぶと、なぜかロシア軍の名誉を毀損したことになってしまう。二〇二二年三月の早い段階で、既存の法律を改正して「フェイク法」が制定され、ロシア軍に対する名誉毀損を行った者に対して、罰金あるいは最大一五年の自由剥奪が科され得ることになった［★13］。こうして、真摯な戦争報道を行っていた独立メディアは、ロシア国内でのウェブサイトへのアクセスを遮断されることになった。また、ジャーナリストが活動を続けるためには国外に出ざるを得なくなったのもこれがきっかけである。

デモはおろか、いかなる反戦運動もフェイク法に抵触することになってしまった。法をすり抜けて反戦の意を示そうと、

★9　OVD-インフォは二〇一一年一二月の不正選挙に反対するデモの直後につくられた政治犯支援メディアプロジェクトである。創設者はモスクワのジャーナリストのグリゴリー・オホーチンとプログラマーのダニーラ・ベイリンソン。人権団体「メモリアル」の関連団体として始まった。政治的な理由で拘束された人びとに弁護士を派遣するという重要な活動を行っており、「春」やフェミニスト反戦レジスタンスをはじめ、あらゆる反戦活動の支えとなっている。

★10　Как читать «Медузу» после блокировки. URL=https://docs.google.com/document/d/12WJkqzEgAKkuRmtv0nQK_oWOhEtkE_QcQL82baoSZg/edit メドゥーザはその後、メール配信をメインとしたコンテンツを作る、すべての記事をPDFで読めるようにする、ポッドキャストを始めるなど、ロシア国内の読者に情報を届けるための工夫を続けている。

★11　*Бегин А.* Статистика Telegram в 2023 году (обновлено). // ИНКЛИЕНТ. 31.01.2023. URL=https://inclient.ru/telegram-stats/ *Афанасьева Н.* Телеграм в цифрах: в каких странах работает мессенджер и как переживает блокировки. АфишаDaily. 16.03.2022 URL=https://daily.afisha.ru/infoporn/22599-telegram-v-cifrah-v-kakih-stranah-rabotaet-messendzher-i-kak-perezhivaet-blokirovki/ なお、ロシアでもっとも広く利用されているSNSは「フコンタクチェ」であるが、政権の検閲が入りやすいため、反体制のアクティヴィズムではあまり用いられない。

★12　*Скрипкін В.* Феномен Telegram в Украине – с начала войны время использования мессенджера увеличилось в 8 раз. // ITCua. 17.06.2022. URL=https://itc.ua/news/fenomen-telegram-v-ukraine-s-nachala-vojny-vremya-ispolzovaniya-messendzhera-uvelichilos-v-8-raz/

★13　フェイク法は二〇二二年三月四日に施行された法律で、公的な場所で軍事行為を貶したり、軍事行為に対して許可のない反対運動を呼びかけたりすること、ロシア軍に対する「明らかに虚偽の情報」を広めること、ロシアに対する制裁を呼びかけることなどを禁止する法律。違反者には罰金、あるいは最大で一五年の自由剥奪が科される可能性がある。

トルストイの長編小説『戦争と平和』の書籍や、「Нет войне《ニエト ヴォイニエ》」（戦争にノーを）を伏せ字にした「*******」というプラカードを手に街頭に立った人たちも拘束された。ロシアに言論の自由はなくなった。

　ロシアにはフェイスブックをブログのように用いる人が多かった。彼らの大部分が戦争を契機に、安全だとされるテレグラムにアカウントを持ち、チャンネルを作った。他の遮断されたSNSの利用者についても同様だったようで、インスタグラムがロシアで遮断される前日の三月一三日にはテレグラムに四〇〇〇万人もの登録があったという［★14］。テレグラムには、個人情報を一切共有せずにやり取りができるbotの機能があって、反戦情報の交換に適している。「春」はこのbotを使ってピケやその他の反戦活動の写真を集め、それをテレグラムのチャンネル、ツイッター、インスタグラムに投稿する。ためしにbotにアクセスすると、新しいスレッドが開かれて「YOKO、こんにちは。わたしは反戦アジテーションの写真を収集するためのbot『目に見える抗議運動』です」などのロシア語のメッセージが現れた。このスレッドに直接写真を投稿すればいいようだ。

図3　「春」のインスタグラムのスクリーンショット。文字のバナーになっているものは、画像に変換された文章が載っていて記事として読むことができる。出典＝https://www.instagram.com/vesna_democrat/

　これらのSNSの中では、テレグラムがいちばん情報量が多い。ツイッターにはそこから広く伝えたいものが選択されて投稿される。インスタグラムでは文字も画像化されて、重要事項をまとめて読めるアーカイブにもなっている。ロシアのアクティヴィストたちは、なぜかインスタグラムを文字で埋め尽くす。反戦活動の写真よりも、アピールやエピソードやメッセージの書かれたバナーのほうが多いのではないかと思われるほどだ［図3］。

　テレグラムはもっとも閉鎖的でカオスでアンダーグラウンドなプラットフォームだ。テレグラムを開くと、「春」らのグループやら反体制知識人やらが反戦を呼びかけ、メディアや個人のジャーナリストが報道を続けている。もちろん愛国保守の人びともこのプラットフォームを活用している。前大統領のメドヴェージェフが極右のヘイト発言を繰り返し、また、保守思想家のアレクサンドル・ドゥーギンがウクライナを悪魔と呼び、二〇一四年のマレーシア航空一七便撃墜事件の犯人とされるイーゴリ・ギルキンが軍事情報を垂れ流す［★15］。陰謀論の温床にもなっているようだ。ウクライナ側の情報もまた然り。

今回の戦争が現実空間と情報空間の両方で行われていることはよく指摘される。ウクライナ側のメディア戦略の巧みさも、ロシア側の一見雑だが大規模なプロパガンダも、戦争の一部と考えられている。反戦運動もまた、現実空間とネット空間のダブルで行われている。ネット空間、特にSNSはある種の「ストリート」として機能している。SNSへの反戦スローガンの投稿は、街頭での抗議運動と同様の力を持つ。

動員《モギリザーツィヤ》という墓場

話を「春」に戻し、彼らのネット上での活動を見ていこう。「春」の公式ウェブサイトは現在見ることができず、先に挙げた通り、テレグラム、ツイッター、インスタグラム、フェイスブックなどのSNSが彼らの主戦場である。そこには、「永久停戦」のようなアクションの呼びかけ、各地から寄せられたピケや反戦の落書きやストリートアートの写真、そして論説や情報共有、反戦活動の励ましなどが投稿されていく。

そうした投稿のうち、「グラフィティ、ステッカー、新聞、ビラ」などを用いて行うものを、彼らは「パルチザン的アクション」と呼んでいる。つまり、落書きをしたり、シールやビラや新聞を発行して拡散させたりするもので、少なくともSNS上では行為者の姿は見えない。「春」はパルチザン的アクションを呼びかけながらも、同時にそれを安全に行うためのメソッドを共有する。監視カメラをいかに逃れるか、アクションの場所にどうやって向かうか（公共交通機関を使うなら最寄駅は避けろ、など）、ウェブ上で画像をどうやって送るか、弁護士の連絡先、万一のことがあったらどうするかなど、詳しい助言が彼らのウェブサイトとは別の、ロシア国内で閲覧ができるのであろうサイトに掲載されている［★16］。

九月にロシアで部分動員が始まって以降、戦争反対運動は

★14　Афанасьева. Телеграм в цифрах.

★15　テレグラムでメドヴェージェフは九八万フォロワーで、戦争開始後減ったように思われる。ドゥーギンのほうは四万三〇〇〇で、じつは「春」の半分にも満たない。ロシア人でも、二〇二二年に娘のダリヤ・ドゥーギナが暗殺されて大きなニュースになるまで彼の存在を知らなかった人が多いともいわれるが、それは正しいのかもしれない。ツイッターでも戦争開始前から移動する戦車の動画などをさかんに流していたギルキンは七九万フォロワーだ。参考までに、ロシアの人口は二〇二一年の統計で約一億四七〇〇万人である。

★16　Как агитировать против войны. Правила безопасности. // Теплица социальных технологии. 27.07.2022. URL=https://te-st.org/2022/09/27/safe-actionism/

再び活発になった。これに関しては国外から、ロシアでは自分たちの生活や命にかかわる動員のようなことがないと、誰も戦争に反対しない、利己的だという批判がある。だが、どんな運動でも、盛り上がりの契機は重要なのであり、反戦運動を主導する側としても、一般の人びとが問題に直面するこの時期を好機として捉えているように見える。その盛り上がりが国外にも伝わっているのだから、むしろ彼らの努力が成果を上げているということだ。

部分動員が始まってから積極的に行われているのはビラの配布だ。動員から逃れることを呼びかけたり、その方法を説明するサイトへの二次元バーコードを大きく載せてあったりするビラの画像データが、「春」のテレグラムチャンネルやグーグルドライブで共有されている[★17][図4]。それぞれが勝手にデータをダウンロードして、集合住宅にポスティングしたり、電柱に張ったり、駐車中の車のワイパーに挟んだりすることができる。さらに、ビラが張られたりポストに入れられたりしている様子を写真に撮って、「春」に匿名で共有する。「春」はそれらの写真を活動のドキュメントとして各SNSに投稿し、拡散させる。ネット空間にいる人びとがそれらの写真によってビラの存在を知り、動員回避情報をまとめたサイトがあることを知る。ビラを配る行為の画像は、ネット上では行為それ自体とほぼ同じように機能する。

図4　動員を逃れるよう勧告する「春」のビラ
出典＝https://drive.google.com/drive/u/0/folders/1BEQtaGMYXsK6CR8on0n0ifOhoVZZZ9Kq

動員はロシア語で「モビリザーツィヤ мобилизация」である。部分動員が始まり、これに似た新造語「モギリザーツィヤ могилизация」が頻繁に使われるようになった[★18]。動員という言葉の中の6をгにすり替えて、「墓」を表す「モギーラ могила」という単語をそこに滑り込ませたのだ。たった一文字が変わるだけで、動員は「墓場化」になってしまう。動員回避を促すビラでも、街の落書きでも、この効果的な言葉は頻繁に用いられていく。国や状況に振り回される人間の気まぐれな運命と、「動員」と「死」の近さを同時に体現する言葉が、運命それ自体のようにロシアを跋扈している[図5]。

モギリザーツィヤという言葉が街に出没し、ネット空間を浮遊している状況は、そのまま死の不安を常にどこかに抱えたロシアの空気を表しているようだ。国外にいるわたしですらも、この言葉を見るたびに、どうしようもないやるせなさと無力感が込み上げてくる。モギリザーツィヤという言葉は、実際に動員される可能性のある人、あるいは近しい人が動員されかねない人にとっては、言いようのない不安を与えるものだろう。この言葉が大きく書かれたビラは、動員をいかに逃れるか、赤紙が来てしまったらどうすればいいかといった具体的な助言を与える。モギリザーツィヤは人びとに死や殺人への忌避感を植えつけ、人を戦争から遠ざける、反戦のための合言葉である。

「パパはもうすぐいなくなる」

部分動員が始まった二〇二二年九月は、ロシアでは新学期が始まる時期だった。初夏から夏の年度末には、戦争プロパガンダの中で、反戦の立場をあらわにした大学教員が解雇されたり、授業やプライベートで反戦の話をした学校教師が密告されて教職を解かれたりといったニュースは後をたたなかった。反戦を表明したミュージシャンはブラックリストに入れられ、国内ではほぼコンサートができなくなった。若者に人気のミュージシャンたちが何人も国外に出た。いっぽう、統計を見ても、一八歳から三九歳までの年齢層にその他と比較して明らかに戦争に反対する人が多めである［★19］。若者たちはどのように反戦の思いを分かち合っているのだろうか。

ネット空間には、しばしば反戦の落書きが流れてくる。戦争開始直後、主要メディアが反戦デモを報道する中、アーティストのアルチョーム・ロスクトフは二月二八日から反戦の落書きやグラフィティの写真を次々とスレッドでツイートしていた［★20］［図6］。モスクワ、ニジニ・ノヴゴロド、エカテリンブルク、サマーラ、カザン、リペツク、ウラジーミル……さまざまな街の街路に描かれた

図5　モギリザーツィヤに反対する落書き
出典＝https://t.me/vesna_democrat/4057

★17　グーグルドライブの「мир」（平和）というオープンアクセスのフォルダに、侵攻開始以降のアクションで使われてきたビラやプラカードがまとまって公開されている。

★18　オープンソースのウェブ辞書であるВикисловарьを見ると、二〇一五年の用例が載っている。日本語では、一般の露和辞典はもちろん、二〇二二年八月に刊行された『増補改訂版 現代ロシア話しことば辞典』（東洋書店新社）にも項目はなかった。

★19　Конфликт с Украиной: оценки января 2023 года. // Левада-центр. 02.02.2023. URL=https://www.levada.ru/2023/02/02/konflikt-s-ukrainoj-otsenki-yanvarya-2023-goda/

★20　URL=https://twitter.com/kissmyba/status/149821786666987525

「Нет войне」（戦争反対）の文字は荒々しく、力強かった。このスレッドに、モスクワ、ノヴォシビルスク、プスコフ……と、各地の人びとが、自分の街にも落書きがあると、写真の投稿で応えていく。いまスレッドを見返しても、侵攻直後の若者たちの反戦感情の高まりが伝わってきて、胸が熱くなる。ただし、たとえば三月四日のウラジーミルのグラフィティには、これに対して蛮行（ヴァンダリズム）の容疑で捜査が始まったというニュースが添えられていた。写真にはティーンエイジャーらしい二人の人物が写っている。彼らはおそらく自分で写真を投稿したのだろうが、オープンな抗議運動が、この時点ですでに抑圧の対象になっていることがわかる［図7］。

すでに述べたように、「春」はパルチザン的アクションの一環として、テレグラムのｂｏｔで、反戦ピケの様子や落書き、グラフィティの写真を募集している。そして、そのうちの主なものをまとめてツイッターやインスタグラムに上げている。どのような落書きやグラフィティが投稿されているのか、いくつか具体的に見てみよう。

二〇二二年の夏頃までは、ビルボードに表示された反戦広告や、工事中のまま打ち捨てられたビルに大きく描かれた「マリウポリ」の文字など、目立ったり、場所が特定できたりするグラフィティが多く投稿されていた［図8］。それが、九月の部分動員の時期になると様子が変わってきた。どこかの壁や柱に小さなメモが張られている――「動員（墓場化）反対!!　男の子たちが殺される！」「わたしのパパを殺さないでください。動員反対、死ぬのは反対」「お茶を飲みましょう、戦うのではなく（お茶のイラスト付き）」――これらはいずれもティーンエイジャーの女の子が書いたものであるように見える。さらに、地面にステンシルで描かれた残酷な言葉「パパはいる？　もうすぐいなくなるよ」［図9］。

反戦の落書きは、ストレートに文字で書かれたものが多い。知らない人の住む別の場所で起こっている戦争を理解するよりも、父親や兄弟、恋人がいなくなることを理解するほうがはるかにたやすい。そうやって身近なところからでも人の命の大切さに気づくならば、ひいては反戦の気持ちに繋がって

図6　ロスクトフによる反戦落書きのツイート
出典＝https://twitter.com/kissmyba/status/1498217866666987525

いくはずだ。こうして目覚めた若い世代のナイーブな言葉は、人の心を打つ。反戦のアピールには、シンプルな言葉こそが効果的であることがわかる。

　こうした落書きは、もちろんネットに投稿されない限り、わたしの目にも、別の街に住むロシア人の目にも、世界の人びとの目にも触れることはない。SNS時代のストリートアート、特にアクティヴィズムは、シェアされることが大前提である。一回きりのパフォーマンスはその場で消えてしまい、映像にしない限り残らない。グラフィティも非合法にやるならいつ消されてしまうかわからない。反戦運動では、ここでしか見られない、この時間にしか見られない、といった希少性を守る意味はない。SNSで画像がどんどんシェアされて、知られるほうがいい。いま、ストリートアートの観客はネットにいる。反戦の落書きも、隠れたところに描かれていても見られることを求めている。描いた人の身の安全を考えても、その場に行って見られるより、ネットで見られるほ

図7　ウラジーミルの反戦グラフィティ
出典＝https://twitter.com/kissmyba/status/1499743814440738816/photo/1

図8　エカテリンブルクのグラフィティ「マリウポリ」
出典＝https://t.me/vesna_democrat/3295

図9　「パパはいる？　もうすぐいなくなるよ」
出典＝https://t.me/vesna_democrat/4057

うが望ましい。

ストリートからネット空間へ

「春」が呼びかける「パルチザン的アクション」は、日常の延長にある。SNSでの写真のシェアは、誰もが行う日常的な行為だ。そして、この日常的な行為こそが、人びとを情報戦に巻き込んでいく。人びとは、ブチャの虐殺、国境地域の戦車の隊列、凄惨な被害地域、勇敢な兵士たち、傷ついた子どもの写真をシェアする。「春」らの反戦アクティヴィズムはそうした戦場からのイメージ群に、反戦メッセージを忍び込ませる。ピケにしても落書きにしても、人の心に訴えかけるのは人びとが手で書いた拙い文字だ。デザインされていない手書きの文字は、その後ろにいるのが普通の人であることを示す。手描き文字に潜む「普通の人」の影は、別の普通の人がアクションに参加することへのハードルを低くする。SNSユーザーのわれわれはネットに流れてくるナイーブな文字に心を動かされる。

他方、ストリートアーティストたちも、反戦の作品を現実空間とネット空間に投下している。彼ら「プロ」の作品も、シンプルながら強い視覚的効果でメッセージを発している。

たとえばPhilippenzoというアーティストは、ウクライナとの国境に近く、独ソ戦の激戦地でもあったヴォルゴグラード（旧スターリングラード）で、二〇二二年五月九日の戦勝記念日に「亜鉛はわれらのもの！ Цинк наш!」（ツィンク・ナーシ）という作品を描いている［図10］。スヴェトラーナ・アレクシエーヴィチに『亜鉛の少年たち』というアフガン戦争を題材にしたルポルタージュ作品があるが、「亜鉛」は武器を入れるケースでもあり、同時に戦地から届く兵士の死体が入った

図10　Philippenzo「亜鉛はわれらのもの！」
出典＝https://instagram.com/p/CdU4KtPM94S/

図11　ヴォルゴグラードの旧ソ連とドイツの兵士のための記念公園「ロッソーシキ」 撮影＝筆者

棺桶の意味が込められている。「われらのもの」という表現は、二〇一四年に生まれたクリミア併合賛成派の合言葉「クリミアはわれらのもの Крым наш」（クルィム・ナーシ）をもじったものだ。Philippenzo による作品は描かれたその日に塗り消されてしまったという。しかし、写真は残り、ネット上で生き続けている。この、ヴォルゴグラードに現れた棺桶の描写を目にして、わたしは、二一世紀になってつくられたスターリングラード攻防戦で戦死した兵士たちの墓地の光景を思い出した［図11］。

　サンクトペテルブルクのミーシャ・マルケルは二〇二二年一二月、同市の街角の広報用広告板に、白地に黒文字で「идёт ❄❄❄❄❄」と書かれた大判のポスターを張った［図12］。ロシア語で「идёт」（イジョート）はなにかが「進行中」であることを表す動詞で、雨や雪などが「降っている」というときにも用いる。それに続く雪マークは、通常なら、絵面通り、雪のシーズンを表すはずだ。しかし、ロシア語で雪は「снег」（スニェーク）で、四文字である。五つの雪マークは、先述のアスタリスクで伏せ字にされた「война」（ヴォイナ、戦争）の五文字を思い起こさせる。これは、戦争が進行中であることを人びとに告げる看板なのだ。戦場になっているのはウクライナであって、ロシアではない。戦場になっていないのをいいことに現実から目を背ける人びとに、ストリートアートは戦争の現実を突きつける。

　同じ、白地に黒文字のシンプルなスタイルでミーシャ・マルケルがマルファとの共同制作で九月に発表した作品には、次の文字が書かれていた。

Влади

Влади　　ович

図12　ミーシャ・マルケルが2022年12月10日にサンクトペテルブルクで提示した作品
出典＝https://www.instagram.com/p/Cl-tWkyogPB/

　ここに書かれているのは、じつはプーチン大統領の名前である［図13］。しかし、何かが抜けている。彼の名前「ウラジーミル・ウラジーミロヴィチ Владимир Владимирович」には本来「мир」（ミール、平和）が二つ入っているはずだ。しかし、彼は平和を奪った。だから、ミーシャ・マルケルはこの名前から「平和」の文字を剝奪する。こうして、大統領の名前は「ウラジ　　・ウラジ　　オヴィチ」になってしまう。

軽やかなフォントで、模造紙という手軽な素材に、ライトな冗談であるかのように書かれた文字は、戦争や死という大きなできごとが、あたかも日常の些事であるかのように処理されてしまう現実をそのまま映しているようにも見える。耐久性が弱く、また剥がしやすい素材のこのポスターが、実際に街にあったのはおそらくごく短い時間だろう。戦時のストリートアートは、現実のストリートで生起した後、ネットで生き続けに効力を発揮し続ける。

値札を反戦ビラに差し替える

人びとの日常に戦争を滑り込ませ、彼らが現在戦争が起こっていることを気にせずにはいられないようにすること。侵攻後すぐにロシアのフェミニストたちが反戦を目的として結成した「フェミニスト反戦レジスタンス」（FAR）は、そのためのさまざまな方法を人びとに提案している。

中でも興味深いのは、彼らが二〇二二年三月三〇日に提案した、スーパーマーケットの値札を反戦ビラにすり替えるアクションである［★21］。値札のすり替えは、「プーチンのプロパガンダに対してもっとも脆弱な層に届く」数少ない方法のひとつであるという。そして、「この国には戦争が影を落としていない場所などないことを示し、いま起こっていることに対して見て見ぬふりができないようにする」のだ。「春」の動員ビラや「永久停戦」と同様、この場合も値札ビラはFARが準備し、テレグラムチャンネルで共有した［図14］。値段があるべき位置には、戦争と関連する重要な数字が書かれている。たとえば、八〇ルーブルの値札には「ロシア軍によってマリウポリの街の八〇%が破壊された。なんのために?」、二万六〇〇〇ルーブルの値札には「アフガン戦争では二万六〇〇〇人のロシア兵が死んだ。ウクライナでの戦争を止めなければ何人が死ぬだろう」、ゼロの値札には「わたしの知人たちはロシアの爆撃を逃れて地下鉄に避難している。彼らのゼロ人がナチです。戦争を止めてください」。今回の戦争で、テレビを見てプロパガンダを信じている親世代と、ネットを情報源にしている子世代では状況認識が大きくかけ離れてい

図13　ミーシャ・マルケルとマルファの共同制作による、2022年9月8日、サンクトペテルブルクの作品
出典＝https://www.instagram.com/p/CiPQQFdrf9l/

るという問題がしばしば語られているが、そうした状況を受けて、ネットを見ない層の日常に情報を忍び込ませてなんとか届けようとする試みだ。

FARはこのとき、アクションへの呼びかけに追加する形で、アクションを行う際には監視カメラを避けること、職場や家の近くのスーパーで行わないことなどの注意喚起をしたが、その後、捕まる人が現れた。罰金で済んだ人もいるが、ペテルブルクのアーティストのアレクサンドラ・スコチレンコは四月一一日に拘束された［★22］。わたしはこのニュースをリアルタイムで見ていた。そのときにはすぐに釈放されるだろうと思ったのだが、二〇二三年一月現在、彼女はまだ拘置所に留め置かれている。二〇二二年一二月に裁判が始まったばかりだが、五年から一〇年間拘束される恐れがあるとされている。スーパーの値札を差し替えただけで、一〇年の矯正労働とは常軌を逸しているとしか思えないが、戦時の言論弾圧とはこういうものなのだ。おそらく、ウクライナ系の姓を持ち、LGBTQを公言するスコチレンコは、見せしめにするのに格好の対象だったのではないだろうか。

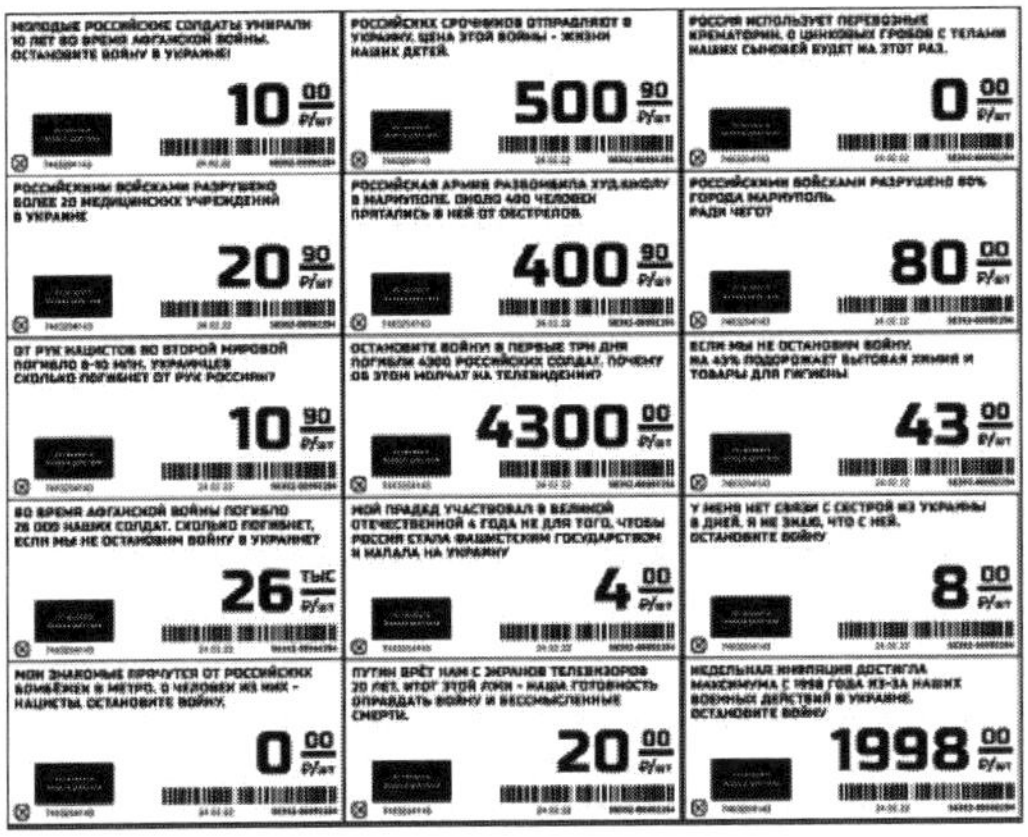

図14　FAR の値札ビラ
出典＝https://t.me/femagainstwar/1031

FARはほかにも、マリウポリで亡くなった人びとのために密かに手作りの小さな記念碑を建てることを促す「マリウポリ5000」［★23］［図15］など、目立ちすぎないけれども、戦争が起こっている事実を事実として記録し、人びとの目に触れる契機をつくる行動を推進している。二〇二三年の新年には、ウクライナに思いを馳せ、爆弾を連想させる花火を打ち上げるのをやめ、またダンスミュージックなどのお祭り騒ぎも控え、さらにこのような新年の過ごし方について、親しい人や家族と語り合おうというアクション「静かな新年」を提唱していた［★24］。

目立ちすぎないこと。けれども日常

★21　URL=https://t.me/femagainstwar/1031

★22　*Пнин, Т.* Плата за войну. Ценники в российских магазинах меняю на антивоенные листовки – в Петербурге суд арестовал за это музыкантку по делу о «фейках» про армию. // Медиазона. 13.04.2022. URL=https://zona.media/article/2022/04/13/price

★23　URL=https://www.instagram.com/p/Cb4XsHDMhv8/

★24　URL=https://www.instagram.com/p/CmyVsO8sObG/

の中で常に戦争を意識し、戦争に加担することのないよう気を付け、また、戦争の恐ろしさを人びとと分かち合い、連帯を少しずつ広げていくこと。「戦争」という言葉を使っただけで逮捕されるいまのロシアでは、それがもっとも有効な反戦運動なのかもしれない。反戦を唱える人がみな国外に出たり、刑務所に入ったりしてしまっては、運動は継続できなくなってしまう。

実際、小さな抵抗は力を持っている。マリウポリの人びとが、「人道支援」「避難」の名の下、ロシアに連れてこられているというニュースが流れたのは二〇二二年の初夏だっただろうか。その後、ロシアを出て、ラトビアなど第三国を経由してウクライナに戻った人たちが何人もいる。彼らを支援していたのはロシアの人びとだった［★25］。また、少しでもウクライナ難民の人びとの役に立とうと、子ども向けの玩具の寄付や心理カウンセラーを募る投稿をフェイスブックで見たこともある。だれもが国籍や民族性を理由に戦っているわけではない。戦争という悪を前に、ロシア人とウクライナ人が共に手を携えて生き抜くために闘っている例もあるのだ。

反戦運動というSNS戦争

ここに紹介したのは、反戦アクティヴィズムのほんの一部である。中には徴兵事務所《ヴォエンコマート》に放火をしたり、線路を破壊したりするような、過激な犯罪もある。二〇二三年一月の半ばには、できるだけ犠牲を出したくないという「春」と、「抗議の時代は終わった。抵抗の時代が始まった」と宣言するウェブ雑誌「DOXA」の間で議論が起こっている［★26］。「DOXA」はモスクワの高等経済学院の学生たちが創刊した雑誌である。

図15　マリウポリ5000。FARのテレグラムよりスクリーンショット
出典＝https://t.me/femagainstwar/1213

写真家の大山顕は、現代の「写真行為」とは「撮って、投稿し、反応（「いいね」やリツイート）をもらうまでのプロセス全体」を指すようになったという［★27］。そして写真の閲覧者が、写真の行為者でありながら写真の現場にいないことを指摘し、彼らが写真をシェアをすることによってSNSで「炎上」を起こすことをドローン攻撃に喩えている。ロシアとウクライナの戦争が繰り広げられているいま、大山のこの喩え

はあたかも現実そのものであるかのようだ。SNSを主戦場とする情報戦では、注目を集め、相手を攻撃し、炎上を起こすための投稿というドローンが飛び交っている。たとえばブチャの虐殺の映像は大きな破壊力を持った。ロシア軍がブチャで行った残虐な行為の記録は、SNSにくり返し投稿され、彼らの暴力の証明として大きな反露感情を呼んで、追加制裁やウクライナ支持へと繋がっていった。

戦時下に「春」やFARやその他の組織や人びとがネットに解き放つ反戦アクションの写真も、小規模ながらも、ドローンの潜在力を持っているのではないか。いまはまだ弱々しく見えても、徴兵事務所に火炎瓶を投げるのと同じ程度の攻撃力はすでに有しているのかもしれない。徴兵事務所の放火がいまのところ動員反対の意思表明以上の効果を持っていないのは、「春」が指摘していることである。だとすれば、反戦画像の投稿もまた、物理的な暴力性はなくとも、心理戦では同じ効果を上げているのではないか［★28］。

★25　ロシアにおけるウクライナ難民の救援ボランティアについては、たとえば以下のペテルブルクのグリゴリー神父のインタビューを参照。*Толстой, И. Померанцев, И.* «И Христос был беженцем.» Отец Григорий и его волонтеры. // Радио Свобода. 14.06.2022. URL=https://www.svoboda.org/a/i-hristos-byl-bezhentsem-otets-grigoriy-i-ego-volontery-/31892991.html

★26　二〇二三年一月一〇日、「春」は徴兵事務所に放火することには大きなリスクがあるのに効果がないという投稿を行った（https://t.me/vesna_democrat/5012）。それに対し、「DOXA」のイワン・アスタシンは効果があることを論証（https://doxa.team/articles/podzhogi-opinion）、続いてアルメン・アラミャンは「抗議の時代は終わった、抵抗の時代が始まった」という記事で、暴力をも辞さない行動を呼びかけた（https://doxa.team/articles/time-to-resistance）。

★27　大山顕『新写真論』、ゲンロン、二〇二〇年、二二七頁。

ところで、「春」もFARも、戦争が始まってすぐに行動を起こしているが、背景にはロシアにおける抗議運動やアクティヴィズムの積み重ねがあった。「春」が組織されたのは二〇一三年で、フェミニストのアート・アクティヴィストグループ「プッシー・ライオット」が教会で反プーチンソングを歌って逮捕された事件の翌年のことである。九〇年代から二〇一〇年代前半まで、ロシアではストリートにおけるアクションとパフォーマンスの文化が花開いた。戦争で落書きをシェアしていたロスクトフは二〇〇四年からシベリアのノヴォシビルスクで、五月一日のメーデーに、要求を掲げないプラカードを持って平和的なデモをするアクションを毎年行い、この運動はロシア全土に広まった（「モンストラーツィヤ」）。ペテルブルクには「なにをなすべきか」というアクティヴィストグループが二〇〇三年から存在し、社会運動とアートや思想を結びつけ、雑誌を発行し、街頭アクションを主導していた［★29］。

プッシー・ライオットは矯正収容所から出た後、二〇一四年に四人の人権改善を目的としてインターネットメディア「メディアゾーナ」を立ち上げ、反体制ジャーナリズムの一翼を担うようになっていった。これまでは小さな反体制メディアに過ぎなかった「メディアゾーナ」だが、戦争報道では大きな成果を上げ続けており、日本のメディアでも引用されるようになった。ベラルーシからロシアに輸送された小包の記録を追跡して、ウクライナで略奪を行ったロシア兵たちの出身地を突き止めようとした初期の記事などには、アート・アクティヴィズム的な感性を見ることすらできるように思う。メディアゾーナはその後も、ロシアにおける動員数と兵士の出身地域の把握や、戦地でのレイプ問題など、重要な調査を行い続けている［★30］。

ロシアにおける社会運動の弾圧がますます可視化される中で、人びとが果敢にデモに参加し、プラカードを持ってピケをやり、落書きで意見を主張する姿を見るのは頼もしい。これは、ロスクトフやプッシー・ライオットやその他のロシアのアート・アクティヴィズムの担い手たち、「春」ら社会活動家たち、そしてストリートのアーティストたちが育んできた方法論や行動様式とくにネット世代のそれが、一部とはいえ社会に根付いた結果だとも言えるだろう。すぐに弾圧が始まったのも、政権側にもすでに経験が蓄積しているからかもしれない［★31］。

これらのアクティヴィズムは、現段階ではまだ戦争を止める力は持たないかもしれない。だが、できることをやっていくしかない。社会は容易には変えられない。けれども、自分の力がいかに弱く感じられようと、大勢の人の命が危機に晒されているとき、行動せずにはいられないのも人間である。

★28 「春」は、「地図上に反戦運動の日付と形態をマッピングしたロシア抵抗運動録 Хроника протестов в России」を公開し、日々アップデートしている（https://remap-ru.com/）。それを見ると、西はカリーニングラードから東はサハリンまで、ロシア全土でさまざまな抵抗運動が行われていることがわかる。

★29 「なにをなすべきか」およびペテルブルクでの社会運動と芸術の関係については、以下を参照。八木君人「ポスト・ソヴィエト的左翼芸術の闘争」、『ゲンロン7』、二〇一七年。

★30 メディアゾーナは独自の調査でロシア軍の死者や損失についてのデータを集め、更新し続けている。Потерь России в войне с Украиной. Сводка «Медиазоны». // Медиазона. URL=https://zona.media/casualties

★31 もちろん、ロシア、ソ連の歴史で、反体制運動と弾圧がくり返されてきたことは言うまでもない。

ロシアをレペゼンするのは誰か

プーチン時代の政治とラップ

松下隆志 Takashi Matsushita

二〇二二年二月二四日に開始されたロシアによるウクライナ侵攻以降、戦争の是非をめぐって、ロシアの知識人たちはマスメディアやSNSなどを通じて様々な声を上げてきた。そこには作家やジャーナリストだけでなく、ロックなどポップカルチャーの代表者たちも含まれており、とりわけ若い世代で目立ったのはラッパーたちだった。たとえば、若者の間で絶大な人気を誇るオクシミロン（Oxxxymiron, 一九八五－）は、侵攻後いち早く戦争反対を表明、予定されていたモスクワおよびサンクトペテルブルクでのライブをすべて中止し、三月一五日にウクライナ人難民支援のためのチャリティーライブをイスタンブールで開催した。このことは日本の新聞でも取り上げられ、彼は「ロシアの反戦ラッパー」として紹介された［★1］。

世界的に人気のあるヒップホップは、ロシアでもここ一〇年間で若者からもっとも支持される音楽ジャンルへと成長した。それだけでなく、オクシミロンのような政治意識の高いラッパーたちの台頭により、アカデミズムの領域でも研究対象として取り上げられる機会が増えている。楽曲自体はYouTubeや音楽配信などで今や世界のどこからでも手軽に聴くことが可能となったが、ビートやメロディもさることながら、リリック＝言葉こそが重要な意味を持つジャンルなだけに、ロシアのヒップホップ・シーンについて日本ではまだあまり知られていないのが実情だ。

本稿では、ロシアのヒップホップのこれまでの歩みを紹介するとともに、おもにプーチンが大統領職に復帰した二〇一〇年代以降のロシア語ラップと政治の関わりについて論じてみようと思う。実際、現在のロシアにおいてヒップホップは単にポップカルチャーの枠組みに収まるようなものでは到底ないのだ。ラッパーは言うなれば現代の詩人であり、社会の病理を鋭く抉り出す彼らの歯に衣着せない言葉は何百万人もの若者の心を動かし、その絶大な影響力は権力にとっても無視できないものとなっている。私たちはそこに、既存の文学とは異なるフィールドで繰り広げられるもう一つの「文学」の闘争を目にするだろう。

ロシアのヒップホップはソ連から始まった

ロシアにおけるヒップホップの起源は実はソ連時代にまで遡る。当時のロシアはいわゆる「鉄のカーテン」によって西側世界から隔絶していたように思われがちだが、スターリン死後の一九五〇年代に始まった自由化の流れの中で、西側の最先端文化が国内に流入するようになった。開放的な空気は長くは続かず、当局による規制が再び強まったものの、一度燃え上がった西側文化への憧れの火を消すことはできなかった。西側の流行ファッションを身にまとい、ジャズやロックを愛聴する不埒な若者は「スチリャーギ」と呼ばれた。人類学者のアレクセイ・ユルチャクによれば、体制と対立した異論派《ディシデント》とは異なり、体制の一部でありながら権威的言説の意味を読み替えることによって独自の文化を開拓した若者たちは、まさにソ連版「サブカルチャー」の担い手だった[★2]。

ソ連の若者たちは、短波ラジオで西側の放送をキャッチしたり、友人が西側から持ち帰ったレコードを回し聴きし、テープレコーダーで録音したりしながら、禁じられていたジャズやロックに親しんだ。自国のグループも現れ、多くは非公式なものだったが、ライブも行われた。日本でも公開されたキリル・セレブレンニコフ監督映画『LETO《レトー》』(二〇一八年)は、ソ連を代表するロックバンド、キノーのヴォーカルで、今なおロシアをはじめ旧ソ連地域でカルト的な人気を誇るヴィクトル・ツォイに焦点を当てながら、一九八〇年代前半のレニングラード(現在のサンクトペテルブルク)におけるアンダーグラウンド文化の雰囲気を巧みに描き出している。

一九七〇年代にアメリカのブロンクスで誕生したヒップホップが密かにソ連に輸入されたのもまたこの時代だった。ロシアにおけるヒップホップの元祖と広く見なされているのは、クイビシェフ(現在のサマーラ)のロックバンド、チャース・ピーク(Час пик、ラッシュアワー)による、その名もずばり『ラップ Рэп』(一九八四年)というアルバムだ。ヒップホップの存在を世に知らしめ

オクシミロン　出典＝https://commons.wikimedia.org/wiki/File:Oxxxymiron_RAW_Berlin_asv2022-04_img14_(cropped).jpg FAL1.3 A. Savin

★1　「ロシアの反戦ラッパー」『しんぶん赤旗』二〇二二年三月一八日。

★2　アレクセイ・ユルチャク『最後のソ連世代――ブレジネフからペレストロイカまで』、半谷史郎訳、みすず書房、二〇一七年、二三〇－二三一頁。

た曲として名高いシュガーヒル・ギャングの「ラッパーズ・ディライト」（一九七九年）をサンプリングし、それにロシア語で独自の歌詞を乗せたもので、内容はリズムに合わせて九九表を読み上げるといった戯れ歌的なものではあったが、曲はテープレコーダーでダビングされて国中に広まった。

ソ連時代のより有名なラップ曲としては、オランダのMCマイカーG&DJスヴェンの「ホリデー・ラップ」（一九八六年）をサンプリングした、セルゲイ・ミナーエフ（Сергей Минаев, 一九六二-）の「DJラップ Рэп Диск-жокея」（一九八七年）がある。この曲は別名「フドソヴェート」といい、ソ連の国営レーベル「メロディヤ」の美術委員会《フドソヴェート》が検閲を理由に彼のアルバムのリリースを禁じたことを皮肉っている。その他にラップを取り入れた曲としては、ソ連で最初にサンプラーを使用したとされるブラーチヤ・ポ・ラーズム（Братья по разуму, 理性の兄弟）の「ラップ・スクラッチ Скреч Рэп」（一九八五年）、ロック・バンド、アリーサ（Алиса）の「音楽マニア Меломан」（一九八七年）などがある。

こうした数少ないラップの試みは当時の若者たちに一定のインパクトを与えたものの、ヒップホップがロックやジャズのように広く定着するには至らず、チャース・ピークやミナーエフといった初期のラップの実践者たちにしても、ジャンル的にはそもそもロックやテクノに分類されるようなアーティストだった。総じて八〇年代は「ラップ」というスタイルの新奇性に注目が集まり、人種差別へのプロテストなど、アメリカのヒップホップの背景にある黒人文化への理解を伴うものでは必ずしもなかった。ソ連時代のラップは社会の軋轢ではなく世代間の軋轢を反映し、「プロテストの要素はおもに上の世代に結びつけられる古臭くて退屈な古典的文化の見本に対して表明された」［★3］のである。

チャース・ピーク『ラップ』（1984年）出典＝https://commons.wikimedia.org/wiki/File:Час_Пик_Рэп.jpg CC BY-SA 4.0 Andpozd

商業ラップとアンダーグラウンド

その一方で、ソ連最晩年の一九八〇年代末から九〇年代初頭にかけて、国内ではD.M.J.、バッド・バランス（Bad Balance）、ブラック&ホワイト（Черное и Белое）、マリチシニク（Мальчишник, 男の宴会）といったラップ・グループが誕生し、ロシア初の女性ラッパー、リカMC（Лика MC, 一九七三-）も活動を開始している。一九九〇年には最初のラップ・フェスティバル「ラップ・ピーク90」がレニングラードで開催されるなど、ブレイクダンスやグラフィティとともに「ラップは新たに輸入された西側のヒップホップ文化の一要素として初めて理解された」のだ［★4］。

アメリカのボーイバンド、ニュー・キッズ・オン・ザ・ブロックのソ連版として結成されたマリチシニクは、ロシアで最初の商業ラップ・グループだとされる［★5］。「ソ連にセックスはない」という不条理なジョークが広まるほどソ連では公の場でセックスの話題が忌避されたが、一九九一年末にソ連が崩壊し、マリチシニクは積年のフラストレーションをぶちまけるかのようにセックスについてラップしまくった。その後ソロでも活躍するドルフィン（Дельфин、一九七一－）が作詞し、「セックス、セックス、すげえ気持ちいい」とセックスの快楽をストレートに叫んだ代表曲「ノンストップのセックス Секс без перерыва」（一九九二年）は、テレビの娯楽番組「50×50」で歌ったところ大スキャンダルとなり、その後番組制作者が解雇され、マリチシニク自身もテレビやラジオに出禁となる事態となった［★6］。その裏で若者たちからは人気を博し、デビューアルバム『セックスの話をしよう Поговорим о сексе』（一九九二年）は大ヒットを記録した。

一九九〇年代末にはデツル（ДеЦл、一九八三－二〇一九）という若きラップ・スターが現れる。彼の父親は有名な敏腕音楽プロデューサーで、ロシアでの放送が始まったばかりのＭＴＶを見てラップやブレイクダンスに夢中になっていた一六歳の息子へのいわば「誕生日プレゼント」に、「金曜日 Пятница」（一九九八年）という曲をプレゼントした［★7］。Ｂボーイ（ブレイクダンスに興じる若者）の放課後の過ごし方を歌ったこの曲のビデオクリップはロシアのＭＴＶで大々的に流され、翌年デツルは当時の人気カルチャー誌『プチューチ』の表紙を飾った。二〇〇〇年にリリースされたデビューアルバム『君は誰？ Кто? Ты』はミリオンヒットを記録したが、収録曲はいずれも本人ではなく、シェフ（ШEFF、一九七一－）やリーガ

★3 Sergey Ivanov, "Hip-Hop in Russia: How the Cultural Form Emerged in Russia and Established a New Philosophy," in Sina A. Nitzsche and Walter Grünzweig, eds., *Hip-Hop in Europe: Cultural Identities and Tansnational Flows* (Zürich: LIT, 2013), p. 89.

★4 Ilya Kukulin, "Playing the Revolt: The Cultural Valorization of Russian Rap and Covert Change in Russian Society of the 2010s," *Russian Literature*, no. 118 (2020), p. 83.

★5 *Зайков А.* История русского рэпа в 15 важнейших треках: От «Мальчишника» до Оксимирона и далее / Союз. 22.12.2017. URL=https://www.soyuz.ru/articles/1092（二〇二二年一一月一日閲覧、以下同）

★6 Большому Дельфину большое плавание // Музыкальная газета. 26. 10. 1999. この曲のビデオクリップが一九九二年に制作されているが、監督によると日本のテレビ局でも放映されたという。Не надо стесняться. История постсоветской поп-музыки в 169 песнях. 1991–2021. М., 2021. С.68.

★7 Децл нашего времени // Радио свобода. 04.02.2019. URL=https://www.svoboda.org/a/29750416.html

ライズ（Лигалайз, 一九七一−）といった当時の実力派ラッパーやＤＪが作詞・作曲したものだった。

しかしながら、本場アメリカのヒップホップに精通するリスナーにとって、マリチシニクやデツルはあからさまなパロディであり、「当時の基準からすると俗悪なもの」に見えた［★8］。こうした商業ラップへの反発として、ロシアでは九〇年代半ばからいわゆる「アンダーグラウンド」のムーブメントが生じ、本場を意識して全面的に英語のラップを取り入れるＤ．Ｏ．Ｂ．のようなグループも現れた。

作り物ではないリアルさを追求するアンダーグラウンドにとって重要なのは、真正さの証となる強い「地元志向《フッド》」だとされるが［★9］、この潮流を代表するカスタ（Каста）は、アゾフ海に注ぐドン川下流に位置する地方都市ロストフ・ナ・ドヌーをレペゼンする（「〜を代表する」という意味のヒップホップ用語）グループだ。「潜在意識にはストリートのリズムが浸透してる／俺たちのテクストは伝説でも神話でもない／これは生活や自分たちの経験のエピソードだ」とラップする代表曲「三次元のリズム Трехмерные рифмы」（一九九九年）には、「首都ではないロシアの都市の郊外出身で、貧しく、社会的に疎外させられているが、非常に思慮深い若者たちの見解」［★10］が明確に打ち出されている。

デツル　出典＝https://commons.wikimedia.org/wiki/File:Децл_(Кирилл_Толмацкий)_(cropped).jpg CC BY 2.0 Aleksandr Plyushchev

このように、ソ連崩壊後の一九九〇年代のロシアでは、西側の文化が国内に自由に流入するようになったことでヒップホップの本格的な受容が進んだ。一方で、その背景には「ショック療法」とも呼ばれた急激な資本主義化がもたらした著しい経済格差があったことも見逃せない。ロシアのヒップホップ研究者セルゲイ・イワノフは「計画経済の失敗と自由市場への転換により、貧困層と富裕層（いわゆる〈新ロシア人〉）の分裂が生じる」と述べ、九〇年代のロシアとヒップホップが誕生した七〇年代のアメリカの状況との類似性を指摘している［★11］。

「プーチンのロシア」へのプロテスト

アメリカの黒人文化にルーツを持つヒップホップが世界に拡散しグローバル化していく過程で、それを受容する側の国では現地の文化とのミックスによるローカル化が生じることがある。たとえば、日本のラッパーたちはチェーンや高級車といったアメリカのギャングスタのシンボルを頻繁に使用する一方で、「サムライ」のような日本人性を強調する。日本のヒップホップを論じたイアン・コンドリーによれば、グローバル化とローカル化は決して二律背反的な関係ではなく、実際には「グローバルな標準化とローカルな土着化とがいっそう明白に同時平行している状態」がある［★12］。

一九九〇年代のロシアにおいては、アメリカのヒップホップのパロディである商業ラップにせよ、ルーツを意識してオリジナルに近づこうとするアンダーグラウンドにせよ、アメリカという「模範」が基準となっている点では共通しており、そこまで強いロシア人性の表出は見られない。興味深いことに、ロシアのヒップホップを真の意味で「ロシア的」たらしめたのは、日本と違って過去の歴史的遺産ではなく、一九九九年にボリス・エリツィンの後継者としてロシアの玉座に座ったウラジーミル・プーチンという一人の政治家だった。

プーチン政権下のロシアでは、石油・天然ガスの国際価格の高騰もあって著しい経済成長と社会的安定が達成されたが、その一方で大手メディアが次々に国の傘下に入るなど言論統制が強まった。アメリカの音楽研究家フィリップ・イーウェルによれば、この期間に高まったプーチンと国民との間の緊張状態がラッパーたちの作品に表れ、「ジャンルとしてのラップは、プーチンの一四年の治世の間にロシアにおいてついにその地盤を見いだし、一九九〇年代にラップを定義したアメリカのアーティストたちの全面的な模倣から脱却した」［★13］のである。

社会派ラッパーの筆頭としてはノイズMC（Noize MC, 一九八

カスタ　出典＝https://commons.wikimedia.org/wiki/File:1_Каста_photo_@katya_mozina_001.jpg CC BY-SA 3.0 Екатерина Мозина

★8　Johann Voigt, "From Moscow with Flow: How Rap Became Russia's Most Important Genre," *Vice*, 03.23.2018. URL=https://www.vice.com/en/article/3k73yb/from-moscow-with-flow-how-rap-became-russias-most-important-genre

★9　Ivanov, "Hip-Hop in Russia," p. 93.

★10　Kukulin, "Playing the Revolt," p. 84.

★11　Ivanov, "Hip-Hop in Russia," p. 95.

★12　イアン・コンドリー『日本のヒップ・ホップ――文化グローバリゼーションの〈現場〉』、上野俊哉監訳、田中東子、山本敦久訳、NTT出版、二〇〇九年、八六頁。

★13　Philip Ewell, "Russian Rap in the Era of Vladimir Putin," in Milosz Miszczynski and Adriana Helbig, eds., *Hip-Hop at Europe's Edge: Music, Agency, and Social Change* (Bloomington and Indianapolis: Indiana University Press, 2017), p. 46. なお、「一四年」はイーウェルの論文執筆時の年数だと思われる。

五一）が挙げられる。音楽学校を優秀な成績で卒業しロシア国立人文大学に入学した彼は、ロックに取り組むかたわらラッパーとしても活動し、二〇〇七年にはロシア全土から三〇〇〇人以上のラッパーが参加したRap.ru主催のMCバトルで見事優勝を飾った。翌年にはソ連時代の有名な学園映画の現代版リメイク『悪ふざけ Розыгрыш』（二〇〇八年）で主演を務めるなど、デビュー前からすでに広く名が知られていたことから、最初のアルバムは『グレイテスト・ヒッツVol．1 The Greatest Hits Vol. 1』（二〇〇八年）と名づけられた。

ノイズMCが世界的な注目を集めるきっかけとなったのは、二〇一〇年二月二五日に朝のラッシュ時にモスクワ都心で発生した、メルセデス・ベンツとシトロエンのとある衝突事故だった。シトロエンに乗っていた二人の女性は死亡、ベンツの乗客の方はいずれも軽傷ですんだ。ベンツの方が渋滞を避けようと無理な車線変更をしたという目撃証言があったにもかかわらず、当局は早々と事故の責任はシトロエンの運転手にあると断定、ベンツに乗車していたロシア最大の石油会社ルクオイルの当時の副社長アナトーリー・バルコフは無罪とされた。

ノイズMC　出典＝https://commons.wikimedia.org/wiki/File: Noize_ MC_MRPL_City_2018.jpg CC BY-SA 4.0 Ivasykus

事故で亡くなったシトロエンの運転手の女性は実はノイズMCの知人で、彼はすぐさまYouTubeに「メルセデスS666 Мерседес S666」と題した曲の動画を投稿した。その内容は、サタンの格好をしたバルコフの語りという体でノイズMCが「私は賄賂で解決しない問題など知らない／私はその命が自分の利益より重要な人間など知らない」などとラップするという諷刺的なもので、事故現場の生々しい写真も交えながら、権力に守られている一握りの特権階級の存在を真っ向から批判した。一〇〇万回以上の再生数を記録したこの告発動画のおかげもあって事故の再調査が行われ、ラップが「ロシアの出来事の流れを変えることができる」ことを世の中に印象づけた［★14］。

「メルセデスS666」は不正や腐敗が蔓延《はびこ》る「プーチンのロシア」に向けられた明確なプロテスト・ソングだった。二〇一〇年代初頭のロシアは下院選挙での不正疑惑に端を発する反政府運動が活発化した時期だったが、諷刺ラッパーのワーシャ・オブローモフ（Вася Обломов, 一九八四－）はこの時期に、二人の著名な反体制ジャーナリスト——大統領選にも出馬したクセニヤ・サプチャーク、時事番組「ナメードニ」で知られるレオニード・パルフョーノフ——と共演し、大統領と首相のポストを交換するドミートリー・メドヴェージェフとプーチンに向けられた「バイバイ、メドヴェード！ Пока, Медвед!」、「VVP ВВП」［★15］、そしてプッシー・ライオット事件を扱った「ラップ祈祷 Рэп-молебен」（いずれも二〇一二年発表のアルバム『安定 Стабильность』に収録）と、公然と政権を批判した極めて政治色の濃い作品を立て続けに発表している。多くの国民の反発がある中でプーチンが大統領職に復帰した二〇一〇年代のロシアでは、社会の問題を議論するに当たり、政権への態度、すなわち「お前はプーチンと現在の権力構造を支持するか否か」ということがますます頻繁に問われるようになった［★16］。

現代の詩人としてのラッパー

ワーシャ・オブローモフは本名をワシーリー・ゴンチャロフといい、ラッパーネームは一九世紀ロシアの文豪ゴンチャロフの代表作『オブローモフ』に由来する。サンプリングが重要な要素であるヒップホップでは既存の楽曲やリリックの流用が頻繁に行われるが、自国の文学作品への豊富な言及もロシア語ラップの特徴の一つだ。

二〇一一年三月にロシアサッカーのアンジ・マハチカラ対ゼニト・サンクトペテルブルクの試合で起きたロベルト・カルロスに対する人種差別事件（当時アンジ・マハチカラの選手だったカルロスに向けて、ゼニトのサポーターが黒人差別の象徴であるバナナを投げつけた）を受けてノイズMCが発表した「プーシキン・ラップ Пушкинский Рэп」（二〇一一年）では、「ロシア文学の父」と称されながら、同時にアフリカ系黒人の血を引いていることでも知られる大詩人プーシキンの来歴を語り、「レイシズムとロシア／この二つの言葉が同じ語根だと考える／そんなお利口どもはどこから現れたんだ［★17］／いいか、プーシキンはそういう連中に反対するのさ」と人種差別にノーを突きつける。

ロシアの大手検索エンジンであるヤンデックスには、ロシアのラッパーによる文学作品の引用を検索するユニークなページがある。たとえば「Noize MC」で検索すると、プーシキン以外にも、彼が楽曲の中でマヤコフスキーやマンデリシターム、エセーニン、ブロツキーの詩をリリックで引用し

★14 Ewell, "Russian Rap in the Era of Vladimir Putin," p. 52.
★15 「メドヴェード」はメドヴェージェフの愛称、「VVP」はプーチンのフルネーム（ウラジーミル・ウラジーミロヴィチ・プーチン）のイニシャル。
★16 Ewell, "Russian Rap in the Era of Vladimir Putin," p. 55.
★17 レイシズムはロシア語で「ラシーズム расизм」と発音し、ロシアを表す「ラシーヤ Россия」と発音が似ている。

ていることが三次元バブルチャートの形でわかりやすく表示される。続けて「プーシキン」のバブルをクリックすると、今度は、25／17、クロヴォストク（Кровосток）、トリアーダ（Триада）など、ノイズMC以外にも楽曲の中でプーシキンの詩を引用しているラッパーやグループの名前が浮かび上がる［図1］。さらに、ラッパーと詩人や作家とのつながりだけでなく、具体的にどの楽曲のどの箇所でどの詩のどの箇所が引用されているかもわかるようになっており、教育的効果もありそうだ。

二〇一八年にアメリカでケンドリック・ラマーがラッパーとして初めてピューリッツァー賞を受賞したことは記憶に新しいが、近年ロシアでもラップの文学性に注目が集まっている。そのきっかけとなったラッパーが、本稿の冒頭で触れたオクシミロンことミロン・フョードロフだ。一九八五年にレニングラードのユダヤ人家庭に生まれ、幼い頃から家族とともにドイツとイギリスで暮らし、二〇〇四年には名門オックスフォード大学に入学、英文学を学ぶ。高度な教養を持つ一方で、大学在学中に双極性障害と診断され、大学卒業後も就職先を見つけられず、レジ打ちや通訳をするなどアルバイト生活を送っていた。そんな彼の人生を変えたのが一〇代の頃にやっていたラップで、自身の名前ミロンと「撞着語法」を意味する英語オクシモロン oxymoron を合わせた「オクシミロン」の名で活動を再開、二〇〇九年にHip-Hop.ruで開催されたラップバトルで準決勝まで勝ち進み、視聴者投票で選ばれる「ベスト・バトルMC」に選出された。

ワーシャ・オブローモフ　出典＝https://commons.wikimedia.org/wiki/File:20_years_of_Runet_(by_Dmitry_Rozhkov)_13.jpg CC BY-SA 3.0 Dmitry Rozhkov

文芸批評家のイリヤ・ククーリンによれば、ロシアでは二〇一〇年代半ばにラップに対する社会の見方が劇的に変化し、「今やそれはポップ・カルチャーの〈悪趣味〉で〈サブカル的〉な分野ではなく、もっとも興味深く誉れ高い成長トレンドの一つと受け取られている」までになったが［★18］、その変化を象徴しているのが、ロシア・ヒップホップ初のコンセプチュアル・アルバムとされるオクシミロンの『ゴルゴロド Горгород』（二〇一五年）だ。ケンドリックの自伝的作品『グッド・キッド、マッド・シティー』（二〇一二年）に触発されたというこのアルバムでは、独裁的な市長が牛耳る「ゴルゴロド」という悪徳の都を舞台にしたディストピア的な物語が展開する。若手の人気作家マルクは街の腐敗を知りながらそれと闘おうとはせず、熱狂的なファンからは臆病だと非難されるが、恋人のアリサ、そして彼女から紹介された反体制派の「グル」との出会いを通して、ついに権力に立ち向かうことを決意する。しかし反乱の計画は失敗に終わり、マルクは捕らえられ、市長から娘のアリサに二度と近づくなと警告される。解放されたマルクは、自分に残された道は自殺か禁欲しかないと考え、かりに自殺を選ばないとすれば、象牙の塔にこもって禁欲的に生きられるかと自問する。そのとき銃声が響きわたり、マルクの言葉は途切れる（「象牙の塔 Башня из слоновой кости」）。

様々な神話的・文学的アリュージョンに満ちた『ゴルゴロド』のリリックはアカデミックな論文でも取り上げられており、聖書やギリシャ神話、プーシキンなどとの比較分析が行われている［★19］。二〇一八年には「ラップ叙事詩」としてアレクサンドル・ピャチゴルスキー文学賞のロング・リストにもノミネートされた［★20］。こうして名実ともにロシアを代表するラッパーとなったオクシミロンだが、二〇二一年にYouTube上で発表したシングル曲「マルクを殺したのは誰か？ Кто убил Марка?」で再びセンセーションを巻き起こした。一〇分に迫る長大な曲の中で赤裸々に告白されるのは、保守派のラッパー、ローマ・ジガン（Рома Жиган、一九八四－）との長年にわたる確執だ。

オクシミロンはかつて相棒のラッパー、ショック（Schokk、一九八〇－）とともに「ヴァガボンド Vagabund」というインディペンデント・レーベルで活動しており、しばしばジガンの保守的な価値観を批判していた［★21］。事件が起きたのは二〇二一年。二人がモスクワでのライブを終えて借りていたアパートに戻ったところ、ジガンおよび複数の武装した男たちが押し入り、カメラの前で二人に平手打ちを食らわせるなどの暴行を加えた。謝罪しなければ暴行動画

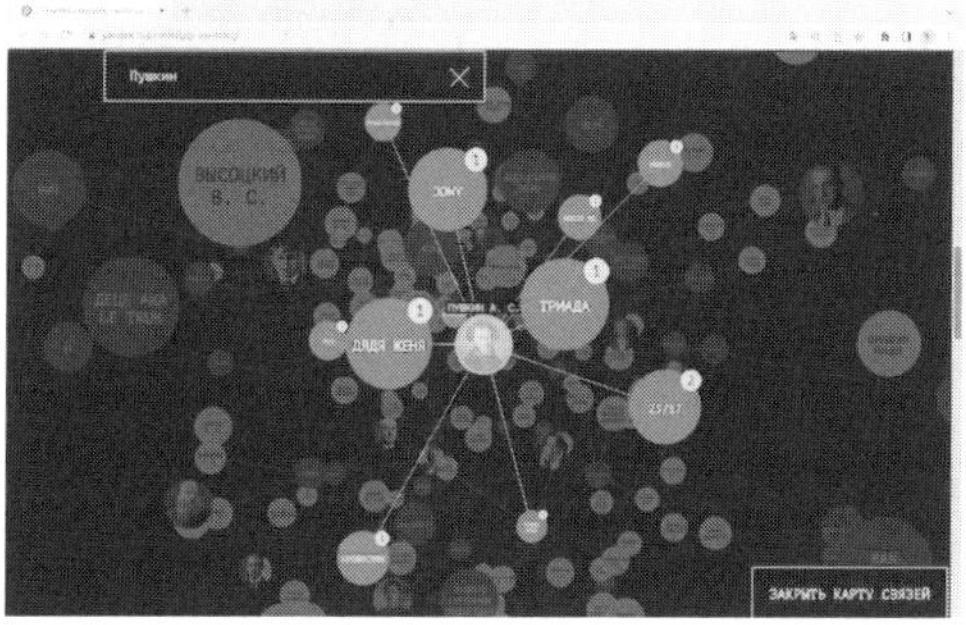

図1　ラッパーによる文学作品の引用を検索するウェブページよりスクリーンショット　出典＝https://yandex.ru/promo/gigi-za-mozgi

★18　Kukulin, "Playing the Revolt," p. 81.

★19　以下のような論文がある。*Дементьев И.О.* Оксимирон и Пушкин: опыт интертекстуального анализа альбома «Горгород» // Literatūra. 2018. Т. 60, No. 2. С. 107–121; *Дмитриев В.А.* Античные мотивы в творчестве Oxxxymiron'a : «Русская античность» в рэп-формате? // Метаморфозы истории. 2019. No. 14. С. 96–112; *Летохо Е.В.* Библейские аллюзии как способ мотивной организации в альбоме Oxxxymiron'a «Горгород» // Проблемы современной науки и образования. 2019. No. 11. С. 74–79.

★20　Альбом Oxxxymiron "Горгород" номинирован на литературную премию имени Александра Пятигорского // Flow. 21.01.2018. URL=https://the-flow.ru/news/poema-gorgorod

を公開するとジガンに脅され、オクシミロンのみ後日YouTubeに謝罪動画をアップした［★22］。結果、ヴァガボンドは解散し、彼はショックと袂を分かつことになった。ところがその後もジガンの脅しは続き、彼はジガンが監督したドキュメンタリー映画『ビーフ──ロシアのヒップホップBEEF: Русский хип-хоп』（二〇一九年）にも出演させられる。

「マルクを殺したのは誰か？」のビデオクリップでは、冒頭でまず自身がひざまずかされてジガンに平手打ちされる様子を映した映像が流れ、続いてラッパーがこれらの経緯を洗いざらい語りはじめる。そして長大なリリックは、ジガンとの一件だけでなく、現在ロシアで起きている様々な政治問題について沈黙してきたことの懺悔へと展開していく。

沈黙は沈黙する者を引きずり込む、まるで沼のよう
ボロトナヤ広場［★23］、プッシー・ライオット、弾圧、ウクライナ
俺はすべてを無視するが、痛みは消えない
嘔吐するまで飲み、血痰が出るまで吸う
アル中、麻薬、俺はずっと逃げ続ける
ベッドにはまた別の女、だがそれは何の助けにもならない
バトルの対戦相手はどいつも俺への平手打ちの話を持ち出す
禁断のテーマ、しかし公然の秘密
俺はひたすら沈黙し、だからこそ世代のヒーロー

ローマ・ジガン　出典＝https://commons.wikimedia.org/wiki/File:Рома_Жиган.jpg CC BY 3.0 Страна FM

そして、リリックは「マルクを殺したのは誰か？」という問いかけで終わる。マルクとはもちろん『ゴルゴロド』の結末で何者かに殺された主人公のことで、作中で犯人が明らかにされることはなかった。オクシミロンは『ゴルゴロド』の物語をわずか数週間で書き上げたというが、リスナーたちは何年もの間そこに隠された謎の解明に明け暮れ、マルクをめぐる物語は作者の意図から遊離した一種の「神話」と化した［★24］。

シングル曲「マルクを殺したのは誰か？」でオクシミロンは虚構の仮面を脱ぎ捨て、ありのままの自分を赤裸々にさらけ出している。そうすることによって彼はマルクという自らの創作物を自ら「殺した」のであり、それは虚構ではない現実の世界と真正面から向き合うラッパーの覚悟を示している。

ラップと愛国

ノイズMCやワーシャ・オブローモフのように権力の腐敗を糾弾するラッパーたちがいるということは、その逆の立場もあるということだ。オクシミロンが確執を暴露したローマ・ジガンはその典型で、二〇〇九年にムズTVで行われたヒップホップ・コンクール「バトル・フォー・リスペクト」で優勝した際には、番組に出演したプーチン（当時は首相）から直々に褒賞を受け取り、プーチンを「伝説の人」と称賛しながら、一緒に曲作りをしたいと語った。

代表的な愛国ラッパーに、マッチョとセレブリティの誇示を特徴とするティマティ（Тимати、一九八三－）がいる。ロシアのリアリティショー「スター・ファクトリー」への出演で有名になり、英語のスキルも活かしてスヌープ・ドッグなどアメリカの大物ラッパーたちとも共演するなど、ロシアでもっとも商業的に成功したラッパーとされる。以前から熱烈なプーチン支持者で、二〇一二年および二〇一八年の大統領選で選挙応援を行っている。

そんな彼のプーチン賛美の極みとも言える曲が、ラッパーのサーシャ・チェスト（Саша Чест、一九八七－）と共作した「親友 Лучший друг」（二〇一五年）だ。敬愛する大統領の誕生日にYouTubeで公開されたビデオクリップでは、モスクワの赤の広場で聖ワシーリー聖堂とスパースカヤ塔を背景に二人のラッパーが「俺の親友はプーチン大統領」と連呼し、さらに

ティマティとサーシャ・チェストの「親友」より。ティマティの公式 YouTube よりスクリーンショット　出典＝https://www.youtube.com/watch?v=jp9pfvneKf4

★21　たとえば、ジガンの「俺は反対する！ Я против!」（二〇〇九年）という曲には、「俺たちはエイズや麻薬やホモに反対する」というフックがある。これに対し、ショックとオクシミロンは「退廃芸術 Дегенеративное искусство」（二〇一〇年）と題した曲を発表、ジガンのフックを反転させ、「俺のラップは退廃芸術／俺たちとお前たちの党路線は一致しない／エイズや麻薬やホモを支持する方がいい」と歌っている。

★22　Oxxxymiron про ситуацию с шоком и ромой жиганом. URL=https://www.youtube.com/watch?v=Uoe-6DCa6Pg

★23　二〇一一年の反政府デモのシンボルとなったモスクワ中心部の広場。「ボロトナヤ」はロシア語で「沼」を意味する。

★24　"10 лет на коленях" — о чем читает Оксимирон в клипе "Кто убил Марка?" // Flow. 01. 11. 2021. URL=https://the-flow.ru/features/10-len-na-kolenyah-oxxxymiron-mark

は、プーチンのマスクをかぶり、ロシア国旗が貼りつけられた黒いキャップと黒いジャージに身を包んだ若者たちがブレイクダンスを踊る。控え目に言ってかなり異様な内容だが、プーチンを若者の「スター」に祭り上げようとする手法には、スターリン時代の個人崇拝との共通性も指摘される［★25］。

もっとも、音楽活動によって大きな経済的成功を得ること自体はラッパーにとってありふれた目標であり、マッチョやセレブリティの誇示もティマティに限ったことではない。独特なのは、現代ロシアにおいて経済的に成功するためには絶対的権力者＝プーチンの「親友」になるしかない、ということだ。この曲をメディア論的な観点から分析したアナスタシア・デニソワとアリアクサンドル・ヘラシメンカによれば、成功の条件は、政治的・経済的エスタブリッシュメントを保証してくれる「正しい〈友人〉およびサークルを持つ」こと、そして「熱狂的な忠誠、すなわち強大な〈友人〉をたえず声に出して礼賛すること」であり、「そうすることで恩寵を失うことから守られる」のだ［★26］。

その意味では、二〇一四年のクリミア併合以来プーチン支持に回り、「ドネツク人民共和国」で独自の戦闘部隊を組織

ティマティ　出典＝https://commons.wikimedia.org/wiki/File: 2012- 03- 05_Тимур_Юнусов.jpeg CC BY 4.0 premier. gov. ru

するなど、近年政治的活動を活発化させている保守作家のザハール・プリレーピン（Захар Прилепин, 一九七五－）もこうした愛国ラッパーの一人に位置づけることが可能だろう［★27］。彼の友人のラッパー、リッチ（Рич, 一九九一－）によれば、プリレーピンは麻薬の売人から億万長者に成り上がったアメリカのギャングスタ・ラッパー、50セントが大好きで、彼のモットー「金持ちになるか野垂れ死ぬか《ゲット・リッチ・オア・ダイ・トライン》」を好んで引用するのだという。「ザハールはまさにこの50セントだ［……］彼は〈文学ホテル〉で50セントやその他のラップを聴く俺たちの白いニガーで、誰よりも強く賢い。なぜなら、他の連中は誰かに助言をもらっているが、彼は下からやって来て、すべてを自分でつかみ取り、理解したからだ」［★28］。実際、プリレーピンはリッチとともに『病理 Патологии』（二〇一三年）、『大海原へ На океан』（二〇一六年）という二つのラップ・アルバムまで制作している。

そんなプリレーピンは他のラッパーからパロディの対象にもなっている。二〇一七年に行われたラップバトルでオクシミロンに勝利してロシア全土に名を轟かせたヴャチェスラフ・マシノフ（Вячеслав Машнов, 一九九〇－）は、あらゆる「ハイ

プ」（いんちき）に噛みつく好戦的なスタイルを特徴としており、グノイヌイ（Гнойный,「膿んだ」の意味）、スラーヴァKPSS（Слава КПСС,「ソ連共産党に栄光あれ」の意味）、ソーニャ・マルメラードワ（Соня Мармеладова, ドストエフスキー『罪と罰』のヒロインの名前）など多数のラッパーネームを持つが、その一つにビッグ・ベイビー・プリレーピン（Big Baby Prilepin）がある。これは別のロシアのラッパー、ビッグ・ベイビー・テープ（Big Baby Tape, 二〇〇〇–）とプリレーピンの名前を合体させたもので、マシノフはこの名義で『ドンバスボーン DONBASSBORN』（二〇一八年）と題した短いアルバムをリリースし、作家のドンバス紛争への関与を皮肉った。一方のプリレーピンはまったく意に介していないようで、マシノフを高く評価し、ドンバスでライブを行ってみてはどうかと勧めている［★29］。

ザハール・プリレーピン　出典＝https://commons.wikimedia.org/wiki/File:Zahar-Prilepin_(1).jpg CC BY-SA 4.0 Svklimkin

このプリレーピンやリッチと近い関係にありながら、群雄割拠の様相を呈するロシアのヒップホップ・シーンの中で独自の存在感を際立たせているのがハスキ（Хаски, 一九九三–）だ。シベリアのイルクーツクに生まれ、ブリヤート共和国の首都ウラン・ウデで育った彼は、二〇一〇年にモスクワ大学ジャーナリスト学部に入り、ラッパーとして活動を開始する。

★25　Anastasia Denisova and Aliaksandr Herasimenka, "How Russian Rap on YouTube Advances Alternative Political Deliberation: Hegemony, Counter-Hegemony, and Emerging Resistant Publics," *Social Media + Society*, no. 5 (2019), p. 6. ロシアの音楽界でプーチンをネタにした曲はすでに二〇〇〇年代から存在していたが、二〇一四年のクリミア併合後は、マシャニ（Машани）の「私のプーチン Мой Путин」（二〇一五年）をはじめもっぱら愛国的な歌い手によって量産されるようになった。次を参照。*Половинко В., Васильчук Т.* Конкурс песни и лести. Зачем российские артисты поют песни о Путине и почему хотят быть ближе к власти? Объясняют они сами, а также музыкальные критики, политологи и продюсеры // Новая газета. 16.03.2018. URL=https://novayagazeta.ru/amp/articles/2018/03/15/75807-konkurs-pesni-i-lesti

★26　Denisova and Herasimenka, "How Russian Rap on YouTube Advances Alternative Political Deliberation," p.6.

★27　プリレーピンについては以下の拙論で詳しく論じている。松下隆志「ザハール・プリレーピン、あるいはポスト・トゥルース時代の英雄」『ゲンロン6』、二〇一七年、七六–九二頁。

★28　*Колобродов А. Ю.* Захар. М., 2015. С. 26.

★29　*Мягкий В.* Прилепин предложил рэперу Славе КПСС провести концерт в Донбассе // Ura.ru. 26.05.2021. URL=https://ura.news/news/1052486726

　彼が他のラッパーと一線を画すのは、高揚感ゼロのひたすらダウナーなビートに乗せられる陰鬱なフロウであり、リリックの内容は自分が生まれ育った地方都市の貧しい生活の生々しい描写となっている。アディダスのトラックスーツを好んで着込むなどまさにロシアの貧しい「ゴープニク」（不良）を体現したようなファッションで、セレブリティをアピールするティマティなどとは対照的だ。

　インタビューでハスキは「〈祖国〉〈ロシア〉〈ロシア史〉といった言葉は俺を魅了し、酔わせ、頭をぼうっとさせる」［★30］と語り、おのれの強い愛国心を隠さない。しかし彼の愛国心はプーチン賛美とは無縁で、それどころか対極的ですらある。デビュー曲の「10月7日 Седьмое октября」（二〇一一年）はプーチンの誕生日に捧げられているが、そこでは「今のやつは出世主義の処刑人で皇帝、ドブと牢屋の体制の擁護者だ」、石油が尽きるまで毎日「ツァーリ」を祝おう、などと歌われ、ロシアの「皇帝」を痛烈に皮肉る内容になっている。

　ハスキにとって、ロシア語の「ロージナ родина」という言葉には、「祖国」＝ロシア以上に、彼が生まれ育ったシベリアの「故郷」のイメージが色濃く反映している。

ハスキ　出典＝https://commons.wikimedia.org/wiki/File:Rapper_Haski_on_Stereoleto_2020.jpg CC BY-SA 2.0 Kerrin Key

俺の故郷は俺の愛、窓から見える景色
灰色のラシャの服を着た小さな
単一都市《モノゴロド》［★31］
俺の故郷は俺の愛、それぞれの窓で
スラムの兵士たちが俺に微笑みかける
俺の故郷は俺の愛、窓から見える景色
灰色のラシャの服を着た小さな単一都
市
俺の故郷は俺の愛、俺はそこで場違い
なことに
自動小銃に向かって詩を読んでいる

――「故郷の詩 Поэма о Родине」（二〇一八年）
ウラン・ウデ

地方出身で、贅沢を拒み、愛する故郷の風景を歌う彼は、同じく地方出身で愛国的な詩を数多く作った二〇世紀の国民的詩人エセーニンと比較されることもある［★32］。

　おそらくハスキの関心は、プーチンが正しいか間違っているかという政治的な問題よりも、その長い治世の間に露わとなった社会の病理を写し取ることにあるのだろう。二〇一八年に彼はモスクワのリッツ・カールトン・ホテルで首吊り自殺の真似事をし、後日、自身の「告別式」を開催してメディアを騒がせた。この「告別式」には一〇〇人以上が参列し、式の間ラッパーは棺の中でじっと横たわり、式が終わると目を開けたという。単なる話題作りと言えなくもないが、毎年五月九日の戦勝記念日に行われる、多くの一般市民が独ソ戦に従軍した祖父母の写真を抱えて通りを行進する「不死の連隊」と呼ばれる集団パフォーマンスに象徴されるような、過去の亡霊に取り憑かれた現代ロシア社会のある種のゾンビ性を模倣しているかのようでもある［★33］。

プーチンの前で何を語る？

YouTubeで数百万人単位のチャンネル登録者数を誇る人気ラッパーの影響力は権力にとっても無視できないものとなっており、これまでも両者の間で頻繁に軋轢が生じてきた。ノイズMCは、「メルセデスS666」を発表してから五カ月後の二〇一〇年七月三一日、ヴォルゴグラード（旧称スターリングラード）で開催されたフェスの最中に警備の警官を皮肉る発言をしたところ、拘束されて一〇日間の行政逮捕を言い渡され、釈放と引き換えに謝罪動画を撮らされた［★34］。

　二〇一八年にスキャンダラスな「葬式」を行ったハスキは、その後YouTubeに投稿された「ユダ Иуда」（二〇一八年）という楽曲のビデオクリップが当局の要請によりロシアで視聴不可になるなど圧力を受けていたが、同年一一月、クラスノダールで行われる予定だったライブが治安機関の圧力を受けて立て続けにキャンセルとなり、クラブの外で待っていたファンたちに応える形で路上の車の上でストリートライブを敢行したところ、「無頼行為」の罪で一二日間投獄された。

　この二〇一八年には、ハスキのほかにも、ラッパーのエゴール・クリード（Егор Крид、一九九四－）やエルジェイ（Элджей、一九九四－）、さらには「もはや死はない Смерти больше нет」

★30 Хаски: «Я не боюсь, мне наплевать» // ПЖ. 21.02.2019. URL=https://www.pravilamag.ru/hero/81392-haski-ya-ne-boyus-mne-naplevat/

★31 住民の大半が単一の工場や企業を中心に働き生活する人工都市で、ソ連時代に計画経済を推進するために各地につくられた。

★32 *Вуячич Ф.* Почему рэпер Хаски — это новый Есенин // Buro. 12.04.2017. URL=https://www.buro247.ru/culture/music/12-apr-2017-husky-and-esenin.html

★33 この「葬式」パフォーマンスのおかげもあってか、ハスキは現実と妄想が入り混ざった現代ロシア社会の病を描いたセレブレンニコフ監督映画『インフル病みのペトロフ家』（二〇二一年）によみがえる死体の役で出演し、エンディング曲「リベンジ Реванш」では棺を抜け出して街に溢れ出す死体たちのことを歌っている。

★34 Извинение Noize MC перед волгоградской милицией. URL=https://www.youtube.com/watch?v=b6gRzbwarHQ ちなみに、この後すぐにノイズMCは自らの謝罪動画の文言を流用した「10昼夜（スターリングラード）10 суток (Сталинград)」という楽曲を発表した。

（二〇一八年）およびそのビデオクリップで公然と権力批判を繰り広げて大きな反響を呼んだエレクトロ音楽グループのアイスピーク（IC3PEAK）、オタク系歌姫メイビー・ベイビー（Мэйби Бэйби、一九九五―）が参加するポップ・ロック・バンドのフレンドゾーナ（Френдзона）と、人気アーティストのコンサートが様々な理由で相次いで中止となった。この異様な事態を受けてプーチン大統領はコメントを発表、ラッパーたちの活動をいたずらに抑圧するのではなく、彼らを「適切な手段で適切な方向へ向かわせる」ことが必要だと述べた［★35］。

権力の介入がますます顕在化する中で、とりわけ二〇一〇年代後半に台頭した若手ラッパーたちは音楽と政治との間で難しい舵取りを迫られている。新世代のエモラップ（ロックの影響を受けた感情的なラップ）を代表するファラオ（Pharaoh、一九九六―）や、ロシアのYouTube動画でもっとも多く低評価を集めたとされる［★36］ビデオクリップ「しゃぶれ Пососи」（二〇二〇年）で知られるモルゲンシテルン（Моргенштерн、一九九八―）など、政治については慎重な姿勢を取るラッパーもいるが［★37］、それでもモルゲンシテルンは二〇二一年に「麻薬宣伝」の罪で一〇万ルーブルの罰金を科された。

フェイス　出典=https://commons.wikimedia.org/wiki/ File:Face_tele-club_(cropped).jpg CC BY 3.0 Kvvalerka

そんな中、彼らと同世代のラッパー、フェイス（FACE、一九九七―）は独自の戦略で際立っている。彼は先述のマシノフとは対照的に「ハイプ」を積極的に取り入れる作風が特徴で、当時世界的に勢いのあったロシア発のファッションブランドを大胆にフィーチャーした「ゴーシャ・ラブチンスキー Гоша Рубчинский」（二〇一六年）で一躍有名となった［★38］。代表曲の一つである「バーガー Бургер」（二〇一七年）のビデオクリップは、全身グッチに身を包んだ弱冠二〇歳のラッパーが札束と女を見せびらかしながら高級車でサンクトペテルブルクのグッチの店舗へ向かうという内容で、二〇二二年一二月現在四八〇〇万回以上再生されているが、先ほどのモルゲンシテルンと同じく大量の低評価を集めた［★39］。

先述の人類学者ユルチャクは後期ソ連のサブカルチャーを分析する中で、対象への過剰な同調を伴う特殊なアイロニーのことを「スチョーブ」（ロシア語で「冗談」の意味）と呼んでいるが［★40］、ふざけているのか本気なのか見極めがたいフェイスの作風も同じカテゴリーに属すると言えるだろう。そんな彼のもっとも過激な「スチョーブ」が、その名もずばり「俺は西側を倒す Я роняю Запад」（二〇一七年）という曲だ。

ビデオクリップは、またもやグッチに身を包んだ巨大なフェイスが登場、大量のマート（ロシア語の卑猥なスラング）を織り交ぜ、「俺は西側を倒す」と連呼しながらアメリカの街を破壊するという内容で、自分はオバマの妻やトランプの娘とセックスしたと言い放ち、ロシア国旗が翻るアメリカの国会議事堂前で彼がトランプやオバマとともにダンスするシーンもある。

意識的に安っぽく加工された合成画像や過度に下品な歌詞などからそこにアイロニーを見いだすのは容易だが、先述の文芸批評家ククーリンは、反米ナショナリズムが指摘されるアレクセイ・バラバーノフ監督映画『ブラザー2』（二〇〇〇年）との類似性を指摘しながら次のように述べている。「『ブラザー2』と」同様に、フェイスは滑稽な効果を狙ってポピュラーな反米ヒステリーのプロパガンディスト的ナラティブを誇張しているが、その意味を変化させることはない。これらのナラティブは嘲笑的な要素によって〈去勢されている〉ように見える。しかしながら、フェイスは優越のレトリックを、そして〈われら〉と〈彼ら〉への世界の分割のレトリックを再生産し、そのままの状態にしている」［★41］。確かに的を射た指摘ではあるが、一見ベタなナショナリズムの発露にも思える「スチョーブ」の曖昧さが、かえって権力からの「非難に対する楯」として機能することも忘れてはならないだろう［★42］。

ところが、フェイスは二〇一八年に突如ドラスティックな方向転換に打って出た。彼に中性的な印象を与えていたトレードマークの長髪を丸刈りにして黒い目出し帽をかぶる動画をYouTubeに投稿し、続いて発表したニューアルバム

★35　Путин про рэперов: "возглавить и направить" - хорошо, "хватать и не пущать" – плохо // BBC News. 15.12.2018. URL=https://www.bbc.com/russian/news-46579176

★36　*Удинцев Н.* Новое самое дизлайкнутое видео на российском ютьюбе — последний клип Моргенштерна // Афиша Daily. 09.06.2020. URL=https://daily.afisha.ru/infoporn/15890-novoe-samoe-dizlayknutoe-video-na-rossiyskom-yutyube-posledniy-klip-morgenshterna/

★37　両者はともに本文以下で触れている「ヴドゥーチ」に出演したことがある。二〇一八年に出演したファラオは、「もしプーチンの前に出たら何を言う？」という質問に対して、「黙ってるさ、彼と何を話すことがある？」と答えた(URL=https://www.youtube.com/watch?v=VXK12Uaxt9M)。一方、二〇二〇年に出演したモルゲンシテルンは、プーチンは「男前」だが、それは彼が「パワフルな男」だからで、「俺は政治には首を突っ込まない」と答えている（URL=https://www.youtube.com/watch?v= AR6ovs6lhg&t=8808s）。

★38　ちなみに、ラッパーのＳＤ（СД, 一九八六－）とザマイ（Замай, 一九八六－）も若い世代の歌姫モネトチカ（Монеточка, 一九九八－）とともに「ゴーシャ・ラブチンスキー Гоша Рубчинский」という曲を発表している。

★39　Voigt, "From Moscow with Flow".

★40　ユルチャク『最後のソ連世代』、三五六頁。

★41　Kukulin, "Playing the Revolt," p. 88.

★42　Anne Liebig, "No Face, No Case: Russian Hip Hop and Politics under Putinism," *Forum*, no. 30 (2020), pp. 11–12.

『不可思議な道 Пути Неисповедимы』（二〇一八年）では、「俺は国家の敵、俺の言葉は真実」（「俺たちのメンタリティー Наш Менталитет」）と語り、ロシアの政治や宗教の腐敗を公然と批判しはじめたのだ。その後も、シングル曲の「ユーモリスト Юморист」（二〇一九年）で「サンタは何を持ってくる？ プレゼントはどこ？ ひょっとして、奥さん？／もしロシアのマロース爺さんなら、戦争を持ってくるだろう」などとラップし、二〇世紀の詩人ブロークの革命詩をタイトルに冠したアルバム『12』（二〇一九年）でもやはり政治的なテーマを継続している。ユルチャクの図式を借りれば、このまだ二〇代前半の若きラッパーの「転向」に見て取れるのは、体制の一部でありながらその言説の意味を読み替える「サブカルチャー」的な立場から、明確に体制と対峙する「異論派《ディシデント》」的な立場への移行である。

　ジャーナリストのユーリー・ドゥーチが運営する登録者数一〇〇〇万人超の YouTube チャンネル「ヴドゥーチ」への二度の出演は、このようなフェイスの変化を明瞭に物語っている。二〇一七年の出演時はいつも通りグッチに身を包み、アメリカのラッパー、リル・パンプが流行らせた「エシュケテ」（盛り上がろうぜ）という言葉を連発しながら、「もしプーチンの前に出たら何を言う？」というドゥーチの質問に対して、「西側を倒してくれてありがとう」と笑いながら答えていた［★43］。一方、ウクライナ侵攻後の二〇二二年に再出演した際には、坊主頭で、「i hate moscow」と書かれた黒いパーカーを着込み、前回と同じ質問に対しては、プーチンは「ぞっとする」人間で、そんな人間に対して何も言うことはない、「空気がもったいない」と吐き捨てるように答えた［★44］。

ロシアの再生に向けて

　ここまで見てきたとおり、ロシアにおけるラップと政治の緊張はすでに相当な程度にまで高まっていたが、ウクライナへの軍事侵攻は政権に批判的なラッパーたちに決定的な一歩を踏み出させる契機となった。冒頭で触れたオクシミロンの反戦チャリティーコンサートのほか、ノイズMC、ワーシャ・オブローモフなども Instagram や YouTube で続々と反戦声明を発表している。フェイスは二〇二二年三月（以下の記述はすべて同年の出来事）に Instagram 上でコメントを発表し、戦争を支持している国民を批判すると同時に、戦争を止められなかった自分たちロシアのミュージシャンや知識人の責任も認め、ウクライナ国民に謝罪した。その上で、戦争を行う国への納税を避けるためにすでにロシアを出国したことを明かし、もう二度と帰国しないと述べた（当該の投稿はすでに削除されている）。二〇一九年に「私たち」つまり国民こそがロシアだと歌う「私たちのロシア国歌 Наш Гимн России」を大統領宛に発表していたアンダーグラウンド・ヒップホップの雄、カスタのメンバーであるシイム（Шым）もロシアでのライブを拒否し、三月に出国したことを明かした。

一方で、「特別軍事作戦」支持をはっきり表明しているラッパーには先述のローマ・ジガンなどがいるにはいるが[★45]、その数は多くない印象だ。「俺の親友はプーチン大統領」とラップしていたティマティでさえ、Instagramで「この戦争は誰にも必要のないことだ」「必要なのは対話、そしてメンタリティーの非常に近い二つの国の平和だ」というメッセージを発信したほどだ（もっとも、彼は三月にモスクワのルジニキ・スタジアムで行われたクリミア併合記念コンサートに出演している）。ハスキは——彼はこれまでも頻繁に紛争中のドンバスを訪れライブを行うなどしていた——四月に突如「ルガンスク共和国」で兵士として戦っている音楽家たちを取材した短いドキュメンタリー映画「〈民間軍事会社フィルハーモニー〉戦場の音楽家たち «ЧВК Филармония.» Музыканты на войне」をネット上で発表した[★46]。もっとも、作品の意図について本人の詳しい説明はなく、単なる戦争プロパガンダ映画のようにも見える。

ロシア政府も黙ってはおらず、七月には国家にとって好ましくないミュージシャンたちの「ブラックリスト」の存在が明るみに出た[★47]。そこには、ロックやポップのミュージシャンのほか、ノイズMC、オクシミロン、カスタ、クロヴォストク、フェイス、モルゲンシテルン、ワーシャ・オブローモフなど多数のラッパーが含まれている。さらに、政府が公表している「外国の代理人《イノアゲント》」すなわち「スパイ」のリストには、フェイス、モルゲンシテルン、オクシミロンが含まれている。とはいえ、ここに名前の挙がっているラッパーの多くの立場はとうに知られており、効果のほどは疑問だ。

この先ロシアでヒップホップが有力な反戦勢力となるかどうかはわからない。だが、プーチン政権下で上の世代の知識人の多くが保守化していく中、若い世代の代表であるラッパーたちが社会の歪みを恐れず言葉にし、腐敗した権力

★43 Face - почему от него фанатеет молодежь / вДудь URL=https://www.youtube.com/watch?v=mmid_NMUoFg

★44 Face – многое изменилось / вДудь URL=https://www.youtube.com/watch?v=zSPpBK3RN4w

★45 Рэпер Жиган объяснил, почему поддерживает спецоперацию на Украине // MK.RU. 21.07.2022. URL=https://www.mk.ru/culture/2022/07/21/reper-zhigan-obyasnil-pochemu-podderzhivaet-specoperaciyu-na-ukraine.html

★46 «ЧВК Филармония». Музыканты на войне URL=https://dzen.ru/video/watch/6257fa4247ef2c3b4998512d

★47 «Фонтанка» опубликовала «список запрещенных артистов». В нем есть ДДТ, Нойз MC, Оксимирон, Монеточка и Земфира // Meduza. 08.07.2022. URL=https://meduza.io/news/2022/07/07/fontanka-opublikovala-spisok-zapreschennyh-artistov-v-nem-est-ddt-noyz-ms-oksimiron-monetochka-i-zemfira

へのプロテストを叫んできたのは事実だ。オクシミロンが九月にYouTube上で発表した新曲の「オイダー Ойда」では、「山の下では年老いたノームが年老いた喉仏を震わせてしゃっくりする／そして俺たちを核のキノコで怖がらせる／くそ食らえ、老人ども／やつらは他人の息子たちの血を飲む／くそ食らえ、古い家／作り直そう」と歌われ、政権批判とともにロシアの再生への決意が述べられている。

思い返せば、晩年のソ連では「停滞の時代」と呼ばれる長い長老支配の果てに大改革の波が起きたが、逆説的なことにこの「建て直し《ペレストロイカ》」はソ連を崩壊させることになった。そして現在、もうすぐ四半世紀になろうとしている長すぎたプーチンの治世の中で、再びかつてと同じような状況が出現しているのかもしれない。「オイダー」でオクシミロンは（おそらく意識的に）「建て直す《ペレストローイチ》」という言葉を避け、「作り直す《ペレソブラーチ》」という言葉を使っている。ラッパーという新しい詩人たちの闘争が、国家の破滅的な崩壊でもなく、過去への病的な郷愁でもなく、真の意味でのロシアの再生をもたらすことを切に願う。

本論考は、2022年11月17日に「webゲンロン」で配信した「【特別寄稿】ロシアをレペゼンするのは誰か——プーチン時代の政治とラップ（前篇）」に、書き下ろしの後篇を追加したものです。

楽曲リスト

リンクはすべて YouTube で、なるべく公式の動画を選んだが、古い作品など一部非公式のものもある。

1 | チャース・ピーク「ラップ」Час Пик « Рэп » https://www.youtube.com/watch?v=tu3bxuN_oiU&t=1581s

2 | セルゲイ・ミナーエフ「DJ ラップ」Сергей Минаев « Рэп Диск - жокея »
https://www.youtube.com/watch?v=z3r1gP8APn4

3 | マリチシニク「ノンストップのセックス」Мальчишник « Секс без перерыва »
https://www.youtube.com/watch?v=osNuCid0iJo

4 | デツル「金曜日」ДеЦл « Пятница » https://www.youtube.com/watch?v=fjybUqmef-g

5 | カスタ「三次元のリズム」Каста « Трехмерные рифмы » https://www.youtube.com/watch?v=DCqL7EXHgul

6 | ノイズ MC「メルセデス S666」Noize MC « Мерседес S666» https://www.youtube.com/watch?v=XX5NPcg_FxE

7 | ワーシャ・オブローモフ、クセニヤ・サプチャーク、レオニード・パルフョーノフ「バイバイ、メドヴェード」
Вася Обломов , Ксения Собчак и Леонид Парфенов « Пока , Медвед !»
https://www.youtube.com/watch?v=5gdIvjF99ac

8 | ワーシャ・オブローモフ、クセニヤ・サプチャーク、レオニード・パルフョーノフ「VVP」
Вася Обломов , Ксения Собчак и Леонид Парфенов « ВВП » https://www.youtube.com/watch?v=fvzmRDCQ_QY

9 | ワーシャ・オブローモフ、クセニヤ・サプチャーク、レオニード・パルフョーノフ「ラップ祈祷」
Вася Обломов , Ксения Собчак и Леонид Парфенов « Рэп - молебен »
https://www.youtube.com/watch?v=bqTbNvC9XjA

10 | ノイズ MC「プーシキン・ラップ」Noize MC « Пушкинский рэп » https://www.youtube.com/watch?v=rnm3aieV1wg

11 | オクシミロン「象牙の塔」Oxxxymiron « Башня из слоновой кости »
https://www.youtube.com/watch?v=DfD5oFvRSI8&list=OLAK5uy_nTIyPCKP8jes6Ya2NKqvIu1m0R3sqqPh4&index=10

12 | オクシミロン「マルクを殺したのは誰か ?」Oxxxymiron « Кто убил Марка ?»
https://www.youtube.com/watch?v=q92DWs1MwRA

13 | サーシャ・チェスト feat. ティマティ「親友」Саша Чест feat. Тимати « Лучший друг »
https://www.youtube.com/watch?v=jp9pfvneKf4

14 | スラーヴァ KPSS（ビッグ・ベイビー・プリレーピン）「ドンバスボーン」
Слава КПСС (Big Baby Prilepin) «DONBASSBORN» https://www.youtube.com/watch?v=aZqbNfl8Iyo

15 | ハスキ「10 月 7 日」Хаски « Седьмое октября » https://www.youtube.com/watch?v=PIO9SaSw8Uk

16 | ハスキ「故郷の詩」Хаски « Поэма о Родине » https://www.youtube.com/watch?v=TiDZHgzpxTw

17 | ハスキ「リベンジ」Хаски « Реванш » https://www.youtube.com/watch?v=nM8e0LjQEvE

18 | ノイズ MC「10 昼夜（スターリングラード）」Noize MC «10 суток (Сталинград)»
https://www.youtube.com/watch?v=zymCyPDWcu8

19 | ハスキ「ユダ」Хаски « Иуда » https://www.youtube.com/watch?v=0e9JgyzCIBc

20 | アイスピーク「もはや死はない」IC3PEAK « Смерти больше нет » https://www.youtube.com/watch?v=MBG3Gdt5OGs

21 | モルゲンシテルン「しゃぶれ」Моргенштерн « Пососи » https://www.youtube.com/watch?v=xdDhmagsXrc

22 | フェイス「ゴーシャ・ラブチンスキー」FACE « Гоша Рубчинский » https://www.youtube.com/watch?v=oBHGxGPTsAI

23 | フェイス「バーガー」FACE « Бургер » https://www.youtube.com/watch?v=yfF0RBxY1PY

24 | フェイス「俺は西側を倒す」FACE « Я роняю Запад » https://www.youtube.com/watch?v=ZGEoqPpJQLE

25 | フェイス「俺たちのメンタリティー」FACE « Наш менталитет » https://www.youtube.com/watch?v=2GKwMhroECE

26 | フェイス「ユーモリスト」FACE « Юморист » https://www.youtube.com/watch?v=NuXdxMEbYeQ

27 | カスタ「私たちのロシア国歌」Каста « Наш Гимн России » https://www.youtube.com/watch?v=Hn4O7YwhRGQ

28 | オクシミロン「オイダー」Oxxxymiron « Ойда » https://www.youtube.com/watch?v=pYymRbfjKv8

各曲へのリンクはこちらから

国境を越えた結束と分断の狭間で

タタール世界から見るロシア

櫻間瑞希 Mizuki Sakurama

「私たちは団結力を示し、国の指導者の決定を支持すべきだ」——二〇二二年二月二四日、ミンニハノフ・タタールスタン共和国大統領［★1］は共和国農業食糧省の会合でこのように述べた。プーチン・ロシア大統領がウクライナに対する「特別軍事作戦」の実施を発表してから、わずか数時間後のことだった。ミンニハノフ氏は「特別軍事作戦」への賛意を即座に表明した地域のトップのひとりとなった。この数日前には、ウクライナ東部やクリミア半島からの避難民の受け入れもいち早く表明していた。

ロシア国内の他の共和国の首長たちの反応はさまざまだった。たとえばニコラエフ・サハ共和国首長も、特別軍事作戦の決定を支持する旨の発言をしたのが二月二六日と比較的早かった。他方で、タタールスタン共和国の隣に位置するバシコルトスタン共和国のハビロフ首長は長らく沈黙を貫いた。妻のカリネ・ハビロワ氏は自身のSNSアカウントに明確な批判と反戦のメッセージを投稿していた。ハビロフ氏はその後、三月四日に、特別軍事作戦という名のもとでのウクライナ侵攻を支持する人々のシンボルとなっている「Z」の文字を掲げ、形式的にプーチン氏への連帯を示した。そして、最後には権力に屈するようにして、支持を明言した。四月初旬のことであった。それからまた季節はめぐり、厳しい冬は少しずつ春に向かいつつある。いまだウクライナでの戦火がやむ気配はない。

タタールスタン共和国においても、独立メディアの報道を見る限りは何度か反戦集会が行われているが、いずれも治安当局によって即座に排除されている。タタールスタン国営メディアには勇ましいことばとともに出征する青年のインタビューや、作戦を支持する集会が開催されたことを伝えるニュース、作戦の正当性を訴える論説がちらほらと交ざるだけで、それ以外は二月二四日以前と大きく変わらない記事——共和国内で起きた出来事や、共和国内のアイスホッケーチームの勝敗が淡々と流れていく。

ミンニハノフ氏も変わらず、プーチン大統領が何かを宣言すれば折に触れて賛成を表明してきた。モスクワからも信頼されているようで、政府要人が諸外国で会議などに出席する際にはさりげなく出席者に名を連ね続けている。ミンニハノフ氏の立ち振る舞いは、現在のタタールスタン共和国のロシア連邦のなかでの立ち位置をよく表しているともいえる。二〇一四年のクリミア併合の際には、クリミア・タタール人の強い反発に共鳴するように、タタールスタン共和国でも独立の機運が高まるのではないかという見方があった。しかし、ミンニハノフ氏はいち早くクリミアへの支援を表明し、ロシアへの併合を後押しする姿勢をとった。

なお、民族名称から混同されることが多いが、クリミア・タタール人はタタール人とは異なる民族である。この民族名称は帝政期にテュルク系ムスリム諸民族がタタールと総称されたことの名残で、近年では「クリミア人」「クリム人」(qrımlar) といった「タタール」を用いない名称も見られるようになった。

話題をミンニハノフ氏とタタールスタン共和国に戻そう。このような言動からミンニハノフ氏はモスクワに従順で逆らわないという評価がある一方で、タタールスタン共和国という民族共和国の存在感と価値をロシア連邦のなかで示し、したたかに権限を確保しようとしているという見方もある。同様にムスリムが人口の多数派を占める共和国でも、長きにわたり独立をめぐる火種が燻るチェチェン共和国やダゲスタン共和国と、タタールスタン共和国との最大の違いとしては、外国と国境を接していないことが挙げられる。非現実的な独立を目指すのではなく、ロシア連邦という国家のなかにとどまりながら計算高くその存在感を示し、駆け引きを通じて実利を得るスタンスをとり続けてきたともいえるだろう。

ここでは、ロシアのなかの民族共和国タタールスタンとタタール人について、ロシアと世界各地のタタール人に

タタールスタン共和国の首都カザンの中心カザン・クレムリンの敷地内に鎮座するクル＝シャリフ・モスク

★1　ロシア連邦内の共和国トップの役職名は首長（глава）とすることになっているが、タタールスタン共和国だけは長らく大統領（президент）のままであった。大統領の称号問題は数年にわたり議論され、最終的には、二〇二三年二月からこの職位は首長と呼称されることが決まった。なお、タタール語では組織の長などを意味するレイスと訳される。タタール語には多くのアラビア語由来語が含まれるが、現代語としては議会や団体の長の意味あいが強い。一方、アラビア語では一国の大統領をも意味することから、対外的には大統領の名称を固持するかたちとなっている。

とっての位置付けに注目しながら紹介したい。

ロシアのなかの民族共和国タタールスタン：多文化・多宗教の共存空間

タタールスタン共和国は、ロシア連邦を構成する八三の連邦構成主体［★2］のひとつである。ロシアという国は連邦国家で、ロシアを構成するそれぞれの行政区（連邦構成主体）は「地域」と「民族」のふたつの概念から成り立つ。地域からなる連邦構成主体には、たとえばモスクワ市などの連邦市やサハリン州などの州がある。そして、民族からなる連邦構成主体には、本稿が注目するタタールスタン共和国のほかにも、たとえば極東のユダヤ自治州、ネネツ自治管区などが挙げられる。

この枠組みに当てはめると、タタールスタン共和国はタタール人の民族共和国といえるだろう。タタール人はテュルク系の一民族で、その多くはスンナ派ムスリムである。多くの民族が住まうロシアにおいて、タタール人は民族ロシア人に次ぐ人口を占めており、つまるところロシアで最大の少数民族でもある。二〇二一年に実施された国勢調査によると、ロシア国内には自身をタタール人と認識する人が約四七一万人いるが、タタールスタン共和国に暮らしているのはその半数に満たない二〇〇万人程度に過ぎない。このように、タタール人はひとつの地域だけに閉じ込められた民族ではなく、さまざまな境界を越えて各地に散らばっているという特徴も持つことから、タタールスタン共和

ロシア連邦におけるタタールスタン共和国の位置。編集部制作

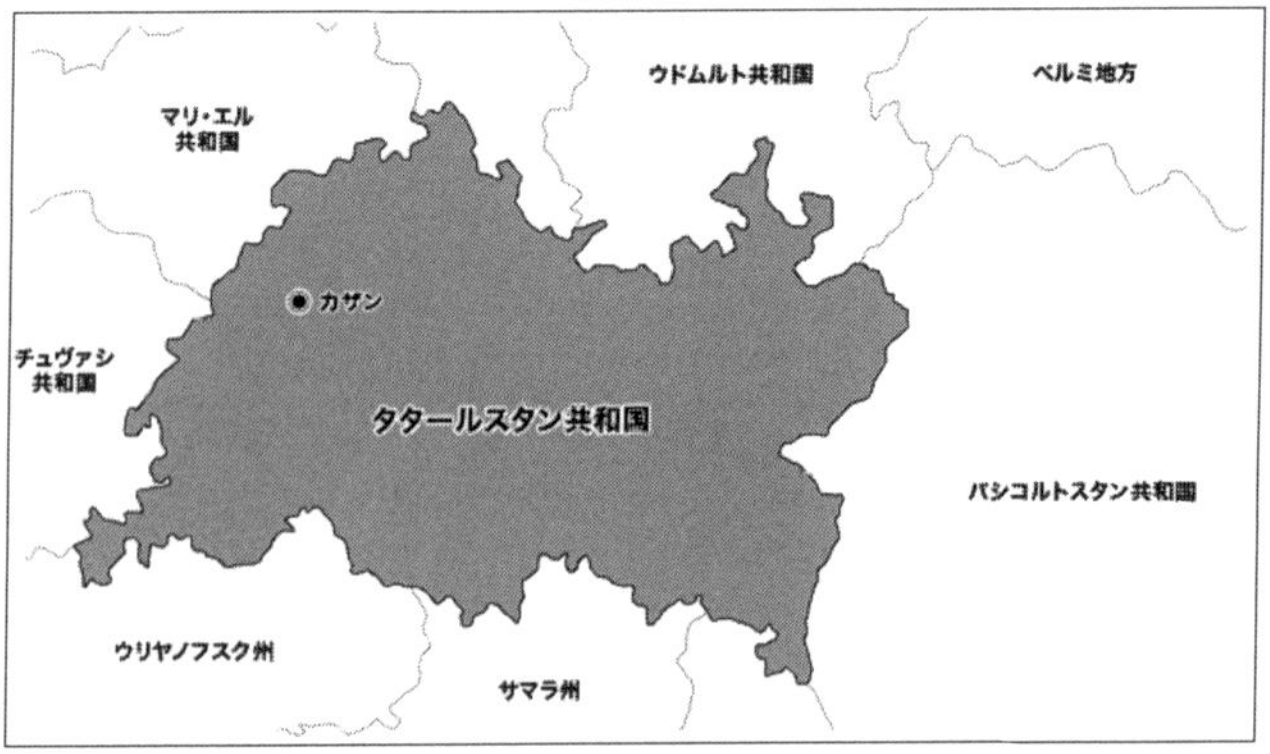

タタールスタン共和国とその周辺の地図。編集部制作

国は各地のタタール人の中心地としての位置付けを強めようともしてきた。出身地だけを見ても十分に多様だが、その言語状況や信仰も個人差が大きく、タタール人は均質さからはほど遠い、実に多様な民族集団であるともいえる。つまり、タタールという自己認識を持つ人々の背景は極めて多様であり、その民族境界もあいまいさを伴って成り立っている側面が大きい。

そして、共和国内にはそのほかにもさまざまな出自、文化、言語、信仰を持つ諸民族が暮らしている。タタール人は人口のうち約半数を占める程度であることから、いたるところで多様性と寛容性が強調されてきた。

ところで、「共和国」とはいっても、一般的にイメージされるような独立した国ではないことにも触れておきたい。多民族国家であるロシアには、民族ロシア人ではない少数民族にも同等の権利を認めるという建前があり、民族共和国という枠組みは建前上の民族自治を確保しようとする取り組みの一環でもある。ゆえに、「共和国」は独自の憲法を制定し、ロシア語とならんで民族語を国家語とする権利、独自の政府を持つ権利などを有している。ただし、あくまでロシア連邦のなかの一行政区であることから、連邦政府に盾突くような行動、たとえば独立運動を起こすといった連邦法に矛盾する行動は許されていない。今回の戦争でも、ミンニハノフ氏をはじめ、各共和国の首長たちが次々と連邦政府の方針に従ったのは、実際的には強力な中央集権体制のロシアのなかで生き残るための術でもある。

筆者のタタール人の友人たちを見ても、ロシアという国のなかでマイノリティとして生きるうえで、どう振る舞えば損をしないかと常々考える人は少なくない。そして、かれらの多くは、タタールスタン共和国は地理的・経済的な観点からロシアのなかの共和国でいるほうが得であると考えている。

一九九〇年代は独立派のタタール人の声は必ずしも小さくはなかったが、その後の経済的な発展を背景に、今ではずいぶんと少数派となった。独立の声が上がっていたのは、かつてはソヴィエト国民だった人々が、「偉大な祖国」を失くしたばかりの時代のことだった。今のロシアに住まうタタール人の多くは、タタール人やムスリムという自己認識だけでなく、プーチン大統領の唱える「偉大なロシア」のもとでロシア国民としての意識も強く持っている。

ゆえに、とくにロシア国外において、独立を待望する少数民族と連邦解体という言説がたびたび囁かれがちだが、たと

★2　国際法的にはロシアは八三の連邦構成主体からなるが、ロシアは八九と主張する。二〇一四年三月一八日にクリミア自治共和国とセヴァストポリ特別市の、さらに二〇二二年九月三〇日にはザポリッジャ州、ヘルソン州、ドネツィク州、ルハンシク州のロシア併合が宣言された。いずれの併合についても、当然ながらウクライナは認めておらず、国際的な承認も得られていない。

えばタタール人が一様に独立を支持しているかは疑問である。もちろん、今日の民族のあいまいさを嫌って「正しい」タタールらしさを求めるタタール人もいる。このような考えを持つタタール人のなかには、独立こそが正しくタタールらしく生きていける道だとして、独立運動に関わる人もいる。ただし、今後のロシアの政治と経済の状況次第の側面も大きいのだろうが、今のところは、ロシア国内での自治権の維持や拡大を要求する声のほうがはるかに多く聞こえてくる。とりわけ、独立をめぐっては排他的なタタール・ナショナリズムを警戒する声も多く聞かれる。ステレオタイプ的なタタールらしさを求める人々に対して、独立することで迫害を恐れる人々もいれば、ステレオタイプの外で「ゆるやかにタタールであること」を否定されるのではと危惧するタタール人も少なくない。ステレオタイプ的なタタール人ではないこと――つまり、タタールスタン域外の出身であること、家族のなかで民族的出自や信仰が異なること、タタール語を知らないこと、ムスリムではないこと、ムスリムであっても伝統的価値観には時に否定的であることなどを背景に、タタール人の中でも「正しい」タタールらしさに対する見方は大きく異なっており、タタール人の価値観をひとまとめにすることはできない。

左から生神女福音大聖堂の玉ねぎ屋根、クル＝シャリフ・モスクのミナレット、そして各地のタタール人の象徴にもなっているスュンビケ塔。大聖堂とモスクはいずれも2005年に修復・再建された。スュンビケ塔は、イヴァン雷帝にカザンを占領されたときにこの塔から身を投げたカザン・ハン国最後の王妃スュンビケの伝説にちなむ

　タタールスタン共和国が現在の体制に落ち着いたのは、一九九四年のことである。もっとも、前身のタタール自治共和国が主権宣言を行い、タタールスタン共和国となったのは一九九二年だった。八〇年代末にペレストロイカが進められると、ソ連を構成した共和国が次々と独立を果たしていったのに対し、タタールスタンの前身は当時ソ連のロシア共和国内の自治共和国だったため、独立ではなく主権を宣言することで権限の拡大を目指す方針をとった。ロシア連邦とのあいだで権限分割条約の締結に向けた交渉がまとまったのが一九九四年で、このときタタールスタン共和国は外国政府との関係構築の権利などを手に入れている。現在、ロシア国内外にタタールスタン共和国の代表部（大使館のような機関）が設置されているのには、このような背景がある。

　タタールスタン共和国の人口の民族比率は、二〇二一年の国勢調査によると、タタール人五二・二%、民族ロシア人三九・三%、チュヴァシ人二・三%、ウドムルト人〇・五%と続く。主な信仰を見ると、タタール人の多くがムスリムで、

民族ロシア人やチュヴァシ人、ウドムルト人の多くは正教徒である。このことが示すのは、タタールスタン共和国は単に多民族であるだけでなく、多宗教地域でもあるということである。近年、タタールスタン共和国はロシアのなかでもさまざまな民族や宗教が比較的平穏に共存する地域として注目を集め、とくに首都カザンは国内観光ブームも追い風となってか多くのロシア国民が訪れる街となった。その象徴が、カザンの中心カザン・クレムリンの敷地内にならびたつ、クル＝シャリフ・モスクと生神女福音大聖堂である。

タタールの民族衣装を着て歌う人々。好まれる着こなしは地域や年代によって微妙に異なる

タタール音楽にガルムンは欠かせない

無神論が標榜されたソ連期には多くの宗教施設が政権に接収されたものの、一九九〇年代以降は全露的に復興が進み、タタールスタン共和国では二〇〇〇年代以降は新たな宗教施設も数多く設置されるようになった。現在にいたるまで、共和国政府は信仰の垣根を越えてさまざまな宗教施設の修復や新設を支援しており、多文化・多宗教の共存空間の実現と維持に積極的な姿勢を共和国内外にアピールしている。

　このような穏健な多宗教共存と、そのイメージ戦略も手伝ってか、タタール人の表現者たちはロシアの理想的な諸民族友好のイメージを表に打ち出す際に重宝される傾向もある。モスクワであれサンクトペテルブルクであれ、ロシア国内で開催される国際大会や国際フェスティバルといった、とくに外国人の参加が見込まれる場には、タタール人の民族アンサンブルがしばしば招かれる。民族ロシア人のそれとは一味違ったタタール人の煌びやかな衣装と、独特のこぶし回しやガルムン（ボタンアコーディオン）の音色［★3］はロ

★3　独特の情緒（モン：моң という）を含んだタタール音楽は、日本の演歌にも似た雰囲気を持つ。気になった方はぜひとも一度聴いてみてほしい。たとえばオンラインのタタール音楽ラジオ「タタール・ラジオ（Татар радиосы）」（tatarradio.ru）や、「ロクサナ・ラジオ（Роксана радиосы）」（roksanaradio.ru）で気軽にタタール音楽を視聴することができる。

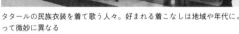

シアの多様性を示すのにうってつけ、というわけである。

タタール人の多くもまた、このような立ち位置にあることを好意的に受け入れ、自分たちが民族ロシア人とは異なる固有の民族であり、穏健なムスリムであることを強調する。そしてかれらの語る穏健さの向こう側には、チェチェンでの悲劇が見据えられていることが多い。チェチェンは一九九〇年に独立を宣言し、その後泥沼の戦場と化した。同じムスリムとしてチェチェンに同情するタタール人は少なくないが、テロリストとしてのムスリム像を広めたとして彼らに冷ややかなまなざしを向け、自分たちがチェチェンとは異なる穏健なムスリムであることを強調するタタール人も少なからずいる。ロシアのなかのイスラームもまた、一枚岩というわけではないのだ。

タタール人のことば、タタール語をめぐる社会的状況

タタール人の歌はロシア語ではなく、タタール語という言語で歌われる。タタール語はテュルク諸語に分類される言語で、掻い摘んでいえばトルコ語やウズベク語、カザフ語などの仲間である。現代タタール語はロシア語と同じくキリル文字で綴られるが、ロシア語にはない六つの文字（ә, җ, ң, ө, ү, һ）を加えた三九字で表記されるので、ロシア語を学んだ経験があればすぐに見分けがつくだろう。

カザンの街中で見られるタタール語看板。タタール語単独のものは少なく、ほとんどはロシア語や英語と共に併記される

そのタタール語を取り巻く環境はといえば、厳しい。二〇一六年六月、筆者がカザンに滞在していることをSNSに投稿したところ、目ざとくそれを見つけたタタールスタン国営放送の番組制作担当者が撮影への参加を持ちかけてきた。タタール語を話す外国人は非常に珍しいため、SNSにタタール語で文章を書くだけでも取材依頼が来るのは嘘のような本当の話である。なお、打診のメッセージはかろうじてタタール語で書かれていたが、所々ロシア語が文章単位で混じるものであった。

肝心な依頼の内容は、カザンで最も大きな目抜き通りの商店街でタタール語だけを使って買い物ができるかどうか実験してみないか、というものであった[★4]。結局カメラクルーと共に八店舗を訪れ、そのうち五店舗では何らかの反応がタタール語で返ってきたものの、三店舗では一貫してロシア語での対応だった。筆者の体感としては、これは思わず番組の仕込みを疑ってしまうほどよくタタール語が通用した経験だった。おそらく、市内のほかの場所であればタタール語が通じる確率はうんと低くなるだろう。

ロシア語とならんでタタールスタン共和国の「国家語」に位置付けられるタタール語だが、タタールスタンの人口のうち約四割を占める民族ロシア人のほとんどはタタール語を知らない。タタール人であっても知っているとは限らないのが現状である。先ほど、タタール人の言語状況が多様だと書いたのには、このような背景がある。民族共和国とはいえロシア連邦の一部であるので、政治、経済、教育などあらゆる分野で優位な言語はロシア語だ。残念ながら、タタール語は一部のタタール語を知るタタール人にしか通じない。

この言語状況の背景には、ソ連期の多くのタタール人がロシア語を習得したことがある。ソ連期には民族自決の理念が謳われ、タタール語教育の場もあった。しかし、社会的上昇を目指すにはロシア語が必要だった。やがて教育言語が選択できる時代になると、親は子にロシア語教育を受けさせたがり、結果的にロシア語を得意とし、タタール語を知らないタタール人が増えていった。たとえば、近年のロシアを代表する俳優のチュルパン・ハマートワ氏や、作家のグゼリ・ヤーヒナ氏はいずれもカザン出身のタタール人だが、両氏共にタタール語よりもロシア語をはるかに得意としている。

ソ連解体後のロシアでもタタール語教育の権利と場は確保されてはいるが、その規模は年々縮小している。少なくとも、教育言語を問わずタタールスタン共和国全域の初等教育で必修だったタタール語は、今では必修ではなくなった。タタール語だけで教育を行う学校と、ロシア語を基本としながら一

★4　このときの詳細については拙稿「タタール語を探して：タタールスタン共和国のタタール語事情」『日本中央アジア学会報』第一三号、七七－八二頁、二〇一七年に記述した。

部科日はタタール語でも教育を行う学校も年々設置数を減らしている。モスクワなどにあるロシア語だけで教育を行う学校と比べると、タタール語が教えられるぶんロシア語教育に割かれる時間が少なくなることから、大学受験で不利になると不満が噴出したことが背景にある。

とはいえ、首都カザンの街中を歩いてみると、ロシア語の案内表示や看板などのなかにタタール語が併記されているものを頻繁に目にすることになる。公共交通機関のアナウンスも、ロシア語、タタール語、英語の順で流れ、道ゆく人々の話し声に耳を傾けるとロシア語での会話が突然タタール語に切り替わることも珍しくない。近年のタタールスタン共和国ではタタール語の振興を目指した取り組みが官民を問わずさまざまなレベルで展開されている。こうした支援の影響によるものと短絡的に断定することはできないが、若い世代のなかには積極的にタタール語を話そうとする人たちも、少しずつではあるが増えてきているように感じられる。

なかにはタタール語でヒップホップやラップを歌い、タタール語を「イケてる若者」のものにしようと奮闘する若いアーティストもいる［★5］。そして、今日かれらの活動にSNSは欠かせない。以前はタタール語を話すタタール人だけが聞いていたタタール音楽も、近年では拡散力のあるSNSを用いることで、多くの人に届くようになりつつある。今や、タタール音楽は言語的に共通点の多いテュルク諸語の話者たちにとって身近なものとなり、さらに優れたものは言語の枠すらたやすく飛び越えて、文字通り世界中で視聴されるようになった。この勢いが続けば、タタール音楽をきっかけにタタール語に関心を持つ人も少なからず生まれるだろう。

カザンではタタール語が書かれたストリートアートも増えつつある。「木は実をなし、人は仕事をなす」

なお、タタール語の振興プログラムの一環として、タタールスタン共和国教育科学省はオンラインのタタール語学習ポータルサイト「Ана теле」［★6］（Ana tele、"母語"の意）を開設している。タタール人に限らず、誰でも無料でタタール語を学習することができるので、興味が湧いた方は挑戦してみてはいかがだろうか。

タタール語振興が盛り上がる一方で、街中に溢れるタタール語の誤表記追放を目指して設置者を責め立てるようなキャンペーンや、タタール語誤表記や未表記を放置する機関や企業に「アンチ・タタール賞」を授与するといったやや過激ととれる行為もある。筆者がこれまでに何度も経験したように、国営放送がタタール語を話す外国人を捕捉しては、「外国人ですらタタール語を話すのだから」とでもいわんばかりに、タタール語学習の広告塔として利用するような報道も珍しくはない。しかし、こうしたあり方はタタール語を話さないタタール人や、親しみを持っていてもさまざまな理由から学ぶ機会がなかったタタール人にとっては居心地の悪いものに感じられ、却ってタタール語に対する反発を生むきっかけになるのではないか、とも思えてならない。

トゥガン・テル：タタール人にとっての祖なることば

タタール人とタタール語の関係について、個人的に興味深く感じていることがある。暮らす場所を問わず、タタール語を話すタタール人はもちろんだが、タタール語を話さないタタール人に「あなたの母語（родной язык）は？」とロシア語で訊ねても、少なからぬ人が「タタール語」と答えることである。たとえタタール語をよく話さないとしても、タタール語はタタール人にとっての「トゥガン・テル」であり、タタール人らしさの象徴のひとつと捉えられることは珍しくはない。

「トゥガン・テル」とは何か。トゥガン（туган）は日本語への翻訳が難しい語だが、あえて訳を与えるのであれば「生来の、一族の、生まれ故郷の」と訳しうる。テル（тел）は「言語、舌」を意味する。つまり、トゥガン・テル（туган тел）という語は、そのニュアンスを考えれば英語の native language に近いものと考えることができ、辞書的には「母語」とするのがよいのだろう。ただし、既に紹介したタタール語学習ポータルサイトの名に冠されているように、タタール語には「母語」「母の言語」と直訳することができるアナ・テレ（ана теле）という語もある。両者に概念的な大きな差異はないというが、タタール語にどっぷり浸かった身としては、その語感には違いがあるように感じられる。だから、トゥガン・テルにどんな訳を与えるか、あるいはそのまま「トゥガン・テル」とするかは、筆者の積年の課題となっていた。そして最近になって、筆者はこれに「祖なることば」という訳を与えるにいたった。完璧な訳だとは思わないが、少なくとも、タタール人にとっての故地との記憶的なつなが

★5　たとえば、民族ロシア人の父とタタール人の母を持つ女性ヒップホップアーティストのTATARKAは、「ALTYN」（タタール語で〝金〟）というタタール語ラップで世界的に有名になった。また、サンクトペテルブルクで活動するヒップホップ・デュオAIGELは、「Татарин」（ロシア語で〝タタール男〟）をはじめとする、ロシア語とタタール語を織り交ぜたラップをリリースしている。

★6　アクセスおよび登録はhttps://anatele.ef.com/から可能。二〇二三年現在、ヨーロッパ言語共通参照枠（CEFR）でA1からB2に相当する九の学習コースがあり、これらは全二八八課からなる。登録・利用共に無料で、ロシア語、タタール語、英語の三言語を通じてタタール語を学習することができる。

りや、祖先とのつながりを想起させるニュアンスは含められるのではないか、とは思っている。

そもそもロシア語世界における「母語」(родной язык)の概念には、複数の解釈の可能性があり、不確定性をはらんだものであることが指摘されている[★7]。具体的には、「母語」を第一言語と捉える人もいれば、一方で、あまり上手に話すことはできないが自身にルーツのある民族のことばだと捉える人もいて、この語の解釈は人によって、あるいは時代によって異なる、というものである。ソ連時代の国勢調査には「母語」を問う項目があり、これに注釈がなかった時代は調査員や回答者の解釈に委ねられていた。ロシア語世界の影響を強く受けるタタール語世界においても、トゥガン・テルは不確定性をはらんだ概念であり、タタール語を「トゥガン・テル」としながら、ロシア語もまた「母語」と捉えるタタール人は少なくない。前述のタタール語を話さないタタール人がタタール語を母語と答えるのは、その概念に揺れがあるからともいえる。

日常的にタタール語をどの程度聞き、話すかは個人差が大きいが、自身をタタール人と認識する人々は、タタール語にまつわる何らかの大小様々な「記憶」を持っていることが多い。そして、この記憶こそがタタール語をタタール人にとってのトゥガン・テルたらしめるものであろう。

日本でも知られるタタール人とタタール語について、報道などから分かっている範囲で見てみよう。フィギュアスケートのカミーラ・ワリエワ選手はタタールスタン共和国出身のタタール人で、本人はタタール語をあまり得意とはしていないが、時に自身がタタール人であることを誇りに思うという旨の発言をしたり、厳しい時代を生き抜いたタタール人の曾祖父母を偲ぶSNS投稿をしたりしていた。タタール語のメディアでは、ワリエワ選手の幼少期を知る親族が彼女についてタタール語で語るほか、トップ選手として忙しくなる以前は母方の祖母が暮らす村を訪ねていたことなども報じられた。そして、アリーナ・ザギトワ選手はお隣ウドムルト共和国出身のタタール人である。ザギトワ選手は同居する祖母とはタタール語で話すという。実際に、彼女がメディアに露出するようになった初期の頃は、そのロシア語には少しばかりタタール語話者特有のアクセントが感じられるほどだった。また、元新体操選手のアリーナ・カバエワ氏は現在のウズベキスタン出身のタタール人で、元サッカー選手の父親マラト・カバエフ氏はタタール語メディアに対してよくタタール語で答えることでも知られている。そして、バレエ好きにはよく知られるソ連の名ダンサー、ルドルフ・ヌレエフ(故人)もまたタタール人と考えられており、バシキール人の父親とタタール人の母親は家庭内ではよくそれぞれの民族のことばで話していたという。

かれら自身がそれぞれどの程度タタール語を話すか、話していたかは分からないが、個々のエピソードを読む限りは、全員が子どもの頃に祖父母や親がタタール語で話すのを聞いたことがあるはずである。ふとした瞬間に聞こえたガルムンの調べと息の長いタタール語の歌の響きから、あるいはタタール料理や伝統行事の名称から、懐かしい子ども時代の記憶が呼び覚まされることもあるだろう。たとえタタール語を日常的には聞き話さないとしても、タタール人という自己認識を持つ人にとっては、タタール語は幼少期の懐かしい記憶と結びついていることが珍しくない。ゆえに、かれらのトゥガン・テル――祖なることばを学ぶことは、タタール人表現者たちの精神性や哲学をより深く理解する助けにもなるかもしれない。

ロシア語には「ロシア人、一皮剝けばタタール人」［★8］というよく知られたことわざがある。タタール人はロシアおよびその周辺国の社会や文化、言語とも密接に関わってきた人々である。もっとも、このことわざでいう「タタール人」［★9］はかつてユーラシアの広い範囲を支配した人々のことを指し、必ずしも現在のタタール人を指すわけではない。とりわけ西欧では、かつてこの土地を支配した野蛮な「タタール人」の血がロシアの人々に流れていると考え、それをロシア嫌いの根拠とする人もいる。支配体制については、たとえば信仰については比較的寛容だったともいわれるが、征服するまでの過程は苛烈なものだったとされ、そのイメージが今も強く共有されている。ロシアのなかにも自分たちの祖先は野蛮で残虐だと、自虐的に見る人は少なくない。一方で、このことわざはロシアの多様性や寛容さを表していると解釈する人もいる。実際に、信仰や民族の垣根を越えた婚姻は珍しくなく、自分を民族ロシア人だと考える人のなかにも、祖父母や曾祖父母がタタール人である人は珍しくない。

ことわざの解釈はともあれ、長い歴史のなかで今日のタタール人の祖先にあたる人々が、ロシアの人々やその社会と深く関わり合い、さまざまな影響を与えてきたのは確かなことである。その影響はロシア語の日常的な語彙の語源を辿るだけでも感じられるだろう。たとえばロシア語における経済

★7　これについては渋谷謙次郎「『母語』と統計――旧ソ連・ロシアにおける『母語』調査の行方」『ことばと社会』第一〇号、一七五‐二〇七頁、二〇〇七年、三元社が詳しい。

★8　原文は《Поскреби русского – найдешь татарина》であり、直訳すると「ロシア人をちょいと剝いてごらんなさい、タタール人を見つけるだろうから」となる。

★9　タタールという民族名称は、用いられる時代と場所によって指す対象が異なることから注意を要する語でもある。中世の文脈においてはジョチ・ウルスの諸民族を、そして帝政期にはムスリム諸民族を総称する名称として汎用されてきた。ロシアでは一三世紀ごろに東方から襲来したモンゴル系遊牧民とかれらの支配下にあったテュルク系諸民族をタタールと総称したことから、しばしばタタールとモンゴルが混同されるが、現代の文脈におけるタタールとは一致しない。

や軍事、装飾品などの語彙の多くは、今日のタタール人の祖先たちがもたらしたものと考えられている。ロシア語を知る人は、時にタタール語のなかに見知った語彙を見つけることができる。タタール語はタタール人の精神性のみならず、ロシア社会やロシア文化をより深く知る足掛かりにもなるかもしれない。

タタール・ディアスポラ：分断と結束

さて、先にタタール人たちの出身地が多様であると書いたが、それを不思議に思った方もいらっしゃるだろう。今日、ロシアには約四七一万人のタタール人が暮らすと紹介したが、世界におけるタタール人の人口は六〇〇万―六五〇万人程度［★10］と見積もられる。つまり、一〇〇万人程度のタタール人はロシア国外に居住しているのだ。その大多数は中央アジア諸国などかつてソ連から独立した国々に集中するものの、さらにフィンランドやトルコ、中国西部（主に新疆ウイグル自治区）、北米諸国など、さまざまな国や地域にまたがっている。タタールスタン共和国は国内外のタタール人に対し、さまざまな支援プログラムを実施してきた。

有名なものとして、伝統行事や文化行事の開催支援のほか、タタール語学習機会の提供（講師の派遣や教材の提供）、民族アンサンブルの活動支援、出版支援、在外タタール人学生のタタールスタン派遣プログラム、在外タタール人に対するタタールスタン共和国への移住と就労支援プログラムなどが挙げられる［★11］。ロシア国内外に暮らすタタール人をカザンに集めて開催する会議やワークショップ、コンテストは数多く、それも大半は参加者がカザンで数日間の寝食を共にする、規模の大きなものである。近年ではこうした場で居住地を超えたタタール人同士のつながりが生まれ、やがて離れたコミュニティ同士のつながりへと発展することも多い。

かつては居住領域の広さから共通の民族意識が生まれにくかった。だから、ソ連解体後のタタールスタン共和国は各地のタタール・コミュニティに対する支援を行うとともに、民族に共通する言語や文化、歴史観によって紐帯を強めようとしてきた側面もある。

現代の文脈における「タタール」という民族の概念は、ソ連期に創出されたものを概ね引き継いでいるといえる。歴史的、宗教的、伝統的、文化的、言語的に多様な出自を持つ集団を領域内に抱えていたソ連にとって、この多様性は平等な社会主義社会の実現を目指すにあたっての不安材料であった。そこで、ソ連は諸集団をいくつかの「民族」に分類・画定することで、その言語や文化を振興しながらも管理し、やがて固有の言語や文化、歴史を持つ「民族」を創出していったのだ。

実際の出身地にかかわらず、現在のタタールスタン共和国が位置するヴォルガ川中流域をタタール人の故地とする歴史観もこの頃に創られ、タタールスタン共和国は各地のタタール人の中心地であることを自負してさまざまな支援を行っている。実のところ、筆者の祖母は横浜生まれのタタール人で、そのルーツは現在のバシコルトスタン共和国北西部にある。それでも筆者はタタールスタン共和国に対してはある種の歴史的故郷という感情を抱き、強い精神的なつながりを感じずにはいられない。こうした感覚の芽生えはまさしく、タタールスタン共和国が行ってきた支援策の成果ともいえるものだろう。

筆者はこれまでに、タタールスタン共和国の招待で三回カザンを訪問しており、そのすべてでロシア国内外から集まったタタール人の若者と知り合う機会に恵まれた。タタール語や伝統文化の学習と継承に熱心な若者たちとカザンで語らうことは、実に特別で、感動的な出来事であった。カザンという「想像の故郷」で身体的・感覚的にこうした経験をすることは、居住地では心の奥底に眠らせていたタタール性を強く奮い起こすだけでなく、居住地を超えた同胞意識や、タタールスタン共和国に対する特別な認識をより強いものとさせるには十分である。

とはいえ、国境を超えたタタール人同士の交流に問題がないわけではない。とくにソ連だった国とそうでない国とでは言語面での断絶が大きく、しばしばコミュニケーションがうまくいかないこともある。かつてソ連を構成していた国に住まうタタール人同士はロシア語やキリル文字表記のタタール語で交流することが一般的である一方で、そうでない国のタタール人はロシア語やキリル文字を知らないことも多いため、会話の輪に入れないことは珍しくない。逆に、タタール語だけの会話やラテン文字表記のタタール

来日したミンニハノフ・タタールスタン共和国大統領と日本在住のタタール人およびその関係者たち。大統領は3列目左から6人目、前の人に手を置いている男性。東京ジャーミイにて（2014年）

★10 タタールスタン共和国および官製民族団体「全世界タタール会議」の推計に拠る。

★11 詳しくは、櫻間瑞希「タタールスタン共和国によるディアスポラ政策と各地のタタール・コミュニティ」、明石純一［編著］『移住労働とディアスポラ政策：国境を越える人の移動をめぐる送出国のパースペクティブ』、筑波大学出版会、二〇二二年、二六〇-二八三頁を参照いただきたい。

語にロシア語話者のタタール人がついていけないこともある。さらに、タタール語はいずれの国でもマイノリティの言語であることから、ほぼすべてのタタール人はそれぞれの居住地の主要な言語で社会生活を送っている。さまざまな言語の影響を受けた各地のタタール語は、時に国境を超えたタタール人同士の相互理解を困難にする。しかしながら、この多様性もまた現代タタール語の実際であり、魅力でもある。

タタール人と移動、そして移住者同士のネットワーク

タタール人の現在の居住地がヴォルガ川中流域にとどまらないのは、いくつかの歴史的な出来事が大きく影響している。まず、一八世紀にロシア帝国が中央アジアとの貿易に力を入れたことから、多くのタタール人商人が中央アジアに移動するようになった。タタール人の祖先の多くが暮らしたヴォルガ川中流域は交易で栄えたこともあり、この頃までには商人として財を成すタタール人も少なくなかった。ムスリムの多い中央アジアにおいて、同じくムスリムのタタール商人は受け入れられやすかったのだろう。二〇世紀初頭にはタタール人商人が活躍する商業空間はさらに拡大し、シベリア鉄道の開通はかれらの極東進出を勢いづけるものであった。やがて一九一七年にロシア革命が勃発すると、商人に限らず多くのタタール人がハルビン、ハイラル、奉天（現在の瀋陽）など極東の諸都市に移動していった。

それから間もなくして日本に移り住む者も現れた。横浜や神戸、名古屋などいくつかの都市にはタタール・コミュニティが形成されたほどである。神戸ムスリムモスク（一九三五年建立）や名古屋モスク（一九三六年建立、一九四五年に空襲により消失）、東京ジャーミイ（一九三八年建立）の設置には、当時日本に居住していたタタール人も深く関与している［★12］。

第二次世界大戦後には、先行きの見えない困難な経済状況から第三国へと移り住む者も少なくなかった。その多くはトルコ、オーストラリア、アメリカなどに渡っていき、これらの国々は現在に至るまでタタール人の主要な居住国となっている。また、ソ連解体時にも多くのタタール人が当時のソ連領域から第三国へと移住したと考えられる。タタール人がなぜこうも移動したかといえば、とくに事業を営む場合は経済的に余裕があったことに加え、商人としての実利主義的な気

カナダのモントリオールに暮らすタタール人の友人たちと筆者（右）（2022年）

質も多少は影響を及ぼしていたのかもしれない。

このように各地に移り住んだタタール人は、のちに「タタール・ディアスポラ」と総称されるようになった。とはいえ東西冷戦の時代には、国境を超えて交流することは困難で、各地のタタール人は長らく鉄のカーテンで分断されたままだった。状況が大きく変わったのはソ連解体後、タタールスタン共和国が各地のタタール人に対してさまざまな支援プログラムを行うようになってからである。実際に、かつては断絶していた各地のコミュニティ間の交流や、個人的な親族訪問が近年盛んになりつつある。世界各地のタタール人はこの約三〇年でようやく国境を超えて結びついたように思われた。

しかし、今回のウクライナに対する「特別軍事作戦」は、今や各地のタタール人の結束をも断とうとしている。ロシア国内のタタール民族団体の大半はプーチン氏を支持する声明を出すか、沈黙を保ち続ける一方で、国外のタタール民族団体はタタールスタン共和国の公的資金が入るところも含め、多くがウクライナ侵攻を非難する声明を出した。個人レベルでも賛否は真っ二つに分かれ、SNSでは各地のタタール人がタタール語で、双方の主張に対する非難コメントの応酬を繰り返している。そして今や、ロシア国外のタタール人は「歴史的故郷」であるタタールスタン共和国を訪れることも難しくなってしまった。

とはいえ希望がまったくないわけではなさそうだ。戦争に反対し、ロシアからの移住を希望するタタール人のなかには、国外のタタール・ネットワークを頼る例が散見される。世界各地のタタール人からもまた、新天地での仕事や住む場所を探すロシアやウクライナの民族同胞に対し、助けになりたいと申し出る例が相次いでいる。カザフスタンで物流業を営んでいる男性は、困っているタタール人の同胞を受け入れたいと、SNSのタタール人向けグループに情報を載せてこう書いた。「私たちに国境はないからね」。

そして実際に、この一年近くのあいだにロシアとウクライナからは少なからぬタタール人が、国外のタタール人を頼って出国している。とりわけロシアからは、部分的動員が発表されて以降その流れは強まっているように見える。ロシアと国境を接しているカザフスタンは多くのロシア国民を受け入れた国のひとつであり、そのなかにはタタール人も多く含まれていた。SNSでは連日誰がどこでどのような助けを必要としているか、誰がどのような助けを提供できるかが頻繁にやりとりされ、最終的にはそこから仕事を得られた人もいる。

二〇二二年一一月に筆者はカナダ・モントリオールのタ

★12 日本において昭和期に外国人タレントの草分けとして活躍した俳優ロイ・ジェームスは、出生名をハンナン・サファという東京生まれのタタール人であった。

タール・コミュニティを訪問したが、ここでもこれまでにない勢いで共同体の新たなメンバーを迎えているという。その多くは「ロシア人」であることからも逃れるように、これまでのロシア語中心の生活から積極的にタタール語中心の生活に切り替えようとしたり、あるいは、新たに学び始めたりしている、と当地のタタール人組織代表が語っていたのが印象に残っている。また、物理的な攻撃にさらされ、あるいは家財道具などの一切を失い、着の身着のままでウクライナ東部から逃れてきたタタール人もいるという。各地のタタール人は、故郷から離れざるを得なかった民族同胞への助けを惜しまない。

タタール人の目前には、またも分断の時代が迫っているようにも見える。しかし人々は、この三〇年のあいだに国境を超えて育まれた強い結束により、そして、国境を超えたやりとりをたやすくしたSNSの発展により、しなやかに、したたかに、この時代を乗り越えていくのかもしれない。日々この社会の一員として何ができるかを考えながら、各地のタタール人の友人とやりとりをするなかで、筆者はそう感じている。

図版提供＝櫻間瑞希

本論考は、『ゲンロンβ72』（2022年4月）に掲載した「つながりロシア　第19回　ロシアと、ロシア最大の少数民族タタール――結束と分断の狭間で」を、大幅に加筆をしたものです。

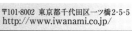

記念碑めぐりのすゝめ

辻田真佐憲　Masanori Tsujita

馬鹿と煙は高いところが好きという。筆者はここに、国威発揚も付け加えたい。というのも、記念碑や銅像のたぐいは、とにかく高台や丘陵に立っているからである。まさか近現代史をテーマにものを書くなかで、こんなに山に分け入り、階段をのぼることになろうとは思わなかった。

いまでも思い出されるのは、二〇二〇年一〇月、三重県熊野市に、神武天皇上陸の記念碑を見に行ったときのことだ［★1］。

神武天皇は、もとは現在の宮崎県あたりを拠点にしていたが、ある日、政治の中心を大和に移そうと決意、船団を率いて瀬戸内海を東進した。そして河内湾より上陸を図ったものの、豪族の長髄彦《ながすねひこ》に阻まれて紀伊半島へ迂回することになり、熊野に上陸。そこから険峻な紀伊山地を踏破して奈良盆地に入り、ついに橿原《かしはら》の地で初代天皇に即位した。そう神話には記されている。

そのため、熊野はゆかりの地ということで、一九三七年、景勝地として知られる楯ヶ崎を望む海岸に、地元住民によって記念碑が立てられたのである。

現在、国道沿いの駐車場からその海岸まで、遊歩道が整備されている。グーグルマップを見ると、直線距離で約九〇〇メートル。地元では散歩するひともいるというので、軽い気持ちで足を踏み入れたら、たちまち後悔に襲われた。

遊歩道とは名ばかりの本格的な山道で、海岸へ下ったかと思いきや、つぎはひたすら上り道と、アップダウンが激しく、あっという間に汗が吹き出し、息も絶え絶えになった。とはいえ、タクシーを待たせているため、途中であまり休憩もしていられない。そんな筆者をあざ笑うかのように、野生の鹿が白い尻を見せつけながら、悠々と眼前を横切っていく――。

艱難辛苦のすえ、目的の海岸にたどりつくと、そこにあったのは崩れかかった土台のみ。上部の記念碑は、一九五九年の伊勢湾台風で流失してしまったのだ。ふらふらになりながら写真を撮り、すぐに引き返す。ただの山道ならば下りで楽なのだが、ここはアップダウンがあったため、帰りもたいへん難儀した。まるで遭難者のような風体で戻ってきた筆者を見て、タクシーの運転手がギョッとしたのはいうまでもない。

戦前の記念碑は、戦前の健脚を前提としている。ふだん一日あたり二〇〇歩ぐらいしか歩かない人間には（iPhoneのヘルスケア情報）、その訪問はえてして苦難の行軍とならざるをえない。筆者はその瞬間、戦前の過酷さに思いをいたし、ツイッターに蝟集するネット左翼のだれよりも、戦前回帰の断固たる反対者となるのである。

その点、身体に優しいのが意外にも全国の護国神社だ。城跡に鎮座していることが多く高所にあるものの、たいてい拝殿前まで自動車道が引かれている。理由は、戦後、高齢となった戦友や遺族の便を図ったため。難所ばかりめぐっていると、バリアフリーに配慮された護国神社への好感度がとても高くなる。

記念碑や銅像めぐりには、それゆえ、タクシーを積極的に使うべきである。ただでさえ少ない体力は、どうしても避けられない階段の昇降にのみ投入しなければならない。

ここでの鉄則は、とにかくケチらないことだ。ローカル線を乗り継いで、できるだけ目標に近づいたところでタクシーを拾う――。そんな考えは大都市でのみ成り立つのであって、地方では無人駅で呆然とするはめになる。少し離れていても、はじめから特急の停車する主要駅からタクシーで移動したほうが、結局のところ時間の無駄は少ない。

また、珍しい記念碑ほど、人しれぬ山奥にポツンとたたずんでいるものだ。そこでも、写真をゆっくり撮りたいからといって、絶対に、タクシーを途中で帰してはならない。携帯電話が通じなければ、野生動物に怯えながら数キロの道のりを歩いて帰らなければならなくなるし、突然の悪天候でタクシーが来てくれないことだってある［★2］。

こういうとき、長距離の乗車はなにかと融通が利く。タクシーの運転手にとっても利益があるので、砂利道の走破や目的地付近での待機にも快く応じてくれる。

そしてなによりタクシーを長時間借りれば、絶好の取材源にもなる。地方の運転手は多くの場合、地元の情報にとても詳しい。

和歌山県の紀伊勝浦駅でつかまえたタクシーの運転手のことは、いまでも忘れられない。だれも知らないような神武天皇の記念碑をたちどころに特定しただけではない。道すがら、この建物の持ち主は外国人と結婚して現在海外に住んでいて――と、訊いてもいないのに、貴重な情報をどんどん教えてくれた。

さらに、隣の新宮市出身の作家、中上健次とも飲んだことがあると言い出したかと思いきや、こんどは自分の名字が『鬼滅の刃』のキャラクターと同じだといきなりサブカルチャーに話が飛ぶ。まさに生き字引。もう完全にシャッポを脱ぐほかなかった。

京都市内では、芸能人御用達を自称する運転手に出くわした。大河ドラマの役作りをするためのお忍び旅行に付き添って、観光案内をしているのだという。いま、あなたが座っている席には、このまえ誰々が座っていて――と、こちらはこちらで、個人情報がこんこんと湧き出てくる。

★1　辻田真佐憲「令和元年に再建された『最新の神武天皇記念碑』を見に行った」、「文藝春秋digital」、二〇二〇年一〇月三〇日。URL= https://bungeishunju.com/n/n13abb7354689

★2　埼玉県の飯能市でもタクシーがきてくれなかったことがある。下記の番組参照。「【取材回】国威発揚を歩く（埼玉篇）『天皇は反日』の迷言を生んだ高麗神社から『80余顧の礼』に折れた東郷平八郎の像が立つ秩父御嶽神社まで」。URL= https://shirasu.io/t/tsujita/c/beobachter/p/20220319

せっかくなので、筆者も予定を変更しておすすめのコースを回ってもらった。ところどころ近代史の情報が間違っていたので、さきほどのアピールも話半分で聞かなければならないと思ったが、その話術には引き込まれた。多くの観光客にとって、歴史とはそれくらい緩いものなのだろう［★3］。

しかし、最近でもっとも印象深かったのは、昨年一〇月、ドイツにでかけたときのことだ。

ドイツ北西部、ノルトライン＝ヴェストファーレン州のパーダーボルン。人口一五万人ほど、日本で言えば静岡県富士宮市、山形県鶴岡市よりほんの少しだけ大きいぐらいのこの地方都市の中央駅前で、退屈そうに居眠りしながら待機していた高齢の運転手をコンコンとノックして起こし、いつものようにチャーターを持ちかけた。高額の客に気をよくしたのか、運転手は後部座席ではなく助手席に座れと言いながら、いろいろと観光案内をしてくれた［★4］。

おかげで予定どおり取材できたのだが、問題はその帰りだった。ICE（ドイツを中心に運行されている高速鉄道）の時間がギリギリになったので、アウトバーンを飛ばしてもらったところ、突如、前の車が減速。危うくぶつかりそうになった。人生初の煽り運転被害だ。

やれやれと思うもつかの間、それまで穏やかだった運転手は、ここで鬼の形相に。そして悪態をつきながら追い抜こうとするも、相手は相手で、左右に動いて阻もうとする。それが何度も繰り返される。まるでカーチェイス。ようやく横に並んだかと思うと、こんどはお互い、中指を立てながら罵り合う。さらにこちらの運転手は、相手の顔を撮ろうとスマホまで操りはじめる。

運転席を覗き込むと、時速は一〇〇キロ超え――少しでもハンドル操作を誤るとお陀仏なのに、片手でよそ見運転。生きた心地がしなかったが、どこか映画のようで、恐怖を飛び越えて、途中から笑いがこみ上げてきた。

幸い、事故もなく、なんとか乗車時間にも間に合った。チップを除いて、総額三〇〇ユーロ。そんな金額が気にならないほど、たいへんに刺激的なタクシー体験となった。

運転免許をとってレンタカーを借りればいい？　なるほど、そういう考えもあるだろう。だが、筆者も齢四〇になんなんとして、いまさら方針を変える気はない。むしろさらなるタクシー体験を究めて、取材のネタとしていく所存である。

それにしてもなぜ、筆者は記念碑や銅像に惹かれるのか。中学生以来のミリタリー趣味といえばそれまでだが、安価で触れられる「一次資料」というのも大きかった。

ミリタリー趣味はとにかく金がかかる。軍人の経歴一覧や、師団や連隊の資料を揃えようとすると、あっという間に数万円が溶けてしまう。もっとも危険なのが軍服で、安価な勲章に手を出したらそれが運の尽き。別の勲章、さらに別の勲章となり、それにふさわしい軍服を求め、軍帽、軍靴――とドツボにハマっていく。だが、これは中学生の資力では不可能だった。

その点、筆者が当時集めていた軍歌のCDは、音源こそ当時の録音だけれども、複製物だから二〇曲入りで、二五〇〇円や三〇〇〇円で買えてしまう。それだから、とても手を出しやすかった。

記念碑や銅像も同じだった。かかるのはせいぜい旅費ぐらい。にもかかわらず、目の前にあるのは戦前のものなのである。

　そのころは大阪府南部に住んでいたので、建国記念の日には、近鉄南大阪線を使って、神武天皇陵や橿原神宮を訪ねてみた。すると、駐車場に黒塗りの街宣車が大量にとまり、戦闘服姿の右翼が境内で行進しているではないか。そして遠くで鳴り響くのは、君が代や軍歌――。そのあいだを、勅使がしずしずと本殿へと向かっていく。初詣の賑々しさとはまったく違う異様な光景に、胸が躍った。

　もちろん、記念碑や銅像はかならずしも当時のままではない。場所が移動していたり、文字が書き換えられていたりする。建国記念の日の光景も同じだ。それでもそこからは、なにかアウラのようなものが感じられたのである。

　では、経費を少なからず投入できる今日、なおも記念碑や銅像を訪ねるのはなにゆえか。それは、歴史の細分化を乗り越えるためである。

　学問の専門分化が進む昨今、歴史はとりわけ細分化が著しく、他分野からの介入を忌み嫌う。ツイッターでは、暇な大学人が一般人向けの新書のあら探しをして悦に入っているのをしばしば見かける。こういうこともあり、文献にもとづくだけでは、年々、大きな物語を語りにくくなっている。

　しかし、史跡を訪ねて、そこで考えたことを述べることにならほとんど邪魔は入らない。筆者のようなフリーランスは、講義などで時間を拘束されることもなく、ほぼ一年中、好きなときに、好きな場所へ行けるのだから、この利点を活用しない手はない。

　平壌で万寿台大記念碑を見て、延安郊外で習近平が下放された窰洞《ヤオトン》に入り、ロンドンでマルクスの墓に参り、ドイツ・オーストリア国境でヒトラーの生家を探る。そんな人間はあまりいないだろう。

　ときなるかな、コロナ禍も多くの地域でようやく終わりを迎えつつある。いよいよ世界にふたたび打って出るときがやってきた。

　コロナ禍においては、GoToトラベル、全国旅行支援をずいぶん使った。そして集中的に旅をすると、固有名詞に血肉の通うのが実感できる。それまで記号にすぎなかった地名が、その大地を踏み、空気を吸い、日光を浴び、地のものを食べることで、五感に結びついて、脳裏に刻み込まれるのである。

　このような取材を世界に広げれば、国威発揚の国際比較もより実感をもって行えるだろう。

　神武天皇は、明治天皇のモデルとなる軍事指導者として、近代になって「再発見」された。それは、ヨーロッパで、ローマ人に抗った部族の指導者たちがナショナリズムの時代にかつて外敵を払った英雄として

★3　京都取材については、下記の番組を参照。「【取材回】国威発揚を歩く（京都篇）　肉弾三勇士の墓から解脱金剛塔まで＋愛国メディア欠席裁判」。URL=https://shirasu.io/t/tsujita/c/beobachter/p/20210628

★4　この取材成果は下記を参照。辻田真佐憲「煽情の考古学　第十二回　ヒムラーの聖杯城を訪ねる」、『文學界』二〇二三年一月号、文藝春秋、二六六－二六九頁。

「再発見」されたこととよく似ている。

『ガリア戦記』でカエサルと激闘を繰り広げた、フランスのウェルキンゲトリクス。トイトブルク森の戦いでローマ軍団を撃滅し、アウグストゥスを悲嘆に暮れさせた、ドイツのアルミニウス(ヘルマン)。かれらがまさにそうだ。そしてその銅像も、神武天皇像とほぼ同時代に立てられているのである。こうした分析はほとんど未開の沃野として、いま、われわれの目の前に広がっている。

今年はとりあえず、インドにはかならず行くつもりだ。インドには、世界最大の像――「統一の像」が屹立している。いずれイタリアでムッソリーニの墓に参り、サンマリノでヨーロッパ初の公式神社を訪ね、ルーマニアでチャウシェスクの国民の館を探り、セネガルで北朝鮮のつくったアフリカ・ルネサンスの像を仰がねばならない。ロシアやウクライナの戦争記念碑もいずれ調査の対象となるだろう。

筆者は冒頭、記念碑や銅像のため高所にのぼってきた体験を、いささか苦々しく思い起こした。にもかかわらず、なおもこうして新しいものを求めている。仕事のため? それだけではあるまい。結局のところ、階段の昇降も含めて、記念碑や銅像めぐりを楽しんでいるのだ。

われながら、好事家とは度しがたい。馬鹿と煙と国威発揚は高いところが好き――。遺憾ながら、ここには筆者自身も付け加えなければならないだろう。ただしその高みは、細分化したムラ社会の淀んだ空気から解放される場所でもあるはずだ。その山登り体験を文字化していくのが、歴史学者ならぬ歴史家としての、筆者の今後の課題である。

genron 14
2023
March

浦沢直樹、長崎尚志『BILLY BAT (13)』、モーニングKC、講談社、49頁

座談会

「さあ、描けよ」
ロック、マンガ、テーマパーク

浦沢直樹 ＋ さやわか ＋ 東浩紀

Naoki Urasawa + Sayawaka + Hiroki Azuma

東浩紀　漫画家の浦沢直樹さんをお迎えし、さやわかさんとともにお話を伺います。お話に先立ち、一曲演奏をしていただきました［★1］。作詞・作曲もご自身でされているとのことですが、どのような作り方をされているのでしょう。

浦沢直樹　演奏したのは「僕の姉さんUFOにさらわれて」という曲です［★2］。戦争の歌を選びました。書いたのは一〇年前近く前ですが、またしてもこんな歌詞が有効な時代が来たのか、と感じます。

もともとはたんに「僕の姉さんUFOにさらわれて」というフレーズから発想した曲です。姉さんがUFOにさらわれて、美人になって戻ってきて幸せになった、と言っている馬鹿な弟の話。でもそうすると、お父さんやお母さんは何をしているのかな、と気になって二番ができる。三番は、お兄ちゃんはどうしたんだろうと膨らんでいく。そうやって連想して、なぜか戦争の歌になってしまった。

東　短編漫画の描き方のようですね。

浦沢　そうです。漫画もほんとうは、ストーリーを考えずに絵だけ描いているときがいちばん楽しい。けれどもそれだけではひとに見せることができない。だから物語をつくる。曲もいっしょで、ギターをジャーンとやっていい曲だと思って録音して……とやっているだけでは人前で演奏できないので、懸命に歌詞を考える。

東　漫画は最初に絵が浮かび、そこに物語をつけていく。同じプロセスで曲もつくっている。

浦沢　今日は漫画と音楽について、じっくりお話ししようと思います。

漫画家の原点

さやわか　浦沢さんは一九六〇年の生まれで、最初に長編を描き上げたのは小学生のころだそうですね。『太古の山脈』という作品で、小学館刊行のロングインタビュー『浦沢直樹描いて描いて描きまくる』（二〇一六年）にタイトル部分が掲載されています［図1］。

浦沢　その本に載せたのは、じつは小学三年生のときに描いたリメイク版です。最初は七歳のときに描いています。大富豪の息子が家出して、途中で山のなかの巨大な穴に落っこちる、という話でした。すると地中に鉱山があり、悪い軍団が地上からさらってきたひとを奴隷にして資源を採掘している。主人公も奴隷にされるけれど、最後には親玉と決闘し、刺し違えて終わります。いろいろあって、最後、警官が雨のなか自転車に乗って帰っていく。

さやわか　小学生らしからぬストーリーですが、参考にしたものがあったのですか。

浦沢　フランス映画だと思います。淀川長治さんの日曜洋画劇場で観たのだと思いますが、『恐怖の報酬』や『穴』に衝撃を受けました［★3］。

さやわか　小学四年生のときには『巨人の星』のアニメ（一九六八－七一年）を漫画に起こしてもいます。

浦沢　当時はビデオがなかったので、画面を凝視して頭に入れ、見終わった瞬間に描いていた。花形満が大リーグボール一号を打つシーンはいまでも描けます。安彦良和さんとお話ししたときに、その場で描いて見せたら「スウィングの最初と最後はわかるんだけどまんなかがおかしい」とダメ出しをされました。でもそれは、アニメーターの荒木伸吾さんがそもそもそういう作画をしているからなんですよ（笑）。それが再現できるくらい記憶していた。

東　水島新司さんタッチの漫画も載っています［図2］。こちらは模写ですか。

浦沢　水島さんの漫画を読んで、その直後の気持ちのまま描いたものです。だからそれも模写ではなく自分の絵です。

水島さんが登場するまでの野球漫画は、バットを構えたら、つぎのコマでは振り切ったあとになっていました。けれども水島さんは、振っている最中の、バットがボールにインパクトする瞬間を描いた。これはなかなか描けるものではありません。ヨーロッパの中世の絵画では、馬は四肢が伸びた状態で描かれています。写真の発明によってはじめて、片足ずつのギャロップが描かれるようになった。水島さんは同じことをしている。そういう表現に触れたのが、ぼくの漫画家としての原点でした。

一九七二年をめぐって

さやわか　絵に対するこだわりに加えて、社会的なメッセージが盛り込まれているのも浦沢さんの作品の特徴です。浦沢さんが漫画を描き始めた六〇年代から七〇年代は、反戦運動の時代でもありました。どれほど意識されていましたか。

浦沢　当時は子どもですから、政治を強く意識していたわけではありません。たとえば一九六九年に新宿西口フォークゲリラがありましたが、みんな集まってわーわーやっているな、というだけの感覚でした。それでも、毎日ベトナム戦争と学生運動のニュースだったことは覚えています。いまウクライ

★1　イベント当日には冒頭で浦沢による演奏が行われた。その模様はゲンロンのYouTubeチャンネルで視聴できる。URL=https://www.youtube.com/watch?v=395TOSV3_vQ

★2　アルバム『漫音』（二〇一六年）収録。「僕の姉さんUFOにさらわれて」の三番の歌詞では、兵隊に取られた「兄さん」が戦場の真ん中で不意に立ち上がり、戦争を一瞬止める様子が歌われる。

★3　『恐怖の報酬』は、アンリ＝ジョルジュ・クルーゾー監督による一九五三年のサスペンス映画。南米の奥地でニトログリセリンをトラック輸送するという危険な任務を請け負った四人の移民を描く。『穴』は、ジャック・ベッケル監督による一九六〇年の映画。パリ・サンテ刑務所の囚人たちの脱獄計画とその失敗が描かれる。

ナ侵攻と旧統一教会のことをずっとやっているのと似ているかもしれません。

さやわか　最初の音楽体験はビートルズですか。

浦沢　ビートルズ来日が六歳、解散が一〇歳のときです。彼らが来日したとき、すごいことが起きているのは小学生なりにわかっていました。他方、当時ビートルズ並みの人気だったのが、クリーデンス・クリアウォーター・リバイバルです。彼らの"Have You Ever Seen the Rain"（一九七〇年）はベトナム戦争のナパーム弾を指して「雨を見たかい?」と歌う曲ですが、むろん当時は政治性はわかっていませんでした。

さやわか　音楽や漫画の政治性を意識するようになったのはいつでしょう。インタビューには、中学生で手塚治虫の『火の鳥』（一九五四-八八年）を読んだと書かれています。それが関係していますか。

浦沢　大いに関係があります。『火の鳥』については、作品がすごいのはもちろん、こういうことをやる手塚先生がすごいと思った。同じ年に自分で音楽を始めたのも大きい。ロックをやると政治にも関心が出てくる。ぼくがボブ・ディランを理解できたのは、『火の鳥』に出会った翌年の七四年のことです。

さやわか　ボブ・ディランが反戦的な曲を歌っていたのは六〇年代半ばです。かなりタイムラグがあったのですね。

浦沢　七二年が重要だったんです。吉田拓郎さんのブームがあって、『元気です。』というアルバムが一四週連続で一位になった。拓郎さんは「和製ボブ・ディラン」と呼ばれていたし、本人もディラン好きを公言していた。それで一二歳の浦沢直樹は、ディランを理解しないといけないと思ったわけです（笑）。

坪内祐三さんにずばり『一九七二』（二〇〇三年）という本が

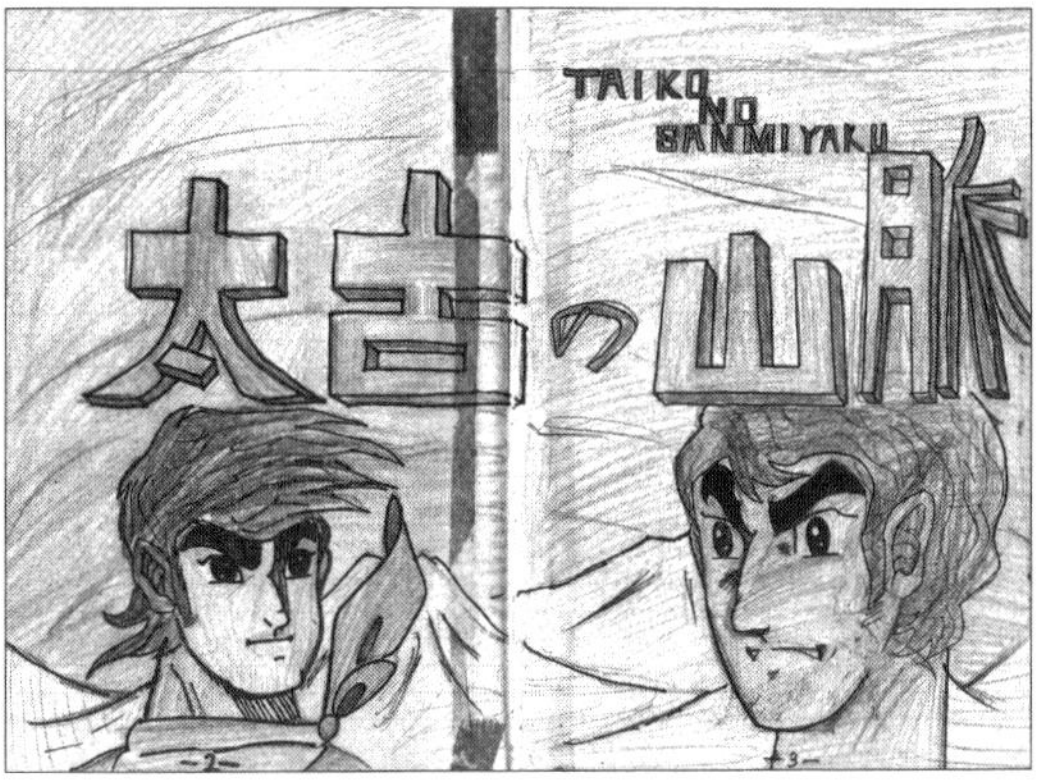

図1　浦沢直樹『浦沢直樹 描いて描いて描きまくる』、小学館、2016年、34頁より

図2　同書、27頁より

あります。ぼくにとってもひっかかりがある時期でしたが、坪内さんの本を読んで確信を持ちました。まず六九年にアポロ11号の月面着陸があった。同じ年にアメリカではウッドストックフェスティバルが開催され、ロックの爆発が起きた。日本でも学生運動が起きた。七〇年になると、大阪万博があって、ビートルズとサイモン&ガーファンクルが解散する。テレビではずっとベトナム戦争です。

そして七一年に連合赤軍事件が始まり、翌年二月にはあさま山荘事件にいたる。この年にはさまざまな事件が集約されています。意外と重要なのはロックアーティストの来日です。レッド・ツェッペリン、クリーデンス・クリアウォーター・リバイバル、ピンク・フロイドと、続々と日本に来た。そのなかの一組だったT・レックスは、東芝EMIのスタジオを借りて、日本で新曲をレコーディングをしている。それが"20th Century Boy"。

東　『20世紀少年』（一九九九－二〇〇七年。続編含む）の曲は日本で収録されていたんですね。

浦沢　そうです。六八年から七四年くらいの数年間で、ぼくの人生を変える多くのことが起きた。漫画にとっても『ビッグコミック』の創刊という事件がありました。この時代は青年漫画雑誌が生まれた時代でもある。

さやわか　村上知彦さんのような漫画評論家もこの時期に現れてきます。

浦沢　手塚先生の『新宝島』が出たのは終戦直後で、手塚先生に憧れた藤子不二雄両先生や石ノ森章太郎先生たちがトキワ荘に集まり、そこから戦後漫画が始まります。六五年前後には漫画はすでにかなり成熟していて、『ガロ』や『COM』が現れていた。その読者をぜんぶ持っていくぞという意気込みでつくられたのが『ビッグコミック』です。子どものものとして始まった漫画が成長して、大人の文化になった。当時は『週刊少年マガジン』もいまに比べて大人っぽく、「ヒッピー俳人　山頭火」なんていう連載があったくらいです。

だからぼくは逆に、七四年に手塚先生が「三つ目がとおる」で『マガジン』に復帰したとき、首を傾げました。手塚先生の作品だけでなく、全体が子どもっぽくなっていると感じた。あとから見れば、それが、あさま山荘事件をピークに学生運動が冷えていった時期と重なることがわかります。並行して大人漫画のムーブメントも冷えていった。七〇年代後半には『コロコロコミック』が創刊され、漫画がふたたび子どもを主なターゲットにするようになっていく。

ぼくはそれについていけなくて、いちどは漫画をやめようと思ったくらいです。だからいまだに少年誌では描いていない。

さやわか　貴重な証言ですね。少女漫画はどう見ていましたか。

浦沢　陸奥A子さんや小椋冬美さん、吉田まゆみさんはハマりました。ほかに読んでいたのは『マンガ奇想天外』と『コミックアゲイン』。『コミックアゲイン』の表紙は「COMIC」の「COM」が強調されていて、要は『COM』をもう一度やろうという動きでした。そういう潮流を追いかけつつ、メジャーな漫画が子ども向けに流れていくのを、どうにかならないかと眺めていた。

そんなとき、七九年くらいかな、ある新人の作品に出会った。それが大友克洋です。これがやれるんだったら、もう一回漫画を描こうって思ったんですね。

大友克洋と商業主義――『YAWARA!』

東　浦沢さんは、さきほど紹介したインタビューで、大友のすごいところはリアルなキャラクターで漫画のような演出をしたことだと指摘されています［★4］。『童夢』（一九八〇－八一年）には老人がコンクリートに叩きつけられる有名な場面がありますが、たしかに本当のリアリズムだったら老人は潰れるだけです。コンクリートが丸く凹むことは漫画でしかありえない。それなのに大友さんはリアルな線で描いてしまった。

浦沢　そうですね。でもあの絵は単行本化にあたり描き加えたもので、ぼくにとっては雑誌連載一話目の「そーだよボクだよ」と浮いている絵がいちばんの衝撃でした。

東　浦沢さんの漫画も同じで、絵そのものはリアルですが、ひとの動きや話の展開はいわれてみればとても漫画的です。批評家として展開すると、これは浦沢さんや大友さんが、大塚英志の言う「まんが・アニメ的リアリズム」とは違うリアリズムを追求しているということだと思います。大塚さんによれば、手塚的なキャラクターは死ぬことがない。そこに吾妻ひでおたちが性の要素を加えたことで、キャラクターがキャラクターでありつつ、リアルな生死も描けるようになったという。それが八〇年代の漫画の進化だというのですが、浦沢さんの漫画は別のベクトルを向いているのではないか。

浦沢　キャラクターの話は当時もよく議論になりました。押井守さんが、『未来少年コナン』のコナンが高いところから飛び降りたとき、漫画的な描写で済まされていることを批判していました［★5］。とにかくあのころは、いかに従来の漫画表現から離れるかが最大の関心事でしたね。

さやわか　まさにその探究が行われているのが、一九八六年に始まり、国民的なベストセラーになった『YAWARA!』（一九八六－九三年）ではないでしょうか。

ここで確認しておきたいのですが、そもそも『YAWARA!』の絵は連載の過程でどんどん変わっています。たとえば主人公の「柔」がライバルの「本阿弥さやか」にはじめて勝つ場面（完全版三巻第八話）は、現実空間をそのまま切り取って絵にしたような、大友克洋的な克明な線で描かれています。

投げの瞬間は引きの視点で描かれ、「ポン」という描き文字で処理されている［図3］。

けれども、作品が進むにつれて段々と効果線が使われるようになります。終盤では人間の動きはほぼ効果線で表現されている。次作の『Ｈａｐｐｙ！』（一九九三－九九年）になると、柔道からテニスに競技が変わったこともあって、さらに直線的な集中線と効果線が増え、眉間のシワまで描写するようになる［図4］。大友的な、ドライな写実性よりも、臨場感のある演出を重視しています。

浦沢　その変化については、連載が続くなかで取材を重ねたことと関係があります。本気でトレーニングするアスリートを何年も見ているうちに、ぼくの描き方では失礼だと感じるようになりました。『ＹＡＷＡＲＡ！』には練習のシーンがあまりない。でも国際大会に出ているような選手はずっと練習をしている。試合時間はほんの数分なのに、そのためにものすごい時間を費やしているんです。そのシーンを描いていない漫画は良いのだろうかと疑問が芽生えた。だけど、ぼくは映画でいえば『アマデウス』を描きたかっ

図3　浦沢直樹『YAWARA!（3）』、ビッグコミックススペシャル、小学館、2014年、140-141頁より

図4　浦沢直樹『Happy!（23）』、ビッグコミックス、小学館、1999年．114頁より

★4　浦沢直樹『浦沢直樹　描いて描いて描きまくる』、小学館、二〇一六年、四二頁。

★5　押井守「前略　宮崎駿様――〈漫画映画〉について」、宮崎駿『風の谷のナウシカ　絵コンテ2』、アニメージュ文庫、一九八四年。

たんですよ［★6］。天才モーツァルトと、それに驚愕するサリエリの対比を描きたかった。柔がモーツァルトです。だから申し訳ないけれど、練習は描かないことで通した。そのときの葛藤の影響があって、描写がリアルなものに変わっていったんだと思います。まあ単純に絵がうまくなっただけってとこもありますが。

さやわか　漫画研究の視点では浦沢さんと大友さんには連続性がありますが、世間的には浦沢さんはエンタメ作家としてのイメージが強いと思います。『YAWARA！』を描くにあたって商業主義への抵抗感はありませんでしたか。

浦沢　そもそも売ろうと思って描いたわけではないんです。じつは当時は、のち『MONSTER』（一九九四-二〇〇一年）に結実するような硬派なミステリーを描きたくて、担当編集と打ち合わせを続けていたんです。ただ、その編集が会うたびに贔屓の野球チームの話しかしない（笑）。それであるとき、ふと「女子柔道漫画でも描きます？」と訊いてみたら、途端に表情が変わった。そこから五分くらいで、「星一徹みたいなおじいちゃんがいて、花形みたいな金持ちのライバルがいて、柔って女の子が主人公で」と、ささっと設定画ができてしまったんです。たしかにこれは売れちゃうなとは思いましたが、そのつもりで企画を練ったわけではない。

だから『YAWARA！』の終盤、一九九三年に小学館の上層部が「つぎの五輪まで四年描いてくれ」と言ってきたときは、絶対に嫌だと断りました。ぼくはつぎのステップに行くんだ、ミステリーを描くんだという思いがあった。ところがそれもまた反対を受けてしまう。それで始まったのが『Happy！』です。ぼくは意識的に、主人公の女の子が風俗に売り飛ばされるシーンを一話目に入れた。ささやかな抵抗です。

東　とはいえ、『YAWARA！』も『Happy！』もプロットはエンターテインメントとしてたいへんよくできていて、「売れる」要素に満ちている。そこらへんの能力はどこで身につけたのでしょう。

浦沢　フランス映画や黒澤映画の一方で、『奥さまは魔女』や『ニューヨーク・パパ』といったテレビコメディに大きな影響を受けているからだと思います。そもそも大友さんもコメディタッチの作家です。

直接の影響としては『YAWARA！』は『奥さまは魔女』ですね。おじいちゃんはサマンサのお母さん。柔の異様な強さは、サマンサが鼻を動かすだけで魔法にかけちゃうのに対応している。柔と新聞記者である「松田」の関係は『ローマの休日』。だから松田はバイクに乗っている。『奥さまは魔女』『ローマの休日』から始まり『アマデウス』にいたる。それが『YAWARA！』の本質です。

さやわか　そう整理されると、先行作品の影響がまっすぐに出ていることがわかります。

浦沢　『ＹＡＷＡＲＡ！』以前はラブコメを描けと言われても拒否していました。けれども、いわゆる「ラブコメ」ではなく、自分が好きな作品の影響下にあるものを描こうと思うことで、拒絶感がなくなりました。

さやわか　プロとして描ける、という気持ちになったということですか。

浦沢　というよりも、ぼくが描くんだから、編集部が要求する「ラブコメ」とは違うものになるとイメージできたということですね。

共通の過去などない――『20世紀少年』

さやわか　もうひとつの代表作、『20世紀少年』に移りたいと思います。この作品は記憶をテーマにしているものとして読むことができます。ある記憶がまちがっているとか、覚えていたひとがまったくの別人とか、そういうひっくり返しがよく出てくる。

浦沢　めずらしく出席した同窓会で知らないやつが親しげに話しかけてきたことがありました。誰なんだろうと思いながらも話を合わせていたんですが、そいつがいなくなったあと、ガキ大将だった友人がそばに寄って来て「あいつ、だれ？」と言うんです。背筋がぞっとしました。『20世紀少年』のもとになったのはこの出来事です。

人間の記憶はすごく曖昧で、平気でまちがったことを覚えているし、訂正しても絶対に譲らないひとも多い。とくに嫌なのが「昔はよかった」という発言です。たとえば「昔のほうが空気が良かった」というのは大まちがいで、ぼくが子どものころの東京の空気の悪さは世界一でした。千葉の海に行こうと隅田川を越えるとき、窓を閉めないと臭くて我慢できなかった。そのくらい大気汚染がひどかった。だから『20世紀少年』で、過去を再現したヴァーチャル・リアリティに飛ばされた登場人物の第一声は「空気悪い」にしています。

さやわか　ノスタルジーの対象として思い出されるような、共通の「懐かしい東京」なんて存在しなかったということですね。

東　『20世紀少年』は七〇年代はじめの東京が舞台です。七〇年代は、爆弾テロや公害もあり、世界はこれから破滅に向かうという『ノストラダムスの大予言』がベストセラーになったりと不穏な時代だった。いまの若い読者にはわからないかもしれませんが、八〇年代とは対照的な時代ですね。

浦沢　七〇年代には、すべてが滝に向かって落ちていくような暗い感覚がありました。ところが八〇年代になると、メ

★6　ミロス・フォアマン監督による一九八四年の映画。天才と同時代に生きてしまった音楽家アントニオ・サリエリの視点から、ヴォルフガング・アマデウス・モーツァルトの生涯を描く。

evian

左から東浩紀、さやわか、浦沢直樹

ディアがそういう感覚を笑いで包むようになります。フジテレビの『オレたちひょうきん族』が八一年に始まります。テレビ朝日の「川口浩探検隊」シリーズも似たような時期かな。オカルト的なものを笑うことで、無理やり躁状態を作り出すようになってしまった。

東　『20世紀少年』については、竹熊健太郎さんのように、まさに自分たちの世代感覚を表現した作品だという評価もあります［★7］。そういう評価はどう思われますか。

浦沢　題材に世代的な共通性はあるでしょう。ただ、物事の見え方は、ちょっと視点を変えるだけで大きく変わります。ぼくはあの時代を暗黒のほうから見ていた。たとえば幼稚園に行かなかったので集団になじめず、小学校に上がってからいじめられた時期がありました。ぼくがドブ川に捨てられた自分の帽子を必死に拾おうとしていたとき、ぼくをいじめていた子たちにはまったくちがう風景が見えていたはずです。

さやわか　『20世紀少年』は群像劇で、それぞれまったくちがう少年時代の記憶を持っていますね。みなが希望に満ちた未来を見ていたわけではなく、仲間たちですらぜんぜんちがったことを考えていた。そのすれちがいがテーマになっている。

浦沢　そうです。登場人物の「ケンヂ」や「オッチョ」、「ヨシツネ」や「ドンキー」といった少年たちは、みんなちがう角度から世界を見ている。ぼく自身はケンヂではなく、むしろオッチョやドンキーに似ています。過去の記憶について「ぼくらのもの」と考えるのは危険なんです。

東　別の角度から質問します。浦沢さんの世代は、東京五輪から万博、学生運動、先ほど話されていた七二年と、変化に富んだ時代を多感な時期に過ごされています。それは同時にサブカルチャーの勃興期でもある。くわえて、二〇代後半から三〇代にかけてはバブルもあり、『YAWARA!』にも描かれている。かなり特殊な経験をした世代ですが、だからこそ描ける物語があるとお考えでしょうか。

浦沢　あると思います。一九七二年が特別な年だというのも、そういう世代経験に基づく話です。ただ、ぼくは万博からバブルまで、自分自身は乗っかってはいないんです。『YAWARA!』にしても、バブルに躍るひとたちに対して批判的な描き方をしたつもりです。ぼくは月に六回の締切をかかえて部屋に引きこもっていたので、世間の狂騒をまったく経験していない。彼らはなにをやっているのだろうと冷静にみていました。逆に乗っかったひとなら、乗っかったひとの描き方があるのかもしれません。

ボブ・ディランは八〇年代になって、よせばいいのに“We Are the World”に参加してしまう［★8］。そのとき大サビでみな整列して揺れながら熱唱しているなかで、ひとりだけ皆に押されて仕方なく揺れちゃってるディラン。あの感じがすごくよくわかる。ぼくはそんなディランが大好きなんですね。

東　その比較はおもしろいですね。ディランも浦沢さんも、遠目からみたら“We Are the World”を熱唱しているようにみえる。でもよく見ると、あいだに挟まれていただけなのだと。

浦沢　ディランはプロテストソングのイメージが強いひとです。けれども“Like a Rolling Stone”（一九六五年）の歌詞をよく聞いてみると、彼は「転がる石みたいになって、どんな感じだ？」と問いかけ、思考を促しているだけなんです。“Blowin' in the Wind”（一九六三年）も、どれだけ議論をしても結局「答えは風に舞っている」という曲で、全然プロテストじゃない。

『20世紀少年』で、悪の組織である「ともだち」の巨大ロボットに立ち向かう直前、リーダーのケンヂが「自分の命が危ないと思ったら……一目散に、逃げてくれ」というでしょう。あれこそ、ぼくがいちばん言いたいことなんです。政治がどうこういう上の立場のひとたちは、かならず下に「突撃しろ」「戦え」と言う。でも、あのひとたちのために立ち上がったり戦ったりするなんて、絶対にいやです。ぼくの政治信条はそれだけです。

東　すばらしい。おれが正義だからみんな戦えという話ではない。

さやわか　逆に悪の側である「ともだち」も、作品内では妙に無内容な集団として描かれています。教団と言われているけれど、教義もイデオロギーもよくわからない。最近では旧統一教会騒動を予見したとも言われていますが、どんな社会や国家を目指しているかは描かれていない。

東　ふつう『20世紀少年』ほどの大きな話になると、どうしても政治的な主張が入ってしまう。それが慎重に避けられているところに「ともだち」の不気味さがあるし、浦沢さんの立場も現れていると感じます。

浦沢　そのことは自分でも多分に意識していました。イデオロギーは言えば言うだけ薄っぺらになっていきますし、リアリティもなくなる。たとえば、いまのロシアはなぜ維持できているのか。ぜんぜんわからないですよね。おそらく中心はイデオロギーじゃない。プーチンの仲良し集団でやっているらしいですが、そのことのほうが重要なんじゃないか。ヒトラーにしても、たまたま美術学校の試験に落ちて、たまたま政治団体に拾われたのが起点になっている。イデオロギー以

★7　竹熊健太郎は『20世紀少年』の副読本のあとがきで、同作を「同じ時代を共有した、現在40歳代後半の人たち全員の自画像なのである」と評している。竹熊健太郎、20世紀少年探偵団著、浦沢直樹監修『20世紀少年探偵団』、小学館、二〇〇八年、二七三頁。

★8　一九八五年に、著名なアーティストたちがアフリカの貧困と飢餓の解消を訴えるため集ったプロジェクトUSA for Africaによってリリースされたチャリティーソング。現在は公式動画がYouTubeで視聴できる。URL=https://www.youtube.com/watch?v=9AjkUyX0rVw

前に、そういう小さな掛け違いの連続があり、そちらこそが歴史を動かしているのではないか。だから『20世紀少年』は、駄菓子屋でのクジが当たるともらえるバッヂの万引きからすべてが起こるという物語になっているんです。

切なさと希望——『BILLY BAT』

東　続いて『BILLY BAT』（二〇〇八－一六年）についても伺いたいと思います。『YAWARA!』が八〇年代から九〇年代にかけて、『20世紀少年』が九〇年代から二〇〇〇年代にかけて描かれたのに対して、『BILLY BAT』は二〇〇〇年代から一〇年代にかけて描かれました。『20世紀少年』では「歌うこと」が物語を進める重要な鍵になっていますが、『BILLY BAT』では今度は「漫画を描くこと」が同じ役割を果たしています。両作は創作の力を主題とする双子のような作品です。

まずはテーマパークというモチーフについてお尋ねします。じつは両作ではともにテーマパークが大きな役割を果たしています。『BILLY BAT』の最終部では、ディズニーランドならぬ「ビリーランド」なるテーマパークが出てきて、外側は紛争だらけで荒れ地になっているのに、ビリーランドのなかだけは平和だというグロテスクな設定が導入されています。

他方『20世紀少年』にも「ともだちランド」が登場し、後半では「ともだち」の支配によってそもそも東京全体が昭和三〇年代を再現したテーマパークに変えられてしまっているという、これまたかなりグロテスクな世界が描かれている。さらにヴァーチャル・リアリティとなった昭和世界も登場します。テーマパークのモチーフが繰り返し登場するのですが、この関心には理由があるのでしょうか。

浦沢直樹『20世紀少年（1）』（ビッグコミックス、小学館）

浦沢　テーマパークってハリボテですよね。外側だけ立派でも、すこし裏にまわるとダクトや関係者通路が見える。ぼくはあれがすごく気持ち悪い。

さやわか　とはいえ、ハリボテを全否定しているわけでもない。

浦沢　はい。たとえば遊園地でパレードが行われるとき、「いまからパレードが始まるよ！」とみんながわーっと集まって、一瞬の夢を見る。その切なさはとても大事です。ぼくが舞台としてテーマパークを使うときは、そういう刹那的なときめきとその裏にあるヤバさの両方への視点を入れているつもりです。

東　そういえば『20世紀少年』は両義的な終わり方でした。物語をすなおに読めば、年をとったケンヂが少年時代のケンヂに再会し、かつての過ちを正して大団円と読めるのだけど、実際はすべてハリボテのなか。過去の自分にメッセージが届いているわけではないので、自分で自分を納得させているにすぎない。

浦沢　そうなんですよ。あの終わり方は切ないですよね。ヴァーチャル・リアリティは現在の人間が作っているわけで、実際はいまの自分しかいない。「いろいろ大変なことがあるけどこれから頑張れ」と話しているけれど、相手は中年の自分が想像した少年時代の自分にすぎない。

東　浦沢さんはその状況を「切ない」と捉える。そこがちがいなのかもしれない。ぼくはそれが自己満足に見えます。

浦沢　自己満足ほど切ないものはないですよ（笑）。

東　なるほど。テーマパークのモチーフは、切なさと自己満足の象徴として導入されているんですね。

さやわか　いまお話を伺っていて思ったのですが、浦沢さんがおっしゃる「ハリボテのなかの切なさ」は、明るい空気によって暗い気持ちを隠していたという八〇年代的な感性に通じるのではないでしょうか。

浦沢　そうだと思います。山下達郎さんの「クリスマス・イブ」（一九八三年）に、「きっと君はこない」という歌詞がありますよね。毎年のように流れるからみんな気づいていないけれど、「君はこない」んだから、あんなに暗い歌はないんです。

あるいはこれは七〇年代だけど、ユーミン（荒井由美、現松任谷由美）の「海を見ていた午後」という曲（一九七四年）には、ソーダの泡が恋のように消えるという比喩が出てきます。比喩としては逆なんです。恋がソーダの泡のように消える、ではない。つまり、ユーミンにとって恋は、ソーダの泡以上に、はかなく消えていくものなんですよ。山下さんやユーミンのようなヒットメーカーに通底する、そういった悲観主義をもういちど考えなおしたほうがいい。

それはもしかすると、九〇年代以降に日本から消えた文化かもしれないですね。九〇年代のヒット曲を聞くと、負けないで頑張ればなんとかなるから大丈夫、みたいな歌詞が多い。「本気か」と思います。歌はもっとどす黒くて、ドロッとしたものであるべきなんじゃないか。

東　明るさと切なさの両義性は、『20世紀少年』と『BILLY BAT』での創作の位置付けに関係していそうです。

浦沢直樹、長崎尚志『BILLY BAT（1）』（モーニング KC、講談社）

二作とも芸術が世界を救う物語かといえば、けっしてそうではありません。『20世紀少年』のクライマックスで、ケンヂは歌わない。『BILLY BAT』は、漫画家を預言者に見立て、「漫画を描くこと」で地球を救おうとするひとたちの物語ですが、そこでも結局は世界は救われない。ただ物語の最後で、漫画家＝預言者の系譜がひとりの少年に繋がり、もしかしたら彼が救世主になるかもしれない、と匂わされるだけです。

ちなみに『BILLY BAT』は最後の場面がたいへんすばらしいと思います。近未来の荒廃した世界で、敵国の兵士ふたりが向かい合う。双方が武器を構えて地雷を踏んで動けなくなった状況で、両方が軍服の下に、たまたまビリー・バットという同じマンガキャラクターが描かれたTシャツを着ていたことに気づく。そこで出てくる「今俺たちは……同じユニフォームだ」というセリフはじつに感動的で、いまの世界情勢にも繋がっている。むろん同じTシャツだからといって戦争が終わるわけでもないので、漫画なんて無力といえば無力です。けれどもかすかな希望がある。

浦沢　ありがとうございます。作家はそういった希望を信じて描くしかないんです。世界は真っ暗闇だけど、一縷の光が薄っすらと見えて、それだけを頼りに生きていく。希望と切なさは対なんです。

手と時代の共振

さやわか　もうひとつ質問させてください。『BILLY BAT』では、ビリー・バットというコウモリのキャラクターが神のような存在として登場します。漫画家のなかには、そんなビリー・バットの声が聞こえるひとがいて、彼らは歴史を予知できるという設定になっている。

けれども浦沢さんは、同時に偽物のビリーに騙されるひとや、あえて偽物を描くひとたちも描いています。その結果、本物のビリーと偽物のビリーの戦いが物語の軸になるのですが、なぜ偽物の漫画家たちを登場させたのでしょう。浦沢さんが描く希望の物語にとって、偽の作家は必要だったのでしょうか。

浦沢　どうでしょう。必要性がどうこうというよりも、群像を設定して物語を動かしたときに、いろいろ思いがけない偶然が重なり、結果として偽物の作家たちも出てきたという感じだと思います。そこに作為は入らない。登場人物どうしがやりあった結果に、ぼく自身がびっくりしたりもする。それは音楽でいうとライブに近い感覚です。

さやわか　といいますと？

浦沢　『20世紀少年』に「ケンヂの歌」というのがあります。あれはいまでは作品の主題歌みたいになってますが、もともととは歌詞まで登場させるつもりはなかった。それがなぜ生まれたかというと、第八巻のクライマックスで「二〇〇〇年血の大晦日」にふたつの巨大ロボットが向かい合う場面があります［図5］。ほんとうはあのあとは戦闘で新宿の高層ビルが倒壊する予定だった。それが原稿を描き終わってテレビを見ていたら、なんとニューヨークのビルに飛行機が突っ込んでいる。

東　ええっ！

浦沢　まさにライブ（生中継）ですね。これは来週は高層ビルが倒壊するようなシーンは描けない、どうしようとなった。それで自宅のまわりを散歩していたら、急にメロディーと歌詞が降りてきた。すぐ録音して書き留めて、来週はこれで行こうと。だから、あの「ケンヂの歌」は9・11への追悼の歌でもある。

さやわか　浦沢さんの作品は予見的だと言われることがあります。『YAWARA!』のあとに女子柔道ブームが来たり、『20世紀少年』のあとに旧統一教会や元首相の銃撃事件があったりする。9・11ではそこまでダイレクトな共振があった。

図5　浦沢直樹『20世紀少年（8）』、ビッグコミックス、小学館、2002年、40-41頁より

浦沢　ただ、それはライブだから生まれるんです。手を動かしているからこそ時代がこっちにやってくる。頭で予言しているわけじゃない。

そういえば『ゲンロン戦記』（二〇二〇年）をおもしろく読ませてもらいました。東さんの評論も他人にアプローチして動かすところが目標になっている。会社経営を通して哲学が生まれているわけで、手を動かすことは同じだと思いました。考えるだけではだめなんですね。東さんも、ある意味でライブをやっている。

東　ありがとうございます。自分の手が生み出したものが他人に伝わる。自分だけではなにも変えられなくても、受け継いだひとが世界を変えるかもしれない。『BILLY BAT』が描いているのはそのような希望で、自分の試みと近いものを感じていたので、浦沢さんにそうおっしゃっていただけてたいへん光栄です。

さやわか　『BILLY BAT』では漫画

家は預言者の立場にあります。でも、下山事件にしろケネディ暗殺にしろ、予言できたからといって事件を自分のうまい具合にコントロールできるわけではない。むしろトラブルに巻き込まれていく。それは浦沢さんご自身の漫画家としての経験の作品化なのですね。

「さあ、描けよ」

東　最後に、ここまでのお話と、冒頭で話題にのぼった一九七二年の切断との関係について伺わせてください。七〇年代はコミケが誕生した時代でもあります。つまり特定の作家やメディアが先端的にジャンルを導いていくという構造が崩れ始める時代です。世界に目を向ければ、スティーヴ・ジョブズたちがガレージで作ったコンピューターを売り始め、インターネットが一部ユーザーのあいだで使われ始める時代でもある。六〇年代までは国家や社会が大きなまとまりをつくり、全体としてひとつの未来に向かっていた。それを象徴するのが月面着陸や万博です。ところが七〇年代にはその構造自体が音を立てて崩れていく。未来や先端といった「確たる方向」がなくなり、コミュニケーションだけが前景化する時代になる。

　この点でみると、浦沢さんの世代は、社会がひとつの未来を見ていた時代を記憶しながら、同時にバラバラな時代も生きている「橋渡しの世代」に思えます。さきほど『COM』の名前が出ましたが、この雑誌は六七年創刊です。当時はまだ目指すべき漫画の未来があった。

さやわか　たしかに表紙に「まんがエリートのための」と書いてありました。

東　いまでは「まんがエリート」という概念自体がありえない。バラバラに好きな漫画を描いている。浦沢さんは当時の漫画のあり方といまの時代のあり方、どちらがよいと考えますか。

浦沢　むずかしい質問ですが、先端的表現に憧れて未来に向かって進むひとは必要だと思います。ぼくは『火の鳥』の衝撃以来、手塚先生を北極星のようにして歩いてきました。そういう道標は大事です。

東　でもいまは道標をもつのがとてもむずかしい。別の言い方をすればいまは「漫画史」が失われつつあるのだと思います。浦沢さんのアシスタントでもあった研究者の伊藤剛さんに、『テヅカ・イズ・デッド』（二〇〇五年）という著作があります。手塚治虫中心の漫画史を見なおす内容で、たいへん重要な仕事だと思いますが、いまはむしろ、たとえ手塚中心のものだとしても、もういちど「正史」を語りなおす必要があるのではないか。

さやわか　浦沢さんの作品自体が、東さんの問いへの答えになっているのではないでしょうか。『BILLY BAT』の結末近くに、ビリーが主人公に向かって「さあ、描けよ」と呼びかける場面がある。あの場面はとても感動しました。あれは、漫画家に対して、漫画史をつむげ、「自分たちの歴史を記述せよ」というメッセージを投げかけているんだと思うんです。

浦沢　まさにそのとおりです。手塚先生がいないいま、どうやって若いひとを引っ張っていくかをつねに考えています。NHKで『浦沢直樹の漫勉』［★9］。という番組を続けているのもそれが理由のひとつです。手塚先生はひとりで道標の役割をやってのけた。いまの時代はそれはできないかもしれないけれど、みんなで力を合わせればなんとかなるかもしれない。だからいろんな漫画家さんに出てもらって、描き方を見せていただいている。

あの番組をやっていて不思議なのは、ぼくも含めて、どの先生も「私なんか」「ぼくなんか」と言い訳を入れることです。どうしてだろうと思ったんですが、ある仮説が浮かんだ。漫画家さんは、ほとんどのひとが漫画の教育を受けていません。ぼくも絵の描き方をだれにも習っていません。だから自分のやっていることが正しいのかどうかまったくわからず、心細くてしょうがない。実際、『漫勉』でオファーをすると、一〇人中七人は断る。おそらく大学とかに行くのって、第三者のお墨付きが欲しいからなんじゃないかと思うんですよ。漫画家にはそれがない。

でも、それは同時に漫画の強さでもあります。つまり、漫画家はみなインディペンデントなんです。独立している。アシスタントの給料も自分で払うし、仕事場の家賃も材料費も自腹です。いわゆるスポンサーがいない。だからこそ、ぼくの描いた漫画はすべてぼくのものであって、自由になんでもできる。国を挙げてオリンピックを応援しようというときでも、二〇二〇年の東京が火に包まれている絵を描くことができる。いま連載中の『あさドラ！』（二〇一八年－）第一話の話ですが、その絵を見て古舘伊知郎さんが「すごいね、漫画は」と感嘆していました。オリンピックを前に、あの時、テレビやその他メディアもそんなことはできないからです。ぼくらは完全に自主制作なので、なんでも自由に描ける。

さやわか　正史がない、道標もない、みんながバラバラに描いている、けれどそこにこそ漫画の強みがあるのだと。たいへん勇気が出ました。

そもそも『COM』も同人誌のように作られていました。手塚ほどの作家が、売れないことを覚悟で好き勝手に雑誌を出す。漫画はそういう、いい意味でのマイナー精神を失ってはいけないですね。一九七二年以前から、漫画にはそもそも

★9　『浦沢直樹の漫勉』は、NHK Eテレで二〇一四年から放送されているドキュメンタリー番組。毎回、ゲストの漫画家の仕事場にカメラが密着し、その映像を見ながら浦沢とゲストが対談する形式で、漫画の執筆について掘り下げていく。二〇二〇年より『浦沢直樹の漫勉neo』に改題。

「確たる方向」なんてなかったのかもしれません。

東　それは漫画に限らず、ほんとうは戦後日本全体の強みだったのかもしれませんね。考えてみれば、日本は中小企業が多い国ですし、知識人も大学の外にたくさんいました。ヨーロッパ的な「前衛」の観念が有効だったのは、ごく一部のジャンルのなかでしかない。漫画が国際的に強いのは、いまもそういう自立の精神が生きていて、みなが勝手にやっているからです。助成金漬けの演劇や美術とはまったく異なっている。たしかに「正史」なんて要らないのかもしれません。

とはいえ、ぼくはこういう職業なので、中心もなければ正史もなく、なにを発言しても砂漠に水を撒くようにネットに吸い込まれていく現状に無力感を感じたりもするのですが……。

浦沢　自分が責任をもってできるのは、結局は自分の仕事だけです。無力感を感じる暇があったら、手を動かしたほうがいい。まさに「さあ、描けよ」ですね。ぼくはそう割り切っているので、楽観的にみえるんだと思います。

漫画家は完全に自由な職業なんです。ただしその自由とは、「自由に休める」ことではなく「自由にいくらでも働ける」ことでもある（笑）。いまの時代だと、ふつうに会社に勤めていたら超過労働は法律違反なので雇用者に止められてしまう。けれども、東さんはわかると思うけど、自分で会社を経営していればどれだけ働いてもだれも止めることができない。好きなことを好きなだけやることができる。それこそが自由です。そのなかで各人が各人の道標を心のなかにもてばいい。

東　漫画以外の業界にどうやったら応用可能なのか、考えてしまいますね。

さやわか　無粋を承知でお聞きしますが、とはいえ体を壊すまで働いてはまずいのではないでしょうか。

浦沢　水木しげる先生は九〇歳を超えても現役でした。彼の仕事場には「無為に過ごす」というスローガンが張ってありました。漫画家には無為に過ごすことがありえないので、逆に自分に言い聞かせていたんでしょうね。

さやわか　今日はさまざまな漫画家の名前が登場しました。いまあらためて、目標として意識されている方はいるのでしょうか。

浦沢　かつて『YAWARA!』がヒットしたときに、いったん漫画家としてのぼり詰めたと思った時期がありました。三〇歳くらいです。けれどもそこで、ちょうどディランのCDボックスが出て、たまたま"Like a Rolling Stone"を久しぶりにちゃんと聴いた。そのとき「どんな感じだ」という問いかけがいきなり自分の方を向いてきたんです。このていどの成功でふんぞり返っているのか、とディランに怒られた気がしました。それからずっとその感覚を忘れないように気をつけています。いまは最終的には、『火の鳥』を読んで人生が変わるほどの衝撃を受けた中学二年の浦沢少年に褒めてもらいたい。そう思って描いています。

東　いまの浦沢さんを見れば、浦沢少年も褒めるのではないでしょうか。

浦沢　いや、あの子は厳しいですよ（笑）。

本座談会は、2022年10月15日にゲンロンカフェで行われた公開座談会「戦後日本とマンガ的想像力——万博、五輪、テロ」を編集・改稿したものです。

二〇二二年一〇月一五日
東京、ゲンロンカフェ
構成・注・撮影＝編集部

陶芸と現代美術「窯業と芸術」を開催するに至るまで

梅津庸一
Yoichi Umetsu

連載 尖端から末端をめぐって 第11回

「尖端から末端をめぐって」と題されたこの連載記事の更新が二年以上滞ってしまった。こんなに期間が空いてしまった理由を単刀直入に言えば、ものづくりに極度に没頭していたためである。この一年の間に生み出した作品数はこれまでの自分の作家人生を振り返ってみても突出して多い。およそ陶芸六〇〇点、陶板八〇点、そしてドローイング二〇〇点。作りかけのものも合わせたらもっとあるだろう。それだけ聞くと、美術家として創作意欲に満ち、充実した期間を過ごしたと思われるかもしれない。けれども実際はそう簡単ではなかった。

終わらないコロナ禍の閉塞感に苛まれ、なによりも自分がこれまで美術の活動をする上で依拠してきたものが地盤沈下してしまったような言い知れない喪失感を味わっていた。これはなにもわたし個人のバイオリズムのみに起因するものではなかった。これまでのように活動していくことが困難になっていた。そして二〇二一年の五月、わたしは知り合いがひとりもいない信楽という新天地で作陶を始めたのである。

この時点では、信楽である理由は大物が作りやすい産地であるという以外になかったし、本当はどこでもよかった。四月に信楽に行くことを決め、五月にはアパートを借りているので、かなり急な決断だった。素人同然だったわたしにとって陶芸は未知の分野であり、その技術体系を会得しようと作陶に没頭する日々が続いた。信楽での日々は、わたしにとって失意のどん底からの逃避であり麻酔でもあったのだ。

「現代美術」とはなにか

現在の日本の美術の現場を見渡せば、アートマーケットやNFTアートは盛り上がっているし、連日数えきれないくらいたくさんの展覧会やアートイベントが開催され続けている。それにもかかわらず、わたしは二〇二〇年の夏くらいから急速にやる気を失っていった。相次ぐ美術のプレーヤーの退場劇、月刊誌として戦後の美術批評を担ってきた『美術手帖』の季刊化など要因はいくつも挙げられる。

ひとえに現代美術といっても様々な立場があるが、わたしはコンテンポラリーとしての美術ではなく、日本の戦後の前衛美術や美術評論、そして日本固有の美術のあり方に照準を合わせて活動してきたつもりだ。日本の美術評論は文芸のいちジャンルとして紡がれてきた。具体的には椹木野衣、瀧口修造、宮川淳、針生一郎、峯村敏明、千葉成夫［★1］といった面々がそれを担ってきた。およそ「〇〇史観」といった強力なフレームは、論者の人間性や主観、交友関係を如実に反映しているものだが、彼らお馴染みのスタープレーヤーたちが織りなす高密度なやりとりや議論は、必ずしも論理的に高度とは言い難い場面を含みつつも、豊穣な批評空間を生み出してきた。もっともわたしは熱心な読者ではなかったが、彼らの生み出した芸術空間と連続性のある世界の末端でなんとかポジションを得ようともがいてきた。それほどまでに魅力を感じ、愛着を持ってきたのだ。自分にとっての現代美術とは、バトルフィールドの最前線で旧来の美術やその権力構造を否定し、新しい価値や可能性を打ち立てる営みを指していた。否定とは言っても、それはあくまでも闘技的な意味においてである。紡がれた歴史を否定はするが、忘却するのではなく、むしろ過去のリソースを参照して積極的に運用しようという立場である。

わたしのデビュー作は、黒田清輝の師であるラファエル・コランの代表作《フロレアル》を下敷きにした全裸の自画像だ。黒田やコランは日本における美術の受容史や美術教育のシステムの成り立ちを語る上では欠かせない人物である一方で、画家としての資質や力量についてはたびたび疑問視されてきた。つまりわたしは、先人の残した偉大な作品に敬意を持ってオマージュしたというよりは、そこに含まれる欠陥や問題もひっくるめて自画像というパーツ

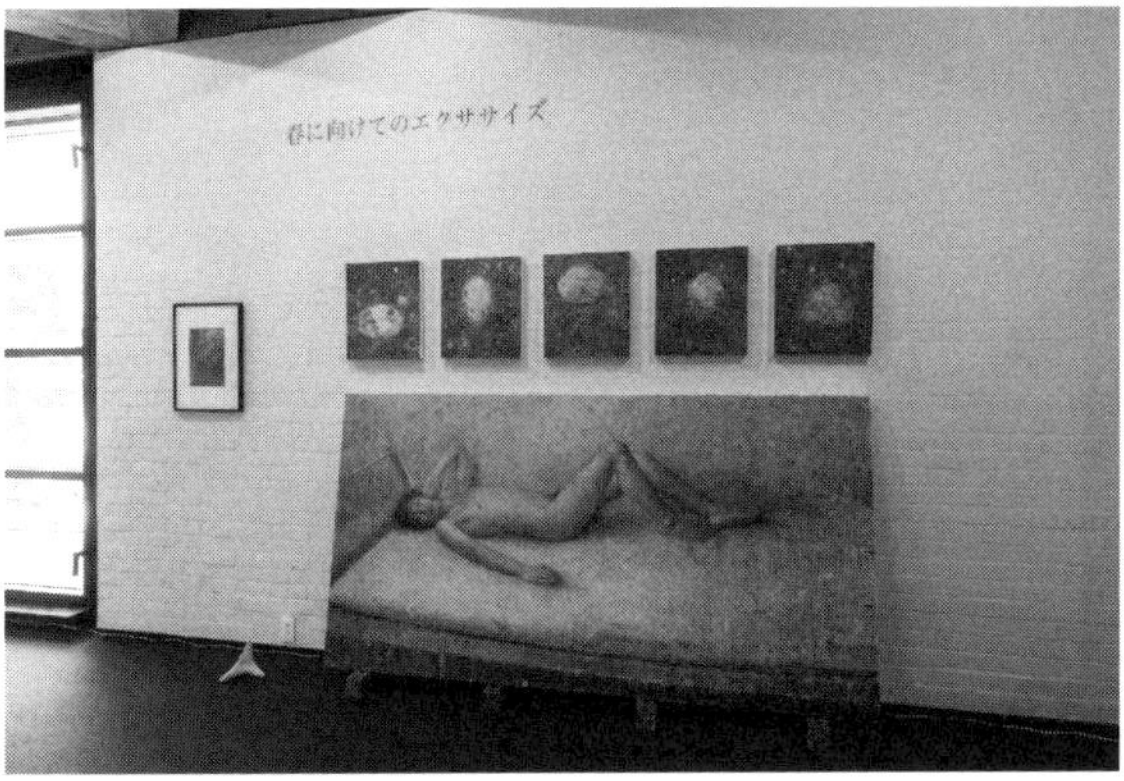

梅津庸一《フロレアル（わたし）》、2004〜2007年

★1　日本では数少ない「通史」のひとつとして数えられる『現代美術逸脱史：1945〜1985』（晶文社、一九八六年）などで知られる美術評論家。二〇〇〇年一月一六日には、「日本ゼロ年」展の関連プログラムであるシンポジウム「日本・現代・美術」で千葉と椹木野衣が直接対決をしている。ちなみに筆者もパープルームギャラリーで松澤宥の展示をしたのをきっかけに千葉と知り合い、二〇二二年一一月三〇日、長野県の自宅にも伺っている。

ナルな主題と重ね合わせることで、批評性と正当性を担保したのである。これは一種の逆張りとも言える戦略だった。

また、わたしが主宰する美術の共同体「パープルーム」は、村上隆の「スーパーフラット」や椹木野衣の「日本・現代・美術」、黒瀬陽平らによる「カオス*ラウンジ」などを念頭に置いて立ち上げたものである。パープルームは、日本における美術教育の欠陥を打開するためのプロジェクトであると同時に、取るに足らない人間ドラマを持続的に生み出し、芸術的な営みとして計上することを目的としていた。美術作品は個人でも作れるが、外部との関わりや背景のエピソードがなくては、たんなるプロダクトか思考実験で終わってしまう。パープルームの目論みは、自分と同じ世代や趣味趣向の合う仲間と交流することではなく、現行の美術制度の中では活動が困難だったと推察される、美術大学に通っていない若者と協働することだった。「学園もの」でありつつ、『月映《つくはえ》』のような青春の儚さと『けいおん!』の日常系の要素をあわせ持つような集団。さらに言うと、生活と芸術の統合という、先人たちが幾度となく夢見てきた遠い理想への憧憬も多分に含まれていた。

現在美術界で活躍している著名なプレーヤーたちを見ていくと、若いうちは在野で仲間たちと熱く連帯しオルタナティブな活動を展開していても、美術界でのプレゼンスが高まっていくにつれ、高確率で美大の教員や教授の職に就くことが確認できる。具体的には、中村政人、小沢剛、小谷元彦、ヤノベケンジ、伊藤ガビン、毛利嘉孝、高嶺格と、挙げたらきりがない。彼らがもともと美術教育に関心があったのか、それとも教職をただ生業として考えているのかには個人差があるだろうが、美大の教員になることが出世コースとして定着しているのは明らかだ。

さらに、研究機関でもある大学には適切とは言い切れない方々も散見される。特に実技系の美大教員は、業績や評価基準が曖昧なのをいいことに、友人関係を大学内の人事に躊躇なく持ち込むことも少なくない。そして現在、実際にアート界の中心で活躍している作家は、東京藝術大学および美術系大学を出た者が圧倒的に多い。このような学閥の問題は、昨今問われているジェンダーバランスの問題と双璧をなしている。

パープルームが始まって一〇年近く経つが、パープルームが活動初期からたびたび行ってきた美大批判は、美術大学への憎悪ゆえでもなければ、美大はなくなれという破壊衝動に基づいているわけでもない。現在も相変わらず美大批判を繰り返していると、たびたび「いい加減大人になれ」「妬んでいるのか」などと窘められる。かりにわたしが美術教育の問題を解決するための直接的な手段として美大批判を展開しているとすれば、それはあまりにも稚拙で安直だ。もちろんそうではない。些細なことに思われるかもしれないが、美大批判は外部に対してはほとんど無意味であるが、わたし自身が美大教員になることを抑止し防止する効果がある。これこそが本懐なのだ。

わたしが想定する現代美術は、前述したように戦後の前衛美術の流れを汲んでいる。美術大学や公的機関は、そうした在野で生まれた営みを回収、整理することはできたとしても、新しいムーブメントの震源地にはなり得ないと考えられる（もちろん、個別に見ていけば例外はあるが）。美術における制度批判の対象を自らの安定的な職場になり得る機関に限定することで、問題提起のスケールこそ小さくなるが、美術における制度批判の及ぶ範囲はせいぜいこれくらいが適正であると提示することになる。つまりわたしは、実社会に直接的に変革をもたらすという意味においての美術の実用性とは、その程度に低いものだと主張したいのである。

これは逆説的に美術本来の可能性や力を信じていることを意味するし、今日の現代美術におけるアート・アクティヴィズムの動向とは相反する保守的な態度とも言える。実際わたしは、より良い世の中にするための手段としての美術ではなく、より良い美術を作るための美術を志向してきた。これは一見「美術のための美術」のように思われるかもしれない。だが、そもそも美術という営み自体も社会活動の一部である。いわばわたしは、美術の中だけで通用する美学やそれにまつわる秩序と、社会一般の常識やルールが相互にその境界を侵食しあう状態に関心がある。自分の活動に引き寄せて説明すると、わたしの初期作品における全身ヌードの自画像は、美術史の文脈に依拠すると同時に、男性ヌードを主題とした作品が極端に少ないことにも言及している。つまり近代から続く美術史と社会一般の問題とを抱え込んでいるわけだ。

パープルームの取り組みは、美術教育の問題に端を発する教育的なプロジェクトという面だけに限らない。さらに文化資源としての美術史との関わりや、ギャラリー運営、展覧会の企画にくわえ、様々な副産物をＳＮＳで垂れ流すことなど、シリアスなものから茶番までベクトルの異なる活動を重ね合わせ、個人での活動以上に擬似制度や小さなインフラの運営に取り組んでいる。そうして、社会と美術の境界を錯綜させているのだ。——たんにこちらが混乱しているだけかもしれないが。

今日の美術は一見多様であるが、実情はそれぞれの美術家やグループがショッピングモールのフードコートのように軒を連ね、観客のニーズに合わせて営業しているようなものだ。高度に発展し難解なジャンルと思われてきた「現代美術」は、もはや絶滅しようとしている。もともと美術はマーケットや地位・権力と無関係ではなかったが、近年は急速にその距離を縮めつつある。というよりも、昨今のアートは経済活動や社会構造を積極的に内面化し取り込まれてしまったことで、それを問う正当性を失ってしまった。あるいは、政治的信条をあまりにも素直にそのまま表明する意思表示カードになってしまった。加えて、美術界は以前に比べ明らかに「おいしい業界」になった。活動の目的やゴールが社会的地位やお金に先回りされ、美術の営みがあらかじめ規定されるようになったのだ。言い換えれば、美術に明確な利用価値（実用性）が生まれたことで市民権こそ強化されたが、それによって美術は身動きが取りづらくなったのである。まさに言い知れぬ表現衝動や、なにに結実するかわからない実験的なアクションすらもＳＮＳの「いいね」という評価の対象になっていくように。

　結果的に、美術は各々のクライアントを喜ばせるための営為に落ちてしまったのではないか。わたし自身の活動もまた、今述べたような美術にとっての実存の危機と無縁ではなかった。そんな状況に抵抗するための最後の砦として、前衛美術の流れをほんのわずかだとしても汲んでいる美術に可能性を見てきたのだった。

「平成美術」展という終焉

　活動当初からの念願が叶い、椹木野衣企画・監修の「平成美術：うたかたと瓦礫《デブリ》１９８９-２０１９」展（京都市京セラ美術館。以下平成展）にパープルルームとして参加が決まった時は本当に嬉しかった。かつて「日本ゼロ年」展を企画した椹木による二〇年ぶりの本格的な展覧会だったので、間違いなく時代の節目にふさわしいものになるだろうと期待に胸を弾ませた。これは『ドラゴンボール』で言えば「天下一武道会」のような性質を帯びた展覧会なのだと、この時点では考えていた。

　だが結論から言うと、この展覧会は失敗だった。

　平成展は、一四のアーティストグループおよび集合体が一堂に会するグループ展だった。そこでは、椹木が九〇年代から共闘してきた作家からわりと最近知り合った作家までが「１９８９-２００１　ベルリンの壁崩壊／湾岸戦争／バブル経済崩壊／阪神淡路大震災／地下鉄サリン事件」「２００１-２０１１　アメリカ同時多発テロ事件／イラク戦争／新型肺炎ＳＡＲＳ／リーマンショック」「２０１１-２０１９　東日本大震災／福島第一原発事故／拡大するテロリズム／多発する自然災害」という三つの時代に分けられ、紹介された。いわゆるオーソドックスな美術館展のように章ごとに区切られ時系列順に並んでいるわけではなく、観客の動線をランダムに攪拌するような展示構成が採用されていた。さらにブースごとに実際の作品、プロジェクトの再現、当時の記録映像などばらつきがあり、作品が宿しているアウラの有無も違えば、そもそも作品なのかアーカイブなのか判断し難いものすら雑多に陳列されていた。美術に詳しくない観客から見れば、このような差異はたんに鑑賞を阻害するノイズに過ぎなかったのではないだろうか。

どんな形式であろうと、「作品」であろうとなかろうと、すべての展示物はアートにまつわるもの、とりわけ椹木が交流してきた作家たちによるものという共通点で結ばれていた。もちろん、各コレクティヴのブースごとにちょっとした解説文はあったが、それを読んだところで活動を理解できるほどの情報量もなかった。かと言って作品をコンテンツとして見ても、よほどの美術オタクじゃないと楽しめないような質のものが目立っていた。たとえば後述するＤＯＭＭＵＮＥによる映像作品「THE 100 JAPANESE CONTEMPORARY ARTISTS season 6」は、作家解説の役割も担ってはいたが、コロナ禍の真っ只中でヘッドホンを装着する客は少なく、またそもそも動画の尺が長過ぎたため、解説としてはあまり機能していなかった。

平成美術という大きなテーマが設定されていたにもかかわらず、椹木個人や彼の交友関係が前景化してしまったのは、展示されていたＧＥＩＳＡＩの審査時の記録映像やテクノクラートの作品内でのインタビュー動画に椹木自身の姿が映し出されていたことに加え、日本でも有数の力を持っているコマーシャルギャラリー「ＡＮＯＭＡＬＹ」の所属作家が四組も出展していたことに起因するだろう［★2］。ＡＮＯＭＡＬＹのディレクター・山本裕子は椹木と長年にわたり共闘関係を結んできた間柄である。ちなみにＡＮＯＭＡＬＹという名称は、椹木が一九九二年にレントゲン藝術研究所で企画した「アノーマリー」展から取られていることは明らかなのだが、以前ギャラリーから「Ａ」で始まることが大事なのであって深い意味はないと説明されたことがある。

またさきほど触れたＤＯＭＭＵＮＥによるインスタレーションは、平成展に出展した作家へのインタビュー動画をアーカイブ展示するものだった。収録は事前に渋谷ＰＡＲＣＯのＳＵＰＥＲ ＤＯＭＭＵＮＥにて行われた。パープルームは二〇二〇年の一一月二六日に収録したが、なぜか後日ＡＮＯＭＡＬＹからの勧告によってリテイクになった。そもそも映像はＤＯＭＭＵＮＥの作品であり、しかも代表の宇川直宏からは「全くあのままで問題ないですよ」というメッセージまでもらっていたのにもかかわらず、である。作者の宇川からの意見であれば理解できたかもしれないが、今回はきわめて理不尽だったと言わざるを得ない。ちなみに日本のコマーシャルギャラリーは、所属作家となんの契約も交わしていないのに強い発言権と拘束力を有している場合が多く、それがたびたび問題視されている。

★2　ＡＮＯＭＡＬＹに当時所属していた作家は宇川直宏（ＤＯＭＭＵＮＥ）、Chim↑Pom（現Chim↑Pom from Smappa!Group）、梅津庸一（パープルーム）、contact Gonzo。

平成展における批評の原理が、いちコマーシャルギャラリーの影響を受けていなかったとは言い切れない。かりに展覧会のタイトルが、たとえば「平成の日々：美術批評家椹木野衣の青春と『悪い場所』 〜旧友たちと新しい仲間たち〜」であればそこまで問題にならなかったかもしれない。だが平成美術という枠組みで、なおかつ公立美術館での展覧会となれば、批判が寄せられても仕方がないだろう。ちなみにパープルームはANOMALYに所属していなかったが、わたし個人は当時このギャラリーに所属していた。もっともわたしはANOMALYができた当初からそのあり方に疑問を抱いており、一度も展覧会をすることはなかったが。

不平不満を書き連ねてしまったが、これは平成展に実際に参加した当事者だからこそ言わなければならないものである。だが誤解のないように強調しておくと、平成展はたしかに失敗だったが、数多ある毒にも薬にもならない凡庸な展覧会に比べればはるかに多くの論点を含んだ意義深い展覧会だった。その上で平成展のなにが失敗だったのかを具体的に見ていきたい。

椹木によると、「1980年代の美術」「1990年代の美術」といったディケイドを単位とする従来の区切りは、時計によって「機械的」に運用される時間に規定されているに過ぎず、もはや「残骸」である。むしろ物理的な衝撃や心的外傷によって「傷ついた時間」こそが、人間が存在をあらわにする営みとしての「美術の時間」にふさわしいのだという［★3］。つまり「平成美術」とは「傷ついた時間」の美術の営みである。

このようないかにも椹木らしい見立てによって、平成展は形づくられている。この文芸的な想像力によって打ち立てられた概念自体は素晴らしいのだが、肝心の展覧会には、他の美術の動向を「残骸」と一蹴できるほどの特異点は見当たらない。作家選定に関しても、平成年間に活動していた膨大な数のアーティストを前提に選び抜かれているようには到底思えない。たんにリサーチ不足だったというほかないだろう。

キュレーションの失敗は、作家選定だけでなく展示構成にも見て取れた。美術館での大きな展覧会には当然、施工業者が入る。そのせいか、平成展では森美術館での「六本木クロッシング」やのちの「Chim↑Pom展」と同じような展示の文法が用いられていた。つまり、現在の美術館における展覧会づくりの技術やノウハウの蓄積を感じさせたものの、それがもたらした均質化、合理化は椹木が批判してきた従来の「現代美術」との違いを曖昧にしてしまったと言わざるを得ない。

また、中央に再現展示された「突然、目の前がひらけて」の橋が会場を俯瞰できるように工夫されていた点などいくつか秀逸な構成は見られたものの、大前提として会場全体を年表パートと展示パートにきっちり区別してしまった点は明らかに失敗だった。松本弦人によってデザインされた幅約一五メートルに及ぶ特大の年表「平成の壁」は、たしかに本展の見所のひとつだったかもしれない。しかし、そもそも近過去を歴史化するには時期尚早過ぎたし、年表で取り上げた事柄も、選別にはなんらかの意図を感じさせたものの、その基準は曖昧に見えた。椹木は「傷ついた時間」を一方向的な流れや計測可能性そのものを不可逆的に無効にしてしまうような「別の時間」と定義しているが、この年表は通常通り一年ごとに規則正しく区切られ、左から右へと時間が流れている。「別の時間」を年表の上で表すことを断念したのなら、世の中の出来事と美術界のトピックをそれぞれ選定し編纂する基準や主体くらいはもう少し明文化すべきだった。平成展における年表が「椹木史観」なのだとしても、ひとたび歴史化されれば「通史」として参照され研究対象になることは明白なのだ。

かく言うわたしも、先行世代が残した本で美術史を学んだ。さきほど平成展の内側で駆動していた力学について言及したのは、未来の観客や作家、研究者に少しでも多くの判断材料を残したいという思いからである。平成展は美学的な美術展というよりは歴史を編み提案することに重きを置く展覧会である以上、それが様々な角度から比較検討されなくては本末転倒だ。そもそも椹木は、九〇年代初頭から西洋由来の「現代美術」を疑い、問い直すことで持論を展開してきた批評家なのである。そんな「歴史」にきわめて自覚的な椹木が編纂に関わった年表にしては、内容も見せ方も素朴過ぎたと言えるだろう。

椹木の概念を活かすのなら、たとえば年表をつくるのではなく、展示パートも美術に限定せず、平成年間に起きた様々な出来事やブームなどを同列に並列的に展示する方法もあったはずだ。宗教団体の報道記録映像、mixiやニコニコ動画などのネットコミュニティ、avexやV系バンドなどの音楽レーベル、そして平成時代にどこかの公民館で活動していた絵画サークルなど、もっと広い意味での集団やネットワークをアート・コレクティブと等価のものとして扱い、美術展というよりは「平成博覧会」のように提示してもよかったのではないか。キュレーターもしくはアーティストによって美術館に持ち込まれたものは、どんなものであれすべて「作品」と見なされ得る。こんなことはもはや自明である。その性質をもっと活かすべきだったとわたしは思う。なぜなら、椹木はニュートラルな批評家ではなく、半分作家のような自我と主体性を持ったプレーヤーなのだから。今回の敗因はその不徹底さにもあった。

ここでは詳しく触れないが、そもそも平成展には準備期間

★3　椹木野衣、京都市京セラ美術館編『平成美術：うたかたと瓦礫《デブリ》1989-2019』、世界思想社、二〇二一年、六・七頁。

から不穏な空気が立ち込めていた。結果的に、平成展は戦後から続いてきた日本固有の前衛美術の歴史にトドメを刺し、強制終了させる展覧会になってしまった。あるいは「既成の枠組みをリセットする」という意味においては、かつての「日本ゼロ年」展以上に成功したという見方もできるだろう。椹木は自身の主観と世界的な大きな出来事、天変地異などを同時に語る「セカイ系」のような想像力を有している書き手だが、平成展に関して言えば、彼は主観の内実やそれが帯びる社会性に無頓着だったのかもしれない。

　平成展は失敗だった。にもかかわらず、いまだ総括されずに令和の片隅に放置されたままだ。言ってみれば、それはこれまで当たり前のように密室で恣意的に紡がれてきた美術史の綻びが可視化された展覧会だった。本展によって、前衛的な美術のあり方にもまた大きな欠陥があることを思い知らされた。前衛が成立するためには後衛（本陣）が必要である。けれども前衛も後衛も、あるいは尖端も末端も、本当はずいぶん前からすべてが機能不全を起こしていたのだ。前衛としての現代美術など幻想に過ぎなかったのだ。

　こうしてわたしは活動を停止した。もちろん本当に動かなくなるわけにはいかなかったので、日常の雑務やパープルームギャラリーの企画・運営はこなしていたが、今思えばこの頃のわたしはbotのような反復運動をする抜け殻に過ぎなかった。かつて椹木は「アノーマリーとは、ある規則的な体系において、それが絶対に必要であるにもかかわらず、それを考慮にいれると致命的な矛盾が生じてしまう事態を指す。より具体的に言えば、この国においては、美術を成立させようとすれば、美術という概念の崩壊に立ち会わなければならない。しかし、それは絶対に必要不可欠なモメントである」［★4］と述べており、今の状況を完全に予見している。しかしわたしは、前述したように美術の崩壊を望んではいないしアノーマリーが絶対に必要とも思えない。くわえて「未来都市は瓦礫である」［★5］などという文言にロマンを感じたりもしない。平成展を経て、わたしは二〇二一年五月にＡＮＯＭＡＬＹから正式に離脱した。

疎開先としての信楽

京都から草津、貴生川と乗り継ぎ、カーブが多く勾配が急な森の中を走る信楽高原鐵道の終着駅が信楽である。冒頭で述べたように、わたしは二〇二一年の五月から拠点を信楽に移した。信楽は周囲をぐるっと山に囲まれた、秘境というにふさわしい山間の町である。霧や靄が発生しやすい気候と地理的条件がそろっているのか、朝方は周りの山々どころか、五〇メートル先の建物すらも水墨画のように霞んで見えることも珍しくない。まるで俗界から隔絶された桃源郷のようで、これまでわたしが住んできた土地とは全く違う雰囲気が漂っていた。少し離れた山の中に宗教法人神慈秀明会の「MIHO MUSEUM」があるのも頷ける。

信楽は六古窯のひとつとは聞いていたが、想像を絶するほど「やきもの」「窯業」に特化した町だった。そこら中におびただしい数のたぬきの置物や火鉢、壺などが散らばっている。住宅の塀には、昔登り窯で使われていた「立匣鉢《たちざや》」と呼ばれる用具が再利用されている。国道沿いには大型の陶器販売店が数キロにわたって点在し、食器から傘立て、庭園用品(テーブルセット、照明具、燈籠)までが店内のみならず路面にまで溢れかえっている。また、「1300年の歴史が育んだ信楽焼」「人と土と炎の共演」などの壮大なキャッチコピーを前面に押し出した店舗も目立つ。それから陶芸体験教室、食事処、お土産コーナー、宿泊所などを兼ね備えた複合型の陶器販売店なども存在し、町自体がさながらセラミックのテーマパークのようだ。けれども、コロナ禍の影響と時代のニーズとのずれもあいまって、普段は観光客がほとんどおらず閑散としている。

信楽の風景

駅から一〇分ほど山の方に歩いていくと「窯元散策路」にたどり着く。散策路では、マップの配布や看板の設置に加えて地面に目印のタイルを埋め込むなどして、観光客に町を能動的に探索するよう促している。とはいえ散策路は起伏が激しい。かつて使われた穴窯や登り窯は薪を燃料としており、斜面に築窯する必要があったからだ。現在は煙害問題や、灯油窯やガス窯、電気窯が普及したことにより、ほとんどの薪窯は町の中で使われなくなり取り壊されたが、いくつかはカフェに改装されたり、「近代化遺産」として保存されたりし

★4　椹木野衣「『美術』というアノーマリー――横書きの日本現代美術」、木村重樹、川畑健一郎編『アノーマリー展カタログ』、株式会社池内美術レントゲン藝術研究所、一九九二年、一頁。

★5　椹木編『平成美術:うたかたと瓦礫《デブリ》1989-2019』、二九頁。「うたかたと瓦礫《デブリ》」という副題は、鴨長明による『方丈記』と磯崎新『瓦礫の未来』(二〇一九年)に多くを負っている。

ている。約二キロにわたって立ち並んでいる製陶所のいくつかは、登り窯の跡地に建てられたものだ。

散策路を出て国道沿いを少し行くと、「滋賀県立陶芸の森」がある。これは地域産業である製陶業の振興や新しい文化創造の場を目指して設立された公的機関である。陶芸の森には陶芸家のためのレジデンス施設も併設されており、奈良美智など国内外の作家たちは、ここに滞在して作品を作るのが通例となっている。わたしもこんな整った設備に囲まれて快適に作陶したいという思いがよぎったが、美術大学のように管理の行き届いた施設で滞在制作をするのは違うなと思いとどまった。それに美術界のあれこれにすっかり疲弊していたので、アパートでひっそり暮らしながら近くの共同の工房で作陶することにした。

しばらく経ってから知ったことだが、この施設は「世界陶芸祭 セラミックワールドしがらき'91」の会場でもあった。この催し自体が、同施設のオープンを記念したものだったようだ。「国際現代陶芸展」「信楽焼産業総合展」「信楽・歴代の名工展」「近江の名陶展」「土をうたう――ちえおくれの人たちの世界展」「ヨーロッパの名窯展」が各パビリオンで開催され、様々な講演や討論、野焼きフェスティバルなどのイベントも行われた。入場者は六〇万人にのぼったという。つまり陶芸の森は世界陶芸祭を想定して設計されたものであり、わたしが当初から関心を持ってきたパリ万博をはじめとする国際博覧会とルーツを同じくするのだ。さらに大阪で一九七〇年に開催された日本万国博覧会の岡本太郎による「太陽の塔」の陶製のレリーフ部分《黒い太陽》は、信楽の近江化学陶器株式会社で制作された。その芸術と産業を結びつける取り組みは、その後陶光菴と大塚オーミ陶業［★6］に継承されていった。

ちなみにこの陶芸祭は、会期中に起きた信楽高原鐵道の衝突事故で大惨事となり、中断された。事故の様子は信楽駅の待合室に常設展示されている。博覧会や近代美術と同じく一五〇年の歴史を持つ鉄道、製陶の技術。この事故には考えるべき点がいくつも残されているように思う。

ともあれ、こうして活動拠点であるパープルームのある相模原と信楽での二重生活が幕を開けた。当初はこの生活が一カ月で終わるのか半年続くのか見当もつかなかった。結果的に一年のうちの大半を信楽で過ごすことになり、今現在も信楽での活動は続いている。信楽もまたコロナ禍真っ只中だったが、そもそも人と遭遇しないのでマスクをつける必要がなかった。都市部に緊急事態宣言が発令されていた期間も飲食店を普通に利用でき、アルコールも飲めた。ただ、もともとの閉店時間がどこもやたら早いので、コロナ禍と関係なく常に時短営業みたいなものではあったが。

信楽での生活が始まった初日に訪れた喫茶店「陶園」は、わたしにいきなり転機をもたらした。そこは一階が喫茶店で二階はギャラリーになっていて、店内のカウンターの奥には様々な作家のカップや作品がたくさん飾られている。その中にわたしが持っていたカップと似た特徴のものがあった。店員の臼井さんに「そのカップはもしかして伊藤昭人さんでしょうか?」と尋ねると、「そうやで、なんで知ってんの? あんたどっから来たん?」と気さくに答えてくれた。ちなみにわたしが一番はじめに興味を持った陶芸家は河井寛次郎なのだが、伊藤昭人さんはその孫弟子にあたる。そこから会話が弾み、次の日に伊藤さんの家に連れていってもらえることになった。

伊藤さんの家は、アスファルトで舗装されていない、まさに獣道を進んでいった先の山の中にあった。自宅兼工房からは数十年分の仕事の蓄積が窺えた。伊藤さんは現在七〇代後半である。その作業場の棚にはこれまでの作品がぎっしりと

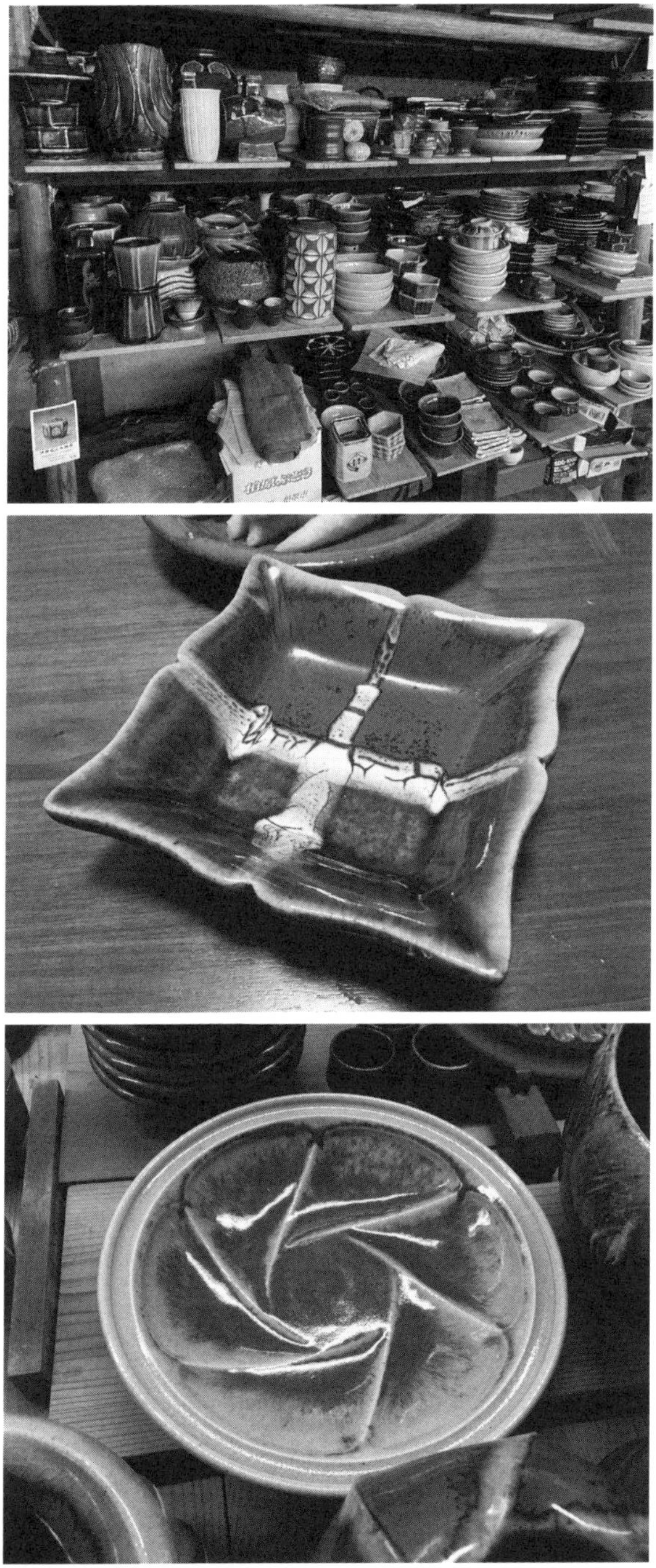

伊藤昭人さんの作品

積み重なっており、壁には過去に伊藤さんが髙島屋で開催した個展のハガキがピン留めされており、色褪せていた。はじめていわゆる陶芸家の生き様の片鱗を見た気がした。

その後わたしは、普段から伊藤さんの食器を使うようになった。実を言えばこれまでわたしは器や陶芸に全く興味がなく、お皿やカップは100円ショップか無印良品のもので十分だと思っていた。ところが、伊藤さんの器を生活に取り入れてから考えが変わっていった。パープルームでは「生活と芸術」と散々言っておきながら、「民藝」に興味を持つのが遅かったと反省している。民藝とは、行き過ぎた近代化を反省し「手仕事」を見直す運動とされる。だが、そもそも民藝という枠組み自体が近代の産物であるという二重性を持っている。

作陶のはじまり

作陶を始めるにあたり、さっそく粘土を買いに「丸二陶料」に向かった。和陶芸の材料を今に伝える老舗で、河井寛次郎も生前利用していたところである。店は下宿先から徒歩圏内にある。粘土は二〇キログラムごとに袋詰めされて積み上がっており、包装ビニールには「A0」や「A76-S」など見慣れない品番が記載されている。一体なにを基準に選んでいいのかわからず、店員の上島さんに尋ねると「こっちの粘土は〝さくい〟かもわからん、耐火度はあるけど。どんな粘土がいいですか?」と言われ、いきなり面食らった。そもそも自分がどんな粘土が欲しいのかすらわからなかったので、「大物が作りたいです」と伝えた。いろいろと詳細なアドバイスをしてもらったが、結局あまり理解できなかった。

驚いたのは、店頭に並んでいる粘土に最初からカビや苔が生えているものもあったことだ。内心これは不良品ではないのかと思ったが、それはわたしの浅はかな思い込みだった。実は微生物や菌が繁殖している方が、粘土に粘り気が出て乾燥時に割れにくいというのだ。ちなみにさきほど出てきた〝さくい〟粘土とは、水分が多くやわらかい粘土のことを指す言葉。作りたてのものよりも一、二年経ったものの方が適度な硬さになっている場合が多い。

絵画の場合、キャンバスも絵の具も画材屋に行けばすべて手に入るし、すべて一定のクオリティで不良品などほとんど見かけない。さらに言えば、ユーザー(作り手)がかなりぞんざいな使い方をしてもある程度許容してくれる性能があらかじめ備わっている。絵画における画材はメーカーによってあらかじめ作り込まれた製品なのだと、あらためて気づかされた。絵画もかなりの労力を要するし、かつては自分ひとりで描いていると思っていたが、実のところ画材メーカーが用意した既製品をさらに加工する行為に過ぎなかったとも言える。

一方で陶芸の材料の粘土や釉薬は、自然の状態に近いもの

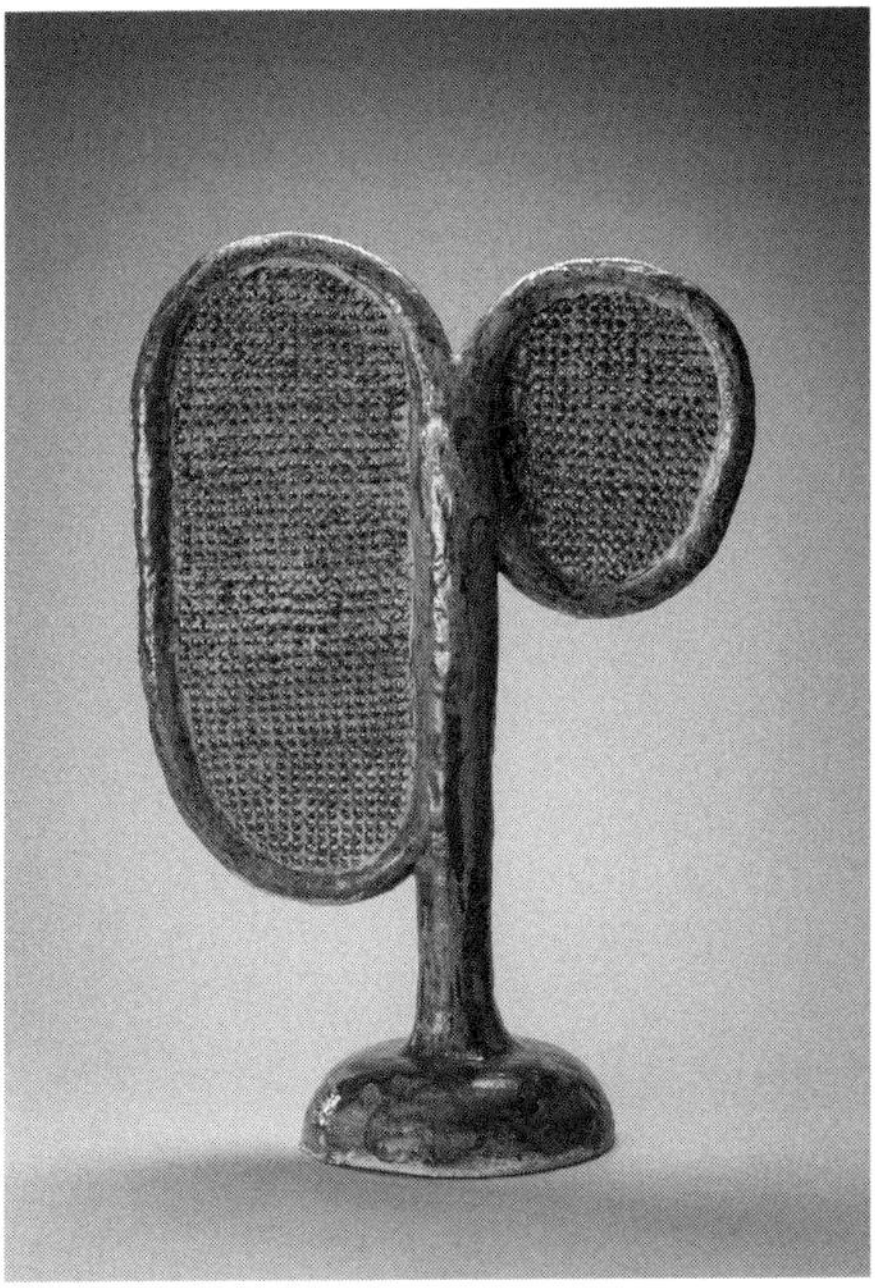

梅津庸一《花粉濾し器》、2021年

が多く、工場で生産されているとはいえ加工の度合いが低い。当然のことだが、加工の度合いの低い粘土や釉薬の場合は、原材料の値上がりがダイレクトに価格に反映される。たとえば「黒御影土」という粘土は、コバルトが入っているため焼成すると黒く発色するものだが、コロナ禍による物流の制限とロシアによるウクライナ侵攻の影響で、販売価格がここ一年で倍近くに跳ね上がった。ペタライトの高騰と不足はさらに深刻だ。ペタライトは熱膨張性が低く土鍋のような耐熱陶器製造には欠かせない鉱物だが、スマートフォンなどのリチウムイオン電池をはじめとする精密機器での需要が急速に高まっている。しかしそれらを使って製造される食器や土鍋は、原価が上昇した分を商品価格に転嫁することが困難であり、たいへん厳しい経営を強いられている。

「丸二陶料」で買った粘土を工房に運び、わたしはすぐに作陶を始めた。もともと神奈川でも陶芸をやっていたが、ここまで本格的に取り組もうとしたことはなかった。はじめのうちは薬局で買った薄い天然ゴムの手袋をして粘土を触っていたが、三日もしないうちに手袋を使うのをやめた。作陶していくうちに土やカビは汚いという意識が薄れ、「もの」を作ることに没頭していった。コロナ禍で手をアルコール消毒することが習慣化された時期に手を文字通り汚しているのも悪くないと思えた。作陶していると、爪の間に砂が入ったり、手が荒れたり、単純に粘土自体が非常に重かったりと、身体的な負担を感じる場面が多い。制作は肉体労働でもあるとあらためて実感した。

わたしはいわゆる実用的な器は作らない。けれども彫刻を作っているわけでもない。《花粉濾し器》はわたしが信楽に来る前に一番はじめに作った作品で、わたしのキータームのひとつである「花粉」を主題にしたものである。制作手順と

★6　陶板を得意とする信楽を代表する企業。八〇年代には横尾忠則、ロバート・ラウシェンバーグなど多くのアーティストがここで作品を作っている。

しては、まず既成のフライパンに粘土を詰める。数時間経って少し固まったところでひっくり返し、中央に円柱を立て、乾き具合を見計らいながらちょっとずつ粘土を足していく。ある高さまできたら、両サイドに粘土で土手のような支えを作り、左右非対称のラケット状の楕円形にしていく。

言葉で説明するのは困難だが、《花粉濾し器》はわたしの最初期の陶作品でありながら、プロの陶芸家から見てもかなり厄介な構造をしている。焼成中、窯は一二〇〇度を超える高温になり、その際熱によって粘土が硬めの水飴のような粘性を持つようになる。《花粉濾し器》はフォルムが不安定過ぎるため、焼く時に支えがないと支柱が曲がって倒れてしまう。かと言って支えと釉薬が触れるとくっついてしまうので、工夫が必要だった。《花粉濾し器》においては、これまで絵画で扱ってきたモチーフやアイコンを使いたくなかったし、そもそも技術的にも使えなかった。だから絵のモチーフをたんに立体化するのではなく、新たな主題を見つける必要があった。大量生産されたフライパンを型として使ったのはそれゆえである。そうすることで、器を「準レディメイド」として取り入れられないかと考えたわけだ。しかもそれをまたひっくり返すことで、器としての機能をキャンセルしてもいる。その上にはじめて、たどたどしい手つきでオブジェを立てるのだ。また、二枚の楕円はメッシュ状になっており、フィルターを表している。

《ボトルメールシップ》もまた《花粉濾し器》と似た構造を持つ作品である。土台の部分の型にはプラスティックのトレーを使っており、二本の支柱の上に瓶状のものが横たわる。これは実は本物のガラス瓶を粘土で包んだものだ。ちなみにわたしが飲んだお酒や栄養ドリンクの瓶が使われている。粘土は乾燥すると収縮するが中のガラス瓶はそのままなので、乾燥する過程で粘土が引っ張られ、ヒビが入っていく。ヒビが大きくなる前に、「どべ」と呼ばれる粘土を水で溶いてペースト状にしたものを使って修繕する。これを一週間ほど毎日繰り返すと、乾燥してもヒビが入らなくなる。その状態で焼成すると実は完全に直り切っていなかったヒビが大きな亀裂となり、中の溶けたガラスが外へ流れ出てくる。つまり釉薬はガラス質のコーティング材であるので、ガラス瓶も熱で溶かせば当然釉薬の代わりになる。《ボトルメールシップ》はそんな単純な発想から生まれた作品であり、粘土、釉薬、器、量産品、レディメイドの関係を図解している。しかしこの制作方法には、ガラスが作品の外にも流れ出てしまう危険性があるため、「道具土」と呼ばれるほとんど焼き締まらない粘土で囲いを作り、万が一ガラスが漏れても棚板や窯のレンガまでガラスが流れないように対策する必要がある。

陶芸に触れるまで、わたしは釉薬とは絵の具のようなもので、色をつけるための装飾だと思っていた。だが釉薬には、陶器をガラスでコーティングして水分の吸収を抑え、汚れにくくするという大事な役割があった。食器の衛生面が飛躍的に向上したのは、釉薬や吸水しない磁器のおかげだったのである。そんな背景を知ってからは、信楽のスーパー「フレンドマート」に併設された100円ショップに並ぶなんの変哲もない磁器の茶碗を見ても、工場で作られる過程や人類の技術の発展などに思いを馳せるようになった。

粘土を成形してそのまま放置していると、表面から乾いていきヒビが入る。ひどい時はばらばらに崩壊してしまう。そのため成形の途中であっても、一旦作業を中断する場合は、その都度粘土をビニールや新聞紙で覆っておく。乾燥をゆるやかにし、表面と中の乾燥具合にあまり差が出ないようにするためだ。また角張った部分には、濡れたガーゼやキッチンペーパーを被せ、さらに細くしたラップでカバーをする。わたしの作品は通常の器と違って基本的に分厚く、しかも厚みが均一ではないので、一カ月以上かけてゆっくり乾かさなければならない。蒸された状態が長く続くため、乾燥過程で粘土を載せていた板との隙間にほぼ一〇〇%の確率で緑色の斑点や白い綿毛が発生する。つまりカビが生える。板に生えたカビは、後でタワシでこすりながら水で洗い流してきれいにし、天日干しをする。真夏の期間、工房は冷暖房設備がないため四〇度近くになる。そんな日は要注意で、粘土がどんど

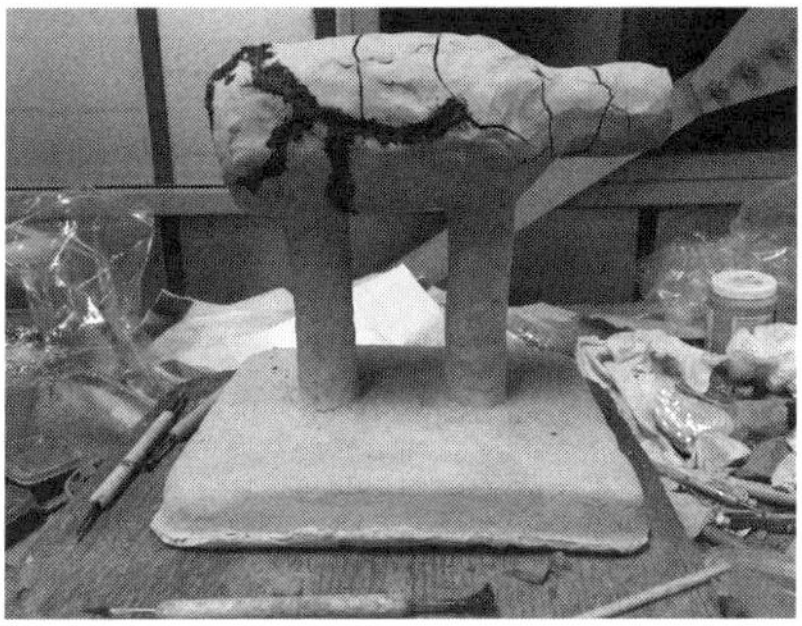

梅津庸一《ボトルメールシップ》、2021年
（下は焼成前のもの）

梅津庸一《ボトルメールシップ》、2022年

ん乾いていくのを霧吹きで湿らせながら成型しなければならない。そして毎日乾燥の具合を確かめながら、空気に触れる部分を天候や気温に応じて調整する必要がある。作品の底がある程度硬化したら、割り箸などを差し込み浮かせることで、裏面も乾かす。

このように、乾燥のさせ方ひとつとってもかなり手間がかかる。もし乾燥が不十分な状態で焼成すると、窯の中で「ボンッ」という音とともに爆発してしまう。「爆発」とは大げさに言っているのではない。粘土の中に残った水分が水蒸気になる際に、体積が約一七〇〇倍に膨れ上がるのである。実際、諸説あるが一五〇〜二三〇度あたりが最も危険で、「魔の温度帯」と呼ばれている。河井寛次郎もエッセイ「陶技始末」の一六節で、一一月の気温ではなかなか粘土が乾かずゆっくり用心しながら火で炙るが、「突然ぽーんと不気味な音を立てて窯の中のものが爆発する」と回想している［★7］。それくらい乾燥は大事な工程なのだ。ちなみに結晶水と呼ばれる結晶の分子構造の中に含まれる水の分子は、六〇〇度になってやっとすべて放出される。この温度帯もやはり作品が割れやすく危険である。陶芸をやっていなかったら、結晶水という存在を知らないままだったと思う。

成型しては乾燥させるのを繰り返すので、面倒を見ないといけない作品が増えていく。乾燥を待ちながら新しい粘土に手をつけていると、終わりのない作業がループするように続いていく。長い時は二四時間ぶっ通しで作陶を続けることもあった。粘土は本当に世話がかかる。わたしは工房にいない時も常に粘土のことばかり考えていた。アパートに帰ってからも、陶芸の基礎知識を得るため本や陶芸関係のYouTubeの動画で予習しながら食事をとり、気がついたら寝てしまう。そんな生活が延々と続いた。

乾燥の様子

信楽の風土

信楽がやきものの産地として栄えてきた背景には、やきものに適した良質な粘土がたくさん採れたという地理的条件がある。いわゆる信楽の粘土は、かつて「古琵琶湖」の底にあった三〇〇～四〇〇万年前の粘土層から採取されたものである。しかし粘土を採掘し過ぎたため、近年は粘土鉱山が相次いで閉山し、信楽産の粘土は枯渇しつつある。住宅地や採掘権のない土地にはまだ粘土が残っているらしいが、採算を考えると今後も採掘されることはないだろう。

　信楽で最も大きな粘土製造の企業である「精土」によれば、質の良かった頃の信楽の粘土の性質や成分はデータとして記録されているので、それを基準に様々な産地の粘土を一〇種類ほど取り寄せてブレンドすれば、「信楽の粘土」として製品化し全国に出荷できるという。つまり資源は有限だが、その組成データとノウハウがあれば復元できるというわけだ。精土は大手なので品質がわりと安定しているが、小さな工場が作った粘土はロットごとにばらつきが出たり、しばしば使用していた原料が手に入らなくなり「新配合」というラベルが貼られていたりする。「新配合」というと聞こえはいいが、粘土の品質は年々落ちているらしい。

　昔の陶芸家の伝記には「同じ土地の土と灰は相性がいい。正しい素材を選べ」などと書いてあるが、現在それを実践するのは困難である。もっとも、伝統的な信楽焼を作る陶芸家の中には、天然の信楽の土一〇〇％での作陶を続けるために一生分の原土をストックしている人もいるようだ。これは手に入りにくくなりつつある印画紙をストックしている写真家と似ている。信楽に来てからこのような事情を実際に見たり聞いたりしていると、陶芸家がやたらと土や焼き方にこだわる理由がわかってくる。

　信楽の粘土はコシも強度もあるため、たぬきの置物をはじめとする大物を作ることが可能だった。そのため他の産地に比べると巨大な窯が多く、独自の技術が発達した。たとえば、大物を制作するために上下のパーツを別々に作り、途中で継ぐ「わんつぎ」はその一例である。

　そんな信楽で作陶していると、わたしの陶芸作品も半分は自分の想像力や手仕事に根ざしているが、もう半分は窯業の力によるものだと気づいた。そして窯業を支えるインフラに興味を持ち、二〇二一年の年末からは巨大なガス窯を持っている製陶所の「丸倍製陶」に間借りすることになった。そこには大きな土練機や製管機（粘土を筒状に成形する機械。常滑にルーツを持つ）に加えて、工場の一階から二階にまたがる観覧車のような機械を回転させながらヒーターで傘立てや壺などを乾燥させる設備などがある。丸倍製陶はもはや個人経営の工房というスケールではないので、製造工場と言った方がふさわしい。とはいえ、完全に機械化された工場ではなく、あくまでも職人の手によって量産品を作るという点が、信楽におけ

★7　河井寛次郎『蝶が飛ぶ 葉っぱが飛ぶ』、講談社文芸文庫、二〇〇六年、一七三頁。

る窯業の特徴である。わたしは丸倍製陶の使われなくなった倉庫を自分の工房として借り、毎日のように通っている。オーナー兼陶工である神崎さんとは手洗い場や窯を使う時に会話を交わすが、普段はお互いのことに干渉しない、付かず離れずの関係だ。

かつて信楽は、火鉢やたぬきの置物、植木鉢などの大ヒット商品を次々に生み出し、作った分だけ売れるという時代を経験してきた。信楽に大規模な製陶所が乱立しているのはそのためだ。中にはトンネル窯と言われる、一年中ノンストップで焼成し続けるような窯を所有している製陶所もあった。信楽は味わい深い風合いの「信楽焼」を名産品としている。だがそれはほんの一部に過ぎず、実際は量産品をメインとする産業の町なのだ。

信楽は日本開国後、近代国家としての基盤を確立する上でも欠かせなかった製陶業と窯業の本拠地だ。その流れを濃厚に受け継ぐ場所で作陶することで、あらためて作品を作ることの意味、また現代アートの産業的側面について考える機会が増えた。

製陶所と「ひげさん」

神崎さんは粘土を一ロット二トン単位で注文する。製陶所というだけあってさすがのスケール感だ。わたしは最初の頃はひとかたまり二〇キログラムの粘土ですらとても多く感じていたが、作陶を続けていくうちに一回で二〇〇キログラムくらいまとめ買いするようになった。丸倍製陶では、信楽の工業組合が作っている量産品のカタログに掲載されている商品と、現代アーティストの下請けとして神崎さんが作ったものと、梅津個人が作ったものが同じ窯で焼かれることがたびたびあった。窯に余分なスペースがあるとエネルギーが無駄になるだけでなく、窯内の温度が均一にならないためだ。

ある日、神崎さんからたいへん興味深い話を聞いた。神崎さんは昔、父親や祖父からお前は「ひげさん」だけにはなるなよ、と言われてきたそうだ。「ひげさん」とは、ひげをたくわえた「作家先生」のことをやや皮肉交じりのニュアンスで捉えた呼称だ。ちなみに現代美術家の村上隆は、「ひげさん」のイメージをカリカチュア化して積極的にそれを纏おうとしている。この「ひげさん」という言葉の背景にあるものを自分なりに考察してみたい。

日本の陶磁器産業は、明治時代に技術指導者として来日したゴットフリート・ワグネルにより近代化を果たした。近代洋画の父が黒田清輝ならば、近代窯業の父はワグネルと言える[★8]。しかし両者の役割は微妙に異なる。黒田は西洋画の描き方や美術の諸制度そのものを日本に紹介し移入することに貢献したが、ワグネルは職人が独占していた技や経験に裏打ちされた勘など、もともと日本にあった技術体系を数値や数式に置き換え、効率化させたのである。それによって品質が安定し、さらには機械工業化による生産量の拡大につながった。

日本のやきものは輸出産業としても発展していった。その中でも最も大きな割合を占めた食器については、技術・デザイン共に重点が置かれた。その研究は各地の陶磁器試験場が担った。製陶会社だけではなくホテルやレストランの関係者の意見も聞きながら、西洋食器に日本の伝統的意匠が慎重に取り入れられたりもした。一方、第一次世界大戦後の世界では、アール・デコ様式や流線型様式など、目まぐるしくトレンドが変化していき、日本もそれに追従している。たとえば建築家で陶磁器試験所嘱託だった武田五一は、一九三一年に渡欧して、ドイツの対米輸出向けの陶器などをサンプルとして収集し、廉価でシンプル、なおかつ先鋭的なデザインを持ったやきものの必要性を説いている。日本に持ち帰られた参考品を紹介する展覧会も開催され、作品集『欧米に於ける最近流行の陶器』(陶磁器試験所編)も刊行された。さらに海外工芸事情調査員制度も設けられ、世界の流行をいち早く調査し「傾向と対策」が検討された。

一九三〇年ごろからは、室内用小型日用品(ノベルティ製品)研究の一環として、彫刻の陶磁器工芸化が進められた。これは工業製品としての陶磁器に美術の要素を付与しようとした、興味深いプロジェクトと言えるだろう。信楽の窯業試験場へも河井寛次郎、濱田庄司、バーナード・リーチ、走泥社の八木一夫、熊倉順吉などが指導のため訪れている。量産品の商品的価値やデザイン性を向上させようという行政主導のキャンペーンは、大阪万博などで紹介され、信楽の大物製品の技術を広くアピールすることになり、都市空間にも陶による建材が採用されるようになっていった。

だが、結果的に信楽には、民藝の精神や芸術性、欧米で流行した意匠など、後から入って来た価値観や概念があまり根付かなかったのである。先ほど述べた「ひげさん」という言葉には、「作家先生」が上から授けようとしてくる芸術性やデザイン性というものには屈しないぞという陶工の心意気が感じられる。それは今日、現代美術という主体が民間と交わる際にたびたび取りざたされる「現代美術側の搾取」や「非対称性」の問題とどこか通ずるものがある。美術側が勝手に上位の存在であると無意識的に自認していると仮定するならば、それは一体なにを根拠にしているのだろうか。

思い返せば、わたし自身も美術館に行った時、常設展示室の工芸はあまり真剣に見てこなかった。明治期の官展や帝展の時代には、絵画彫刻が「純粋美術」もしくは「自由美術」と言われていたのに対し、実用性や有用性を持つ工芸は「応

★8　ちなみに工部美術学校で西洋画法を実用的な技術として伝えたのはフォンタネージである。

用美術」と呼ばれ、一段格下のものと見られてきた歴史がある。率直に言うと、絵画を主な表現媒体としてきたわたしの中にも、工芸を少し軽んじる意識があったように思う。

けれどもここ信楽では、アーティスト側が依拠している美術史や文化資本、アートマーケットといったものなどの方こそ、窯業がこれまで培ってきた営みと比べたらただの趣味人の嗜みのようにしか映らない。その一方で、かつて実用性を排することで純度を担保してきた「純粋美術」は、今日では性質が変わり、お金儲けや政治運動のツールとして運用されることで実用性を帯びてきている。

また、陶磁器の世界の中でも、無名の作者によるものは「下手物《げてもの》」、有名な作家によるものは「上手物《じょうてもの》」と呼ばれており、同じ陶器でも価値に雲泥の差がある。さらに信楽の職人の間で使われる「へちもん」という言葉がある。これは「風変わりなもの」という意味で、ひとつひとつの器には固有の土味や釉薬の表情があることを指す。規範からのちょっとした逸脱が好まれるのは器も美術も一緒である。

近代化は製品の質を画一化させる。だがそれと同時に、陶器には完全には制御できない窯の火や手仕事が介入することで、個々に微妙な差異が生まれる。現代における絵画の場合は、その多くが製品として完成された画材を使い、作家の身体性や不完全さを固有性に置き換えている。また制度批判を主題にする作品においても、完遂できないことがあらかじめ運命づけられているにもかかわらず「挑戦してみせる」という人間味が、その行為を表現たらしめていると言えるだろう。ちなみに、さきほど言及したＡＮＯＭＡＬＹは、「基準や規則からの逸脱」を意味する言葉でもある。どうやらギャラリーでさえも同じようなことを考えているようだ。つまり、一概に比べられないところもあるが、陶芸も美術も、工業化と近代化を経ても変わらない人の生体としての異質さ、規定できなさに賭けているのだ。いや、それは少し違うかもしれない。機械を介した工業的なものと人の手による誤差を含んだ味わいは必ずしも対立関係にあるわけではなく、またその線引きは難しい。だから時計が刻む時間も機械的で無粋とは言い切れないのかもしれない。それはやきものにおいてより顕著である。おそらくこの点は、製陶業が他分野の工業に比べると機械化のペースがだいぶ遅いこととも関係していそうだ。

量産品と固有性

こういったことをぐるぐると考えつつ、作陶に励む日々が続いた。いくらでもやるべきこと、気になることがあった。抜け殻だったわたしは、それらへすがるようにますます作陶に没頭していった。粘土や釉薬も気になったものはすべて購入し、とにかく作りまくった。その結果、気がつけば工房のそこら中を数百点の異形のオブジェと粘土や釉薬瓶が埋め尽くし、『風の谷のナウシカ』に登場する腐海の植物を培養するための秘密の部屋のようになっていた。とはいえ、この信楽での修行のような生活を維持するためには、相模原に二件、信楽に二件と計四か所分の家賃に加え、作陶にかかる莫大な経費を賄う必要があった。窯のガス代だけでひと月二六万円を超すこともあり、驚愕のスピードで貯金残高が減っていった。大半の時間は無我夢中で作陶をしていたが、月に一度くらいの頻度で、換金できる見込みはあるのかなどシビアな部分も含めて冷静に検討する時間が設けられた。結局、この純粋な作陶の日々もアートマーケットとのつながりがあってはじめて維持できるのだと、少しだけ冷静になったりもした。

ところでわたしは、完全なる独学でここまできてしまったので、普通の陶芸教室であれば最初に習得するであろう「菊練り」も「ろくろ」も全くできない。けれども変に玄人じみたところもあり、器専門の正規の陶芸家よりも素材の特性を理解している部分もある。

わたしは、作陶の合間に信楽のあらゆる陶器販売店や施設や陶芸の材料メーカーを歩いてまわっている。「丸幸」をはじめとする大型の陶器販売店には、数万点に及ぶ量産の器が積み上がっている。その中に気になるコーヒーカップがあった。かつて信楽の主力商品であった火鉢に用いられた海鼠《なまこ》釉は、もともと中国の支那海鼠釉がベースと言われている。信楽で改良された海鼠釉は鮮やかな青になり、そして釉の流動によって現れる白濁した肌理の細かい斑文・流文が複雑な表情を生み出す。これは材料工学的な研究の末に生み出されたものだが、誤解を恐れずに言えば、絵画性や民藝のフレーバーを強く感じる釉である。

小西さんのコーヒーカップ

そのコーヒーカップは、角が丸まった四角の形をしていたが、そこにやや緑色がかったグレーの釉が施されていた。表情が海鼠釉にそっくりだったが、見たことのない色だった。本当に美しいカップだと思った。量産品には製造元のラベルや刻印がないので、お店の人にどこから仕入れたのかを調べてもらうと、小西さんという方だとわかった。コーヒーカップを持ってすぐに小西さんの工房に向かった。小西さんは作業中だったが、なんとか会うことができた。「これは小西さんのですか？」と尋ねると「そうです。これは三〇年くらい前のやつだ。懐かしい」と喜んでくれた。

またある日、違う陶器販売店で見つけた小皿が小西さんのものではないかと思い、ふたたび工房を訪ねて確認してもらったことがある。それもやはり小西さんのものだった。つまり、一見すると作家性がほとんどないように思える没個性的な量産品の「下手物」にも、明らかな固有性と芸術性が見いだせるのである。わたしの好みだからというわけではなく、ただ人知れず達成されたなんとも言えない成果物と対峙した感触があるのだった。それは外部から評価されることで付与されたものではないし、たんに「人の手の味わい」や「へちもん」に回収されるものでもなく、ましてや焼成による偶然性などによってのみ担保されているわけでもない。カップを構成する組成に折りたたまれた化学と文化の蓄積。それを引き出すのはもはや芸術家の特権ではない。

かつて柳宗悦は、用と美が結びついて民藝になると説いた。すでに述べたように、それは工業化に抗うために作家の手作業や地域性に依拠しているとされる。だが、全国各地の民藝が持っていたローカルカラーもまた工業化される際に「民藝のフレーバー」として吸い上げられ、マイナーな化学理論として温存されることとなった。現代の陶工は、本来であればその土地に由来しない土と釉を結合させる。実は「本来」などというものはそもそも存在せず、固有性も地域性も常に暫定的なものでしかないのではないか。整理すると、量産品における「固有性と芸術性」を考えることは、「どこ」の「だれ」が「なに」をつくるかを問うことでもあるだろう。小西さんの作陶は、気が赴くままでもなく、芸術の世界へ向けた追求でもない。むしろ産業の営みの中で効率化されつつも「人の手の味わい」を受け手に喚起させるべく、材料工学的な知見と審美性の掛け合わせによって、固有の民藝風味の釉調を生み出しているのである。流行から取り残され、製造元すらもわからないまま一〇〇〇円から二〇〇〇円で陶器販売店に売られている小西さんのカップと出会い、自分自身の芸術観や人生観が大きく揺さぶられた。本質主義的な価値観でもなく、機械化され化学に規定された方法論を経てもなお滲み出てくる「人の手の味わい」でもないところ、言い換えれば量産品らしい画一性なのか熟練した手仕事による味わいなのか見分けがつかない状態に、わたしはどこにも帰属しない固有性や芸術性を見た。うまくまとめられないが、作陶にのめり込み、おびただしい数の陶器を見ていく過程で、わたしの中の固定観念が少しずつ溶解していった。

*

「やきもの」はたんなる素材や技術ではなかった。器、たぬきの置物、美術品のような製品だけではなく、街のインフラに関わる土管やタイル、レンガなどの建材、トイレの便器、電柱の「碍子《がいし》」（絶縁体）、そして戦時中は地雷や手榴弾などあらゆるものを担い、構成してきた。そして窯業に携わる人

――作家や職人、愛好家、販売メーカー、研究者に至るまで――にとって、それは生活と産業と芸術のすべてが物質的にも人的にもリンクする結節点だったのだ。

わたしは知り合いのいなかった信楽でたくさんのものや人と出会い、大げさかもしれないが、人生をやり直すような経験をした。たとえば神奈川でもお世話になっている陶芸材料の総合メーカーである「シンリュウ」は、全国の学校や陶芸教室と取引がある。シンリュウの社長である小澤さんは、最新の商品カタログの粘土のページにわたしの《花粉濾し器》を参考作品として掲載してくれた。同じくシンリュウ信楽支店の藤原さんには、たびたび釉薬の相談にのってもらっている。「釉陶」の田中優次さんには、オリジナルの釉薬［★9］を何度も調合してもらっている。また、当時カイカイキキに所属していた上田勇児さんとの出会いも大きかった。交わす言葉こそ少ないが、お互いの作品を静かに見せあうような、わたしにとっては珍しく作家友達と言える人だ。去年、上田さんから作品をプレゼントしてもらったので、わたしも納得できるものができたら上田さんに渡したいと思っている。ほかにも挙げていけばきりがない。元走泥社の笹山忠保さんや信楽の郷土史を研究している冨増純一さん、陶園の臼井さん、

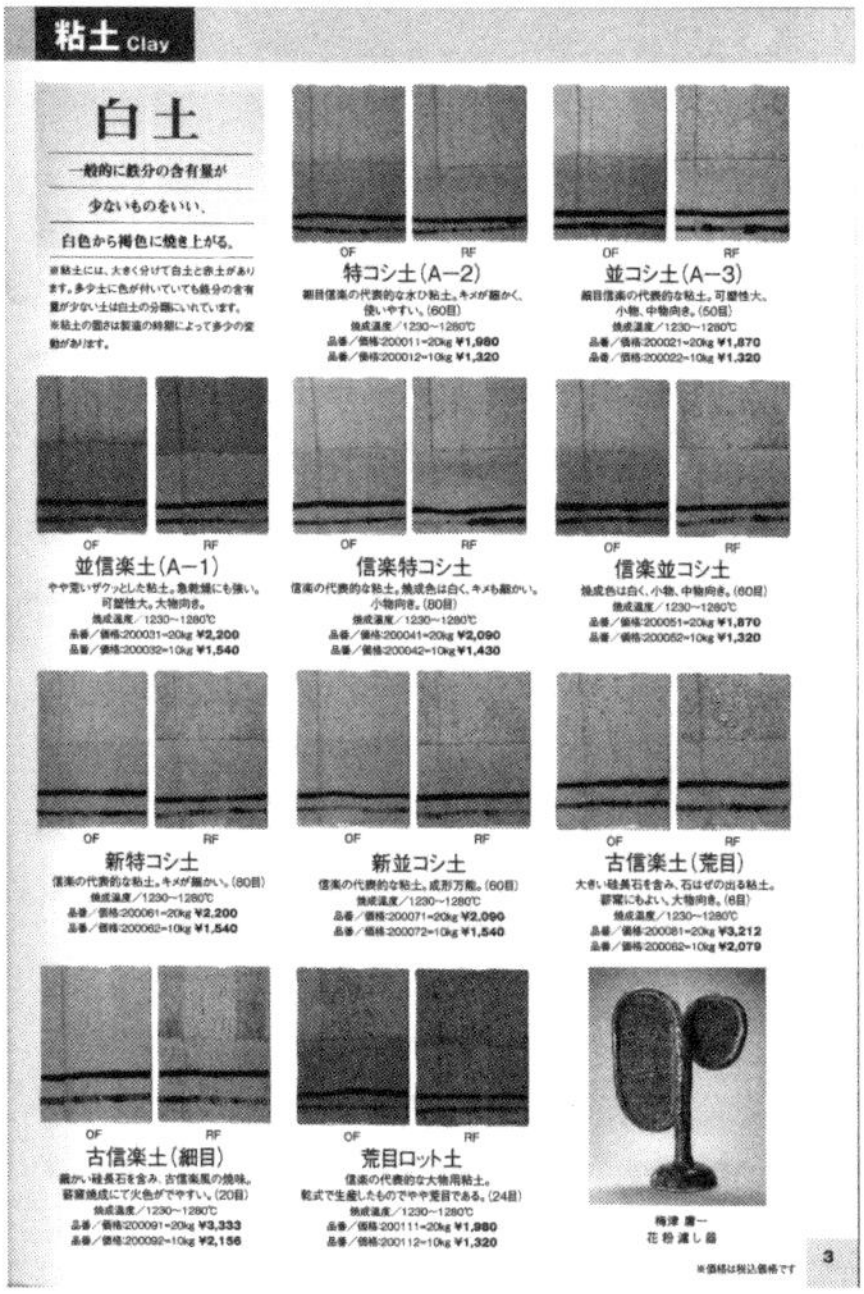
粘土 Clay

白土

一般的に鉄分の含有量が少ないものをいい、白色から褐色に焼き上がる。

※粘土には、大きく分けて白土と赤土があります。多少土に色が付いていても鉄分の含有量が少ない土は白土の分類にいれています。
※粘土の色さは製造の時期によって多少の変動があります。

OF RF
特コシ土(A−2)
細目信楽の代表的な水ひ粘土。キメが細かく、使いやすい。(60目)
焼成温度／1230〜1280℃
品番／価格:200011−20kg ¥1,980
品番／価格:200012−10kg ¥1,320

OF RF
並コシ土(A−3)
細目信楽の代表的な粘土。可塑性大。小物、中物向き。(50目)
焼成温度／1230〜1280℃
品番／価格:200021−20kg ¥1,870
品番／価格:200022−10kg ¥1,320

OF RF
並信楽土(A−1)
やや荒いザクッとした粘土。急乾燥にも強い。可塑性大。大物向き。
焼成温度／1230〜1280℃
品番／価格:200031−20kg ¥2,200
品番／価格:200032−10kg ¥1,540

OF RF
信楽特コシ土
信楽の代表的な粘土。焼成色は白く、キメも細かい。小物向き。(80目)
焼成温度／1230〜1280℃
品番／価格:200041−20kg ¥2,090
品番／価格:200042−10kg ¥1,430

OF RF
信楽並コシ土
焼成色は白く、小物、中物向き。(60目)
焼成温度／1230〜1280℃
品番／価格:200051−20kg ¥1,870
品番／価格:200052−10kg ¥1,320

OF RF
新特コシ土
信楽の代表的な粘土。キメが細かい。(80目)
焼成温度／1230〜1280℃
品番／価格:200061−20kg ¥2,200
品番／価格:200062−10kg ¥1,540

OF RF
新並コシ土
信楽の代表的な粘土。成形万能。(60目)
焼成温度／1230〜1280℃
品番／価格:200071−20kg ¥2,090
品番／価格:200072−10kg ¥1,540

OF RF
古信楽土(荒目)
大きい硅長石を含み、石はぜの出る粘土。穴窯にもよい。大物向き。(8目)
焼成温度／1230〜1280℃
品番／価格:200081−20kg ¥3,212
品番／価格:200082−10kg ¥2,079

OF RF
古信楽土(細目)
細かい硅長石を含み、古信楽風の焼味。穴窯焼成にて火色がでやすい。(20目)
焼成温度／1230〜1280℃
品番／価格:200091−20kg ¥3,333
品番／価格:200092−10kg ¥2,156

OF RF
荒目ロット土
信楽の代表的な大物用粘土。乾式で生産したものでやや荒目である。(24目)
焼成温度／1230〜1280℃
品番／価格:200111−20kg ¥1,980
品番／価格:200112−10kg ¥1,320

梅津 庸一
花粉濾し器

※価格は税込価格です
3

《花粉濾し器》が紹介されたシンリュウ株式会社のカタログ。現在では粘土の価格が一部変動しているため、お求めの際は店舗に確認していただきたい。提供＝シンリュウ株式会社

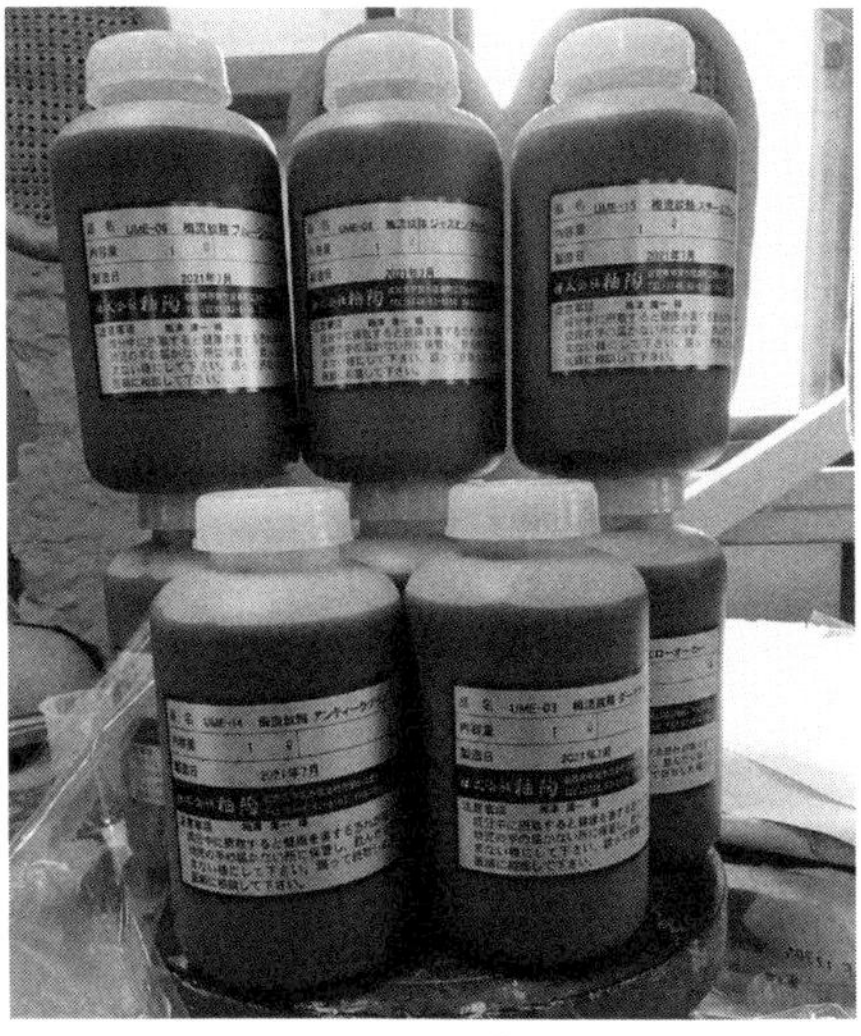
釉陶の田中さんに調合してもらった「梅流紋釉」

丸二陶科の上島さん、精土の大西さん、大塚オーミ陶業社長の大杉さん、大山さん……。

　はじめに書いたとおり、わたしは信楽を逃避と麻酔の場所だと考えていた。だがここには、これまでの活動を振り返り再出発するために必要な要素がすべてそろっていたように思う。けれども「人とのつながりを大事にしながら『手作り』の良さを再発見しました」という素朴な結論に至ったわけでもない。相変わらず美術のプラットフォームは雨漏りし続けているし、陶芸界も決してユートピアではなかった。現代美術が平成から令和へ移行しつつあるのなら、陶芸界にはいまだに昭和の序列が根強く残っている。美術とはなにか？　それはかつて諸芸術を束ねていた概念であり、制度によって生まれ規定された枠組みである――もはやそんな当然のことを再確認している場合ではない。先行世代やわたし自身が積み残してきた問題を、じっくり粘土を練るように考えていかねばならない。

　椹木野衣の提唱した「悪い場所」は、当初は歴史から隔絶された閉ざされた円環であったが、地質学的な条件が加えられたことにより複層化した。さらに平成展では、「傷ついた時間」として時間性をも包括する概念としてアップデートされた。わたしたちは、どこまでもそんな仮説としての場所や地層や時間に縛られ脅かされるのだろうか。いや、足元の土地にこだわる必要はない。良い土を探し求め、時には調合し、「器」を作ることがこれまでの人類の営みだったはずだ。たしかにアートも都市もすべて瓦礫と化す未来は変えられないのだろうし、山の形が変わってしまうほど掘ってきた粘土によって作られた器は、行くあてもなくうず高く積み上がっている。けれどもわたしたちはまた新しい器を作る。それによって手は汚れるし、土埃を吸い込んでしまうかもしれないが。

　そろそろ麻酔も切れてきたように思う。

　次回は二〇二二年の夏にわたしが信楽で行った自主企画「窯業と芸術」を起点として、信楽にやきものの技術を伝えたとされている常滑の現在などと比較しながら、さらに陶芸や美術について考えてみたい。

★9　田中さんには、市販の釉薬にはないかなり繊細な色と釉調を得るための調合を依頼し、灰をベースにした「流紋釉」のバリエーションとして「梅流紋釉」を約四〇色開発してもらった。ブルージルコン、ピーコックグリン、サンダーソニア、アマリリス、ロココ&ラベンダーとネーミングがたんに色の名称ではないところからも田中さんのこだわりがうかがえる。

図版提供＝梅津庸一（別途記載を除く）

本記事は本誌と姉妹誌『ゲンロンβ』をまたいで連載しています。今回より、連載のタイトルを「展評――尖端から末端をめぐって」から「尖端から末端をめぐって」に変更しました。

次回は２０２３年６月配信の『ゲンロンβ82』に掲載予定です。

連載　日記のような、もしくは日付のあるノート　第15回

言葉、夜の散歩、墓の制作、そしてアートのはじまり

10月1日から1月3日

田中功起 Koki Tanaka

娘は言葉をどんどん覚え、単語の羅列から、センテンスの構成と他者の言葉の模倣へと踏み出している。そこで気づいたのは、立場や状況の把握ができるようになりつつあるということだ。例えば「みかん、食べるのー」と言われ、みかんの皮をむいて渡すと「パパ、ありがとう」と返してくる。そこには、自分の要求に相手が応え、それに感謝する、という立ち位置の把握がある。保育園から家に帰ってきたときに「おかえり」と妻が言うと、娘も最初は「おかえり」と言っていた。「おかえりは家にいるひとが言って、帰ってきたひとはただいまと言うんだよ」と教えると、次からは「ただいま」と言い替える。迎えるひとと帰ってくるひとの立場の違いがあり、お互いに違う言葉を発することに気づく。公園で遊具から抜け出せないときには「だれかたすけてー」と言いはじめた。加えて「カモンカモン」「これでいいか」「なーに?」と保育園の先生たちが使う言葉の言い回しを使おうとする。

彼女は言葉を話し、言葉の意味を理解することで、世界を把握しようとしている。自分と他者の切り分けを行い、それぞれの立場を理解し、状況を見つめ、思考する。そう、考えはじめている。まあ、まだ欲求に忠実すぎて、みかんはご飯が食べ終わったあとだと言い聞かせてもその順番にはならず、ご飯、みかん、ご飯、みかんになってしまうけれども。

ぼくはいま、何によってこの世界を理解しようとしているのだろうか。

夜の街を歩くのが好きだ。

例えばニューヨークのイーストビレッジで友人たちと飲んだあと、そのままW23ストリートにあった滞在先まで歩いて帰ったことが何度かある。夏の夜、心地よい風を浴びながら、見知らぬ土地をふらふらと歩いていると自分が自由になった気分になる。なんでもできそうな気になってくる。もちろん

そうした開放感は危険と隣り合わせなのも知っている。それでも歩きたくなるときがある。京都に住みはじめる前、仕事で京都を訪れたときもそうだった。こぢんまりとした街は歩くのにちょうどいい。ベルリンもそう。歩いていると街角に小さなカフェやバーがときどき現れ、ふらっと寄ってみたくなる。終電後、新宿から渋谷まで、とりとめのない話をしながら友人と歩いたこともある。

秋というよりも初冬、オーバーコートが必要になる時期だったけれど、ベルリンの街外れを歩く機会があった。

ベルリンには久しぶりに長めの滞在をしていたが、それはＨＫＷ（世界文化の家）の仕事が理由だった。前回も触れているけれど、少し内容を振り返っておこう。ＨＫＷには展示スペースもあるのだが、美術館やアートセンターというよりも複合文化施設と呼べるような場所だ。アートとフィルム、人文学、音楽とパフォーマンスの三つの部門があり、ぼくは今回、人文学のチームと仕事をしていた。彼女たちのグループは一〇年間に及ぶ「人新世」のリサーチ・プログラムを一旦終えることになっていて、ぼくはその最後の「集会」をデザインした。「人新世」とは、人類による惑星規模での地質的変化を指し示す新しい区分で、気候変動をめぐる新しい考え方として盛んに議論されてきたものだ［★1］。

ＨＫＷのリサーチには地質学者から文化研究者、そしてアーティストからフィクション・ライターまで、つまり科学から文学までの幅広い人びとが関わっている。数日間の集会は「Where is the Planetary?」というタイトルが掲げられ、惑星における居住性が主なテーマになっていた。「人新世」というとぼくの芸術実践から一見遠いようにも見えるけれど、人びとがどのようにしてこの惑星に共に生きることができるのか、と問うとき、集団の力学を記録するぼくの映像が関係するように思えてくる。

仕事も一段落し、帰国前にその仕事で知りあったフィクション・ライターのアダニアに会うために彼女の自宅まで向かった。ベルリンの街にはシェア・スクーターがたくさん転がっていて、アプリを入れてスマートフォンのカメラで二次元バーコードをスキャンすればだれでも乗ることができる。歩くには遠いけれど、地下鉄の駅は近くにない、なんて絶妙な距離を移動するにはとても便利だ。グーグルマップで道を

★1　ぼくが仕事をしたチームは２０２２年末に契約が切れて、Haus der Kulturen der Welt（ＨＫＷ）は新しいディレクター、Bonaventure Soh Bejeng Ndikung のもと一新されている（https://www.hkw.de/en/）。ちなみにイベント「Where is the Planetary?」はＨＫＷから独立したサイト、Anthropocene Commons/Anthropocene Curriculum（https://www.anthropocene-curriculum.org/project/evidence-experiment/where-is-the-planetary）にアーカイブされ、ぼくが編集した記録映像もここから見ることができる。以前のＨＫＷのサイトはアーカイブとしてまだ残っている（https://archiv.hkw.de/en/index.php）。

確認しながら向かう。ほおに当たる夜の風が冷たい。
数日後、講演会のためにアメリカに発つ彼女はコロナ感染を警戒していたので、ぼくらは夜の街を散歩しながら話すことにした。
当初彼女は、ぼくのＨＫＷでの撮影に関して懐疑的だった。

「Where is the Planetary?」はＨＫＷのオーディトリアムで行うライブ・イベントとして企画された。ぼくの短いスピーチからはじまるプログラムは、初日の関係者によるイントロダクションのあと、同時並行で行われる複数のワークショップへと会場全体に展開し、振り返りのためのディスカッションが最終日に設定されていた。そのすべての状況を記録する撮影がメタ構造的に配置される。三六〇度回転するドーム・カメラが稼働しつづけ、ひとつのワークショップ・グループにつき二、三台のカメラが追いつづける、そうしたプランだった。

「Where is the Planetary?」は居住性をめぐる五つの問いをベースにして構成されている。ぼくはその五つの問いに対して、五つの行為を提案した。「居住性の条件とは何か？」「居住可能性はどのように計測できるのか？」「どのような惑星規模のダメージが修復しうるのか？」「どのような行動をとるのかの意思決定を行うのは誰か？」「どのようにして私たちは惑星の物語を語れるのか？」。これらの問いに対応するある種の思弁的なモデルを探ることが今回の目的で、ＨＫＷのチームからは、そのための実験的なグループワークを伴うイベント全体をデザインしてほしいと頼まれていた。例えば「居住性の条件」についての思弁的モデルは、料理をしながら協働で書かれたレシピ、「意思決定をめぐる問い」に対応するモデルは、グループによる意思決定の過程で導き出される身体の疲れ、「惑星の物語」については、協働で書かれるSF的な脚本の断片をモデルとした。そうした、かなり飛躍をともなう詩的なモデルを設定したが、実際のイベントでは、地質学者と文化史研究者とアーティストが共にスープを作り、居住性の条件についてのレシピを書き、古生物学者と人類学者とデザイナーと精神分析医が持ち寄ったオブジェを介して、惑星における居住性はどのようにして測定されるのかについて語り合い、フィクション・ライターと哲学者と演劇研究者が意思決定のプロセスを身体を使った協働のパフォーマンスに置き換え、歴史家と地理学者たちが惑星的な物語はどのようにして語ることができるのかを議論する。

記録撮影が重要なファクターなのは、一度きりのイベントで語られたことはそのまま流れていってしまうからだ。記録を見る観客の方が会場を訪れる観客よりも多いだろう。撮影がそのように重要なものであるにもかかわらず、撮影クルーは通常その場に存在しないかのように振る舞うことを求められる。この撮影では、むしろ撮影クルーがそこにいることがわかるように、普段着で来てもらう必要がある。撮影自体が重要なパフォーマンスの要素なのだ。ぼく自身のそうした意図も含めて、思想的に理解し合える相手として、クィア・フェミニストのコレクティブであるTINTに撮影に関わってもらった。それだけでなく、チーム全体を彼女たちのネットワークを通して構成してもらうように依頼し、オーディトリアムにも参入してもらった。

アダニアは自分が撮影されることに対して抵抗があったようだ。「イメージのアレルギー」と彼女は説明した。アクティビティを行うグループのなかのひとりとして切り取られるのはいいけれど、クロースアップはやめてほしいと言われた。TINTは出演者のセンシティブな身振りを理解し、適度な距離を置きながら撮影を行い、アダニアも、ぼくとTINTの取り組みを理解してくれた。そうした相互理解もあってか、帰国前にせっかくだから話そう、となった。オンラインでもミーティングは重ねてきたけれど、いつも集団でミーティングを行ってきたから、こうして個人的に話すのははじめてだった。

近くを流れる小川沿いには整備された小道があって、ぼくらはそこを歩いた。向かいの広い敷地にはかなり大きな建物が立っている。彼女はそれが連邦情報局の建物だと教えてくれた。装飾が最低限で、のっぺりとしていて、一度見たくらいでは忘れてしまいそうなその建築は、ありふれた顔と服装によって人混みに紛れるシークレットサービスのたたずまいだった。そしてそれは人びとの情報を秘密裏に扱う、政府機関ならではの外観だと思う。その無味乾燥な特徴を隠すかのように、ミスマッチな椰子の木が等間隔で植えてある。ここですべての個人が管理されている、そう彼女は冗談めかして言う。

建物とぼくらの歩く小道を隔てる小川は暗すぎて、どのぐらいの深さなのかわからない。そこにサメがいるよ、と本気なのか冗談なのかわからないトーンで言ったあと、彼女は、先日HKWで会ったときに匂わせていたぼくの実践との共通点について話しはじめた。彼女は、自分を含む複数のライターたちを劇場に集めて生活し、共に生きることをめぐるマニュアルを協働作業によって書き上げる、というパフォーマンスを、今年のはじめに行ったそうだ。あなたのミュンスターでのプロジェクトを聞いたとき、関係があると思ったけれど、オンラインのミーティングでは撮影に対して敵対的な態度をとってしまったため、話すことができなかった。そう彼女はつづけた。

★2　ロラン・バルト『ロラン・バルト講義集成1　いかにしてともに生きるか——コレージュ・ド・フランス講義　1976-1977年度』、野崎歓訳、筑摩書房、二〇〇六年。

ぼくは二〇一七年にドイツのミュンスター彫刻プロジェクトでロラン・バルトの『いかにして共に生きるか』［★2］というテキストを下敷きにしたワークショップと映像の制作を行ったことがある。そのテキストでは、共にいながらもばらばらであるような集団のあり方が、中世の共住修道院をめぐって語られる。それはイディオリトミーと呼ばれる形式である。

普通の修道院ならば人びとはスケジュールに沿った生活を共に過ごすはずだ。食事や祈りの時間は決まっている。しかし、一〇世紀に建立されたアトス山の修道院は違う。修道院のなかで、修道士たちはそれぞれ各自のリズムで暮らす。典礼上の規範もなく、食事も各自で食べる。ただし年に一度だけ、共同体であることを確かめるための食事会を行う。

修道院という空間は共有する。しかし生活の時間は各自が自由に設定する。この、共にいながらもばらばらでいいという関係性にぼくは惹かれた。

もっとも「共に生きること」をめぐっては、彼女にはより切実なものがある。

彼女はパレスチナ人だ。ドイツでのパレスチナ人の立場は複雑だ。ちょうど数日前に友人のアーティストから詳しく聞いたけれど、反ユダヤ主義への批判は戦後のドイツにおいてナチスのトラウマから逃れるためのお題目で、もちろんだれも否定できない。ユダヤ人へのヘイトは法律に抵触する。しかし、それによってユダヤ人の国としてつくられたイスラエルがパレスチナに行っている空爆などの武力行使を批判できないとなるとどうもおかしい。問題がすり替わっている。

イスラエルによる空爆を批判することと反ユダヤ主義は別の問題系にあると思う。けれども、イスラエル批判をそのまま反ユダヤ主義であると断定する風潮がドイツにはある。パレスチナ人であるということは、本人の主張がどうあれ、反ユダヤ主義のレッテルを貼られやすい。歴史と現在の問題が複雑に絡み、ドイツにおいてパレスチナ人は生きづらい立場に置かれる。彼女にとって「共に生きること」はそうした切実さに裏打ちされている。

例えば今年（二〇二二年）はドクメンタ15が行われた。ドクメンタはドイツのカッセルで五年に一度行われる、地域全体を使った大型国際展で、もともとは第二次世界大戦後の文化的な復興の目的ではじまったものだ。一九九七年のドクメンタ10以降、社会的・政治的な問題を扱うアーティストが多く参加するのが特徴で、現代美術の極北とも言える。例年、さまざまな問題があるけれども、今年はそれがアートの外へと広がり国内政治問題へと発展した。ドクメンタ15が反ユダヤ主義だと批判されたからである。

ドクメンタは、当初、ナチスが政策として進めた前衛美術糾弾のための退廃芸術展という歴史上の汚点への反省からはじまったという側面もある。反ユダヤ主義政策を推し進めたナチスへの反省がドイツにおける歴史問題であるわけだから、本来ならば同様の反省のもとにはじまったドクメンタが反ユダヤ主義であると批判されるわけがない。しかし、今回はインドネシアのアーティスト・コレクティブ「ルアンルパ」が全体のディレクションを行ったこともあり、少し事情が違う。彼らがアジア系であること、またイスラム教の国のアーティストたちであることで、アジア系への偏見やイスラム嫌悪の視線もあったと思う。小さなミスでも見逃さないというあら探しの欲動が働いていた可能性は高い。

　展覧会はコレクティブである「ルアンルパ」が別のコレクティブを呼び、そのコレクティブがさらに別のコレクティブやアーティストを呼ぶというやり方で、一五〇〇にも及ぶアーティストたちが参加する、全体が把握できないような空間があちこちに作られていた。いわゆるグローバル・サウスでのさまざまな活動が紹介されたり、実践的なワークショップが数多く行われたりする、カオスな会場は魅力的だった。

　ところが開催前、まずはQuestion of Fundingというパレスチナのコレクティブの参加に対して、とある地元アクティビスト・ブロガーが懸念を表明した。Question of FundingがＢＤＳ（国際法違反をするイスラエルに対する「ボイコット、投資撤収、制裁」運動）に関係している反イスラエルのアクティビストだという言いがかりだった。ドイツではＢＤＳは反イスラエル＝反ユダヤ主義として短絡的に捉えられている。言ってみれば踏み絵的に、ＢＤＳに賛同するかどうかで政治的立場が二分されてしまうから、ドイツ国内ではなかなか悩ましい問題のようだ。結果として、そのコレクティブが参加する予定だったシンポジウムは中止になり、オープンしたあとの展示空間にはカリフォルニア州刑法一八七条にちなんだ、殺人を意味する「１８７」のグラフィティが描かれもした。殺人予告と読めるものだ［★3］。

　Question of Fundingについては単なる言いがかりだった。でも、ここに詳細は書かないけれど、その後、複数のアーティストがステレオタイプな反ユダヤ主義的図像を——その作品が作られた地域も文脈も異なっているとはいえ——使っていたことが発覚し、当初、ドクメンタ15を擁護していたドイツ文化相も一転して批判的になり、作品撤去を求めた。状況に対する運営側の対応不足もあったと思う。実際、参加アーティストのヒト・シュタイエルは運営側の対応不足（とスタッフの労働条件の劣悪さ）を問題視し、展示を閉鎖した。同じ頃、今回の混乱の責任を取ってドクメンタの総監督が退任した。政治とアートをめぐるこうした問題は今後のアート・ワールドに大きな影響を残すだろう。

★3　URL= https://www.artnews.com/art-news/news/what-is-documenta-15-antisemitism-controversy-1234635001/

ぼくにとってあの夜のアダニアとの会話は、そうしたドクメンタをめぐる喧噪が背景に響いていた。彼女のなかにある軽さと重さは彼女が置かれている状況を反映している。短い時間ではあったけれども、彼女と話せたことは良かった。

歩きながら話すことは、とりとめのない断片を繋ぎ合わせる作業に似ている。そこにさまざまな可能性の種が落ちている。他者と出会い、言葉を交わすこと。コロナ禍と育児のなかでしばらく忘れていた行為を取り戻して、ぼくはなんだか深く心揺さぶられていた。対面でなくてもオンラインで意見交換はできる。でもやっぱりだれかとこうして夜の寒さと散歩の疲れを共有しながら話すことの良さもある。

昨年（二〇二一年）の父の死からしばらくたって、ずっと気がかりだったことに手をつけることにした。田中家の墓をどうするか問題である。実家の墓にはカロート（納骨室）がないため、祖父と祖母の遺骨はばらばらに埋められている。もしかすると曾祖父も曾祖母もそうかもしれない。祖父は長男だったから、九州の田中家の墓から遺骨の一部を移動させていたかもしれない（いや、そもそも九州に田中家の墓なんてあったのだろうか）。

母は詳細を知らなかった。生前の父も知らなかった。敷地を掘り返してみなければわからない。本来ならば父の代で墓をリフォームすべきだったと思う。ちなみに父は、祖父から遺産相続をしたあと、実家の名義変更をしていなかった。名義変更をしないことはよくあるらしい。家も土地も祖父名義のまま、父は亡くなった。だから、ほぼ遺産価値のない家と土地をぼくが引きつぐために、ぼくら家族で煩雑な手続きをしなければならなかった。遺産相続のためには祖父の戸籍の移動をくまなく調べなければならないし、分割協議書を作るためにぼくは法務局に何度も足を運んだ。これを怠るとぼくの娘の代でもっと煩雑な作業をしなければならなくなる。

家族の墓をリフォームすることは、実はとてもわくわくするものだった。リフォームのために考えたのは、ぼく自身がこれまでに培ってきたインスタレーションの技術を使うということ。配置と再使用についてのぼくの考え方をそのままリフォームに反映させるということだ。つまり、既に敷地にあるものはできるかぎり使う。墓としての最低限の配置を残しつつ、いわばそれを崩すような介入的な配置も行う。例えば七〇年代に「もの派」と呼ばれるアーティストたちが行っていたような、未加工な素材同士の出会い、あるいは空間と素材の関係性を再考するような、そんな展示である。いや、展示ではない、墓だ。そして野外での恒久設置という意味では、ぼくにとってのはじめてのアースワークと言える。

いずれにせよ、墓のデザインという、言葉だけを聞けばなんだか気が重くなることも、長い年月野ざらしになるものを作る、と捉え直したことで気持ちが盛り上がってしまった。自分や家族のためだけに仕事の技術を全面的に使うという点でも新鮮だった。それはさまざまなしがらみから解放されて、自由な気持ちで制作に臨むことでもあるからだ。

中央の墓石はそのままの位置に残し、敷地の隅に置かれていた曾祖父と曾祖母の墓石は中央の墓石の横に並べ、囲いに使われている大谷石と同様の石を床全体にランダムに配置する。最近は墓を整理して遺骨をお寺などに預ける、いわゆる永代供養が多いらしく、墓じまい後の大谷石が大量にあるらしい。そうした使い古しの大谷石を石屋さんに提供してもらった。ちなみに大谷石とは栃木県は益子町近郊でよく使われているものだ。二三〇〇万年から五〇〇万年前の中新世の頃の火山灰が海底で凝固したものらしい。自然素材を使うということはそうした地質的な営みに触れることでもある。

ばらばらであった家族の遺骨をまとめ、墓をリフォームすることは、過去と対話し、父の死を受け入れるプロセスだった。きっと母にとってもそうだったと思う。母は昔から墓のことを気に病んでいたし、父はそれに応えることはなかった。父にとってケアすべきはいま生きているひとたちであり、死者はほっておかれた。墓をリフォームする費用があるのならば、孫におもちゃを買ってあげたり、家族旅行や家の補修にその分が充てられた。経済的に厳しい環境で育った父なりのリアリティだったのだと思う。

でも、生者のために死者をケアすることも必要だ。墓問題を解決したことで、ぼくも母もなんだかすっきりし、元気になったと思う。父の死を受け入れること、いや、むしろ死の記憶と、死者と共に生きることを受け入れることができたんだと思う。父が、母以上に、ぼくの娘に関するイベント事（クリスマスとかお年玉とかそういうこと）に気を使ってくれていたことに最近気づいたけれど、死者の声はそうやって生活のなかに響いている。

おそらくぼくはひとと話すことでこの世界を理解しようとしている。他者との出会いによって思いも寄らない話を聞き、調べ、同時に手にできる素材を使ってそれらの関係性を提示したり（再）配置したりすることによって、自分のなかの凝り固まった思考を解きほぐそうとしている。ときにそれは死者との対話がきっかけだったりもする。

それでも限界はある。

この原稿を書いているうちに四七歳になった。年齢を重ねることは、クリエイティビティを発揮するためにはおそらくマイナスかもしれない。アートにおけるほとんどの革新的な行為は二〇代や遅くとも三〇代のアーティストたちによって行われてきた。それが前衛というものだ。その年齢をはるかにすぎたぼくは、子育て生活に埋没している中年のアーティストになり真新しい視点なんて持ちようがない。

ほとんどの場合、歳を重ねることはひとを窮屈にさせる。さまざまなことに気を使わなければならない。そして配慮に配慮を重ねたすえ、結局のところ何が目的だったのかを見失い、凡庸さに落ち着いていく。アーティストのほとんどはそうやって当たり障りのないものを作り、キュレーターは当たり障りのない展覧会を企画し、ライターは当たり障りのない記事を書く。質だけは、経験値によって上がっていく。でも切実さはなくなり、無意味なのにやらざるをえないという最悪の事態になる。みんなそれがダメなことをわかりながら、しかし何もできず、そのつまらなさの悪循環を止めるすべを見出すこともない。一方で、配慮を欠いたものたちは隠蔽やハラスメントによって小さな悪をなし、それはそれでこの世界を生きづらいものに変えていく。

歳を重ねるということは自身の凡庸さとの戦いだ。この世界の難しさの前で呆然とすることでもある。

それでも可能性があるとすれば、そうした抱えなければならないたくさんの与件を前にして、ただ受け入れるのでも反動的な態度をとるのでもなく、与件の多さを数学における特殊な問題を解くように扱うこと。つまり難問を解くことで見出される新たな地平にかけることしかできないのかもしれない。

倫理も、社会正義も、経済も、芸術性と同じように考慮し、その与件の組み合わせによってはじめて導き出される最適な解を見つけること、そこに作家性をかける。歳を重ねたということは、難問に挑むための技術の蓄積があり、知恵があり、経験があるということだ。俯瞰した視点を持ち、歴史のなかでくり返されてきた過ちにも気づくことだ。何が信頼できて、何が信頼できないのかもわかっている。だれが嘘をついていて、だれが本当を語っているのかもわかる。時間をかけることを厭わない。迷いをおそれない。迂回をためらわない。気づきはときに遅さを伴う。周り道をし、逡巡し、それでも作ることをやめない。そういう人生の余裕を持つこともできるはず。そうすれば、前衛にはできなかった、別のアートを作ることができるだろう。

ゆっくりとではあるけれど、そうやってまたアートがはじまりそうな予感もある。そしてこのぼくにもまだ何かできそうな気もする。

本記事は本誌と姉妹誌『ゲンロンβ』をまたいで連載しています。
次回は2023年4月配信の『ゲンロンβ80＋81』に掲載予定です。

ベルリンの夕暮れ。撮影＝筆者

水俣のチッソと小名浜のスイソ

小松理虔 Riken Komatsu

連載 当事者から共事者へ 第11回

五時間ほどのツアーを終えて宿に戻り、さっき買ったばかりのタチウオとカンパチを皿に載せ、これでもかと氷を入れたロックグラスに球磨焼酎を並々と注いで、夕方四時、まだ陽の沈まぬうちから酒と刺身を食らっている。今朝水揚げされたばかりだというタチウオの身は歯を跳ね返すような弾力があり、しかし嚙むほどに旨味が染み出してくる。口に入れた瞬間こそ醤油の甘味が先に感じられるが、その醤油の味が数秒後にはタチウオの脂の甘味にすっと切り替わる。一方、カンパチの脂のノリは図ったように完璧だ。口に運ぶと舌の上で脂がシュッと溶け出し、舌の中央から奥の方に旨味が広がっていく。溶け出した脂に誘われるように歯を動かし、身を嚙む。この小気味いい硬さこそ鮮度の証しだ。嚙むほどに、舌が柔らかな甘味を感知していく。体の疲れが一瞬にして消えていくような、そんな旨味。柵で買ったので刺身の厚みを自分で調整できたのがよかった。厚みは九ミリほどだろうか。飲食店で出されるカンパチ刺しの倍はある。刺身を満喫するには「厚み」や「量」も必要なのだ。

魚のお供は、熊本県人吉市に蔵を構える繊月酒造の熟成酒「たる繊月」である。ぼくは基本的には日本酒を愛飲する。日本酒が好きすぎて正直これまでは「焼酎なんて」と思わないでもなかった（焼酎愛好者の方すみません）。けれどこの焼酎は、米焼酎特有のくさみが一切なく、むしろ口に入れ舌で転がしてからの風味の膨らみがまろやかで、熟成酒ならではの余韻がある。しかも、これが甘味の強い九州醤油と抜群に相性がいい。焼酎が、パンチのきいた魚の脂身、濃厚な醤油の旨味を包み込むようにして喉から胃へと送り届けてくれるのだ。これはぼくの確信だが、その土地の酒は、その土地の食い物や風土と合うようにできている。地元のものを適当に合わせておけばまず間違いはないのだ。いやあ、夕方から、なんという贅沢。

いまぼくは、熊本県水俣市にある「水俣病センター相思社」の宿泊者用の台所で刺身を食べ、この文章を書いている。この味の感動を忘れたくない、早く記録しておきたいと思ったからだ。だが、これ以上飲んでしまうと書く気力が失せる気がする。本当は焼酎をもっと飲みたいのだが、酔い潰れないうちに、先に筆を走らせておこう。

なぜこんなに刺身がうまいと感じるのだろう。それはおそらく、これを食べる前に、水俣市を巡る五時間あまりのツアーに参加したからだ。相思社のガイドが水俣病にまつわる場所を案内してくれるツアーで、朝九時から市内の複数の箇所を巡り、昼食を挟んで、相思社の敷地内にある「水俣病歴史考証館」の展示を解説付きでじっくりと鑑賞する、というものだった。

もうずっと前から、水俣には行かねばと思っていた。「公害の原点」を学びたいとも思っていたし、水俣がいまどういう状況になっているのか、福島やいわきとの接点が本当にあるのかを知りたくもあった。そこで、まだ今年度の仕事が確定しない、比較的自由のきく四月の、たまたま仕事が入っていない週を見つけて、唐突に、よし、水俣に行こうと決めた。妻に趣旨を説明したところ気前よく四日間も日程を確保する

最高にうまかった刺身と球磨焼酎

ことができた。周囲の何人かに水俣行きを相談してみると、複数の人たちから「相思社には行っておけ」とアドバイスされたこともあり、このツアーを予約していたのであった。

ものすごいツアーだった。そこで目の当たりにしたものは、到底、言語化することなどできないとも思えた。かつて猛毒のヘドロが溜まっていたという水俣の海を見た。その膨大なヘドロを集め、七メートルもの土を覆いかぶせて造った埋立地の、環境のシンボルとなるべく植えられた木々の間を歩いた。多くの犠牲者を出した漁村を巡った。大きな被害を出しながら、いまなお稼働し続ける「チッソ」の工場を間近に見た。そのあちこちに、いや、訪ね歩いたほとんどすべての場所で、不条理、悲しみや怒り、諦念の痕跡のようなものを感じた。そしてその痕跡は、ぼくの地元である小名浜、あるいは常磐とも浜通りともつながった。奇妙な「符合」を見つけるたびに何度もため息をついた。天を仰ぎ、海を凝視し、踏みしめた大地を見下ろし、考えるだけのことを目一杯考えた。ツアーを終えたぼくは、正直なところもう「お腹いっぱい」の状態だった。食欲がそんなに

あったわけではない。うまそうな魚の力を借りて、その胸のつかえを飲み込んでしまいたかった。ところが、うまい魚たちを食べるほど、先ほど見た光景を、そこで語られた言葉を、そこで考えたことを、どうしても思い出してしまう。

チッソの城下町

一ヵ所目として回ったのは、市内を見下ろすことのできる丘の上の、小さな祠。三〇段ほどの階段を上がると神様を祀った祠があり、そこから後ろを振り返ると、美しい不知火海と水俣市の街並みが見える。驚かされたのはチッソの異様なほどの威容である。あまりにも工場の敷地面積が大きい。チッソが存続していることは情報としては知っていたけれど、これほどまでの面積を占めているとは思わなかった。「チッソ」については少し説明が必要だろう。水俣病を引き起こした責任企業であるチッソは、二〇一一年一月、分社化のために「JNC株式会社」という会社をつくり子会社化した。そしてその二カ月後の三月、JNCがメインの事業を引き継いだ。チッソは水俣病の補償などを引き受ける親会社として存続している。だから厳密に言えば、目の前の大工場はこのJNCのものということになる。だが本稿では、名を変えたとしても事実上「チッソ」の工場であるということが重要だと考え、JNCもチッソもすべて「チッソ」という名称を使うこととする（こうした混同を敢えてつくるために分社化したのでは、と邪推してしまう）。

目の前の光景にしばし言葉を失っていると、ガイドをしてくれた相思社の葛西伸夫さんに「今度は山側を見てほしい」と促された。目を移すと、こんもりとした山の緑がヴィヴィッドに広がり、その緑のなかに、ギュッと詰まったように家々が立ち並んでいた。葛西さんによれば、こちらの山側にはかつて「水俣城」と呼ばれる城があり、この地域を統治する武将が居を構えたそうだ。古くはそちら側が水俣の中心地だったらしい。Googleマップで検索すると、たしかに現在も「水俣市古城」という地名が残っている。周囲に水俣川が流れており、城を築くには好適地のように見える。

葛西さんによると、このエリアにチッソの幹部がいまも住居を構えているそうだ。そこから少し離れた海側、水俣川の南側へと労働者の長屋や住居が続き、さらにその外側に漁民の暮らすエリアが広がっていたという。つまり、町の中心部にチッソ幹部が、その外側に労働者が、そしてさらにその周縁に漁民がというように、地域内の社会階層がそのまま居住地域に表れていたということだ。漁民の多くは、明治時代以降、水俣市の海の豊かさにあやかろうと他所から移り住んできた。とりわけチッソが開業してからは、水俣市の人口が増え、そこに旺盛な需要もあったのだろう。ただ、中心部には空いた土地がなく、移住者は自然と漁村エリアに移り住むことになる。水俣病は、まさにこの地域で重篤化した。魚食を主とする暮らしを営んでいるわけだから当然だろう。このため初期の時点では、水俣病は「漁民たちが持ち込んだ流行り病」と考えられたそうだ。差別の構造は、公害が発生する前からすでに存在していたということだ。

　一等地に幹部が暮らし、同心円を描くようにして外側に向かって階層が分けられていく。この話は常磐炭田の炭鉱にも共通するように思う。常磐でも、丘の上などの一等地に幹部の一戸建て住宅が造られ、その外側に労働者の長屋がずらりと並んだ。いやそれ以前に、そもそも炭鉱の坑口は市街地からは離れた山間部にあり、そこに突如として仮設的に炭鉱町が形作られていく。石炭を掘り尽くしてしまえば、その町自体がお役御免になるわけだ。もっとも早く開発された地域から衰退が始まり、そして過疎化していく。後になって開発された町や、炭鉱開発以前から発展していた町から見れば、古い炭鉱町はまさに周縁に見えるだろう。同じ地域、同じ自治体に暮らす住民同士であるはずなのに、中心地から離れた地域に対する「蔑視」が生まれてしまうという構図は、やはり他人事とは思えなかった。そこではおそらく、本社社員と下請け会社社員、正社員と契約社員、というような雇用体系から生じる格差や差別意識、経営陣と組合の間の対立などもあったのだろう。全国の企業城下町でもよくあることかもしれない。

丘の上の祠から見下ろす水俣市。チッソの関連工場があちこちに見える

かつて水俣城という城が築かれていた古城地区。チッソの幹部がいまも居を構えているという

　山の上からはっきりと確認できたチッソの威容は、丘を降りて町場に出てみると、より一層強く感じられるようになる。印象的だったのが水俣駅だ。水俣駅は、先ほど祠から見下ろした山側のエリアからは少し離れた海側の、労働者の多く暮らす地区にある。駅の改札を出て前方を見てみると、なんとチッソの

正門がある。その距離、ほんの一〇〇メートルほどだろうか。あまりに駅に近すぎる。電車で水俣に降り立った人が改札を出て初めて目にするのがチッソの工場なのだ。葛西さんによれば、駅が開かれたのは一九二六年。鹿児島本線の西回りルートが開通したとき、すでに開業していたチッソの正門に合わせて造られたのだという。まさにチッソの利便性のために造られたのだ。水俣市がチッソの城下町であることを感じるのに十分すぎるものだった。

　駅を出て、歩いて正門へ向かう。警備員が不審者を見るような目でこちらを見てくるが、ガイドの葛西さんは「私はもう何度もここに来てますから、ああ、また来たなって感じだと思いますよ」と意に介さない。さらに正門へ近づくと、そこにはなんと「お堀」が掘られていて水が流れているではないか！　お堀に沿って木々が植えられており、中の様子ははっきりとは見えないのだが、チッソの工場が「水俣城」に見えてくるようだ。正しくは、これはお堀ではなく、工場排水を流すためのものだが、葛西さんによると、この排水溝を「お堀」と呼ぶ市民も実際にいるのだそうだ。お堀はいったい何から何を守るのか。

駅の出入口のドア越しに撮影したチッソの正門

チッソ正門前から見る「お堀」。本当に城のお堀に見えるが、中にあるのは工場である

　その「お城」のそばに、水俣市議会の議員の名が書かれた看板がふたつ立っていた。片方は女性議員のもので、前の選挙では初めての立候補にもかかわらず最多得票で当選したそうだ。もう片方の男性は得票数が二番目だった議員らしい。葛西さんによれば、その二人は市議会議員でありながらチッソの職員なのだという。思わず「マジすか？」と声が出てしまった。ぼくはチッソという会社は賠償を行うために存続しているだけで、実業は継続していないはずだ、あれほど大きな公害事件を起こした会社が存続し、いまも営利活動をしているはず

がない、などと思い込んでいた。ところが、チッソはJNCと名を変え、むしろ過去よりも大きな影響力を保持しているようだ。実は、あまりに知られていないかもしれないが、チッソの業績は大変好調で、テレビやモニターに用いられる「液晶」の材料分野のシェアは世界トップ3に入ると言われている。ぼくがいまこの文章を書くのに使っているMacBook Airにも、その材料が使われているのかもしれない。ぼくたちは、いまなお水俣を生きているのだ。それに加えて地方政治にも影響力があるわけだから、その存在感は、水俣病が社会課題化していた時代となんら変わらない、いや、国民の注目、ある意味での「監視」の目が緩んだいまの方が、強い影響力を行使できるのかもしれない。

大きな公害事故を起こしてなお、地域に強い影響力を残す。それは原発事故を引き起こした東京電力も同じかもしれない。あれほどの事故を引き起こし、人の暮らしを、文化を、絆やコミュニティを断ち切っておきながら、東電に頑張ってもらわなければ事故からの復旧も復興も成し遂げられない。個人的には、東電はいったん潰して廃炉の会社として国の管理下に置くくらいのことをすべきだとも思うのだが、東電はこの一〇年の間に、膨大な国費を投入され、存続し、その傍らで、多くの地元採用を行ってきた。復興に尽力すると言っておきながら、被災者からの訴訟を退け、国の和解勧告を無視し、賠償を渋り続けている。情報発信にも信頼回復の取り組みにも消極的で、つい先だっても、柏崎刈羽原発（新潟県）のテロ対策設備の不備が長期間続いていたことを鋭く指摘され、原子力規制委員会から運転を事実上禁じられる命令を出されたばかりだ。それなのに……。

昨今、GAFAなどプラットフォーム企業を「国家を超える権力」として認識し、厳しく監視しよう、分社化すべきだという議論が起き始めているが、地方都市に君臨する「殿様企業」の圧倒的存在感たるや、GAFAをはるかに凌駕するようにも感じられる。

チッソとスイソ

地域の中心に工場（お城）があり、その周囲に人々が暮らす。そんな様を見て、ぼくはいやでも目の前の風景に小名浜を見てしまう。ぼくの自宅のすぐそばには「日本水素工業小名浜工場」と呼ばれる大きな工場があった。現在は「三菱ケミカル小名浜工場」と名を変えたが、いまだにぼくの暮らす地区が「スイソ前」と呼ばれていることを『新復興論』で紹介したことを覚えている読者もいるはずだ。水俣が「チッソのまち」なら、小名浜は「スイソのまち」か……。

小名浜のスイソ、日本水素工業が誕生したのは一九三七年。九州に拠点を持っていた九州曹達という会社が小名浜の海沿いにあった広大な土地に目をつけ、日本水素工業小名浜工場として巨大なプラントを建設したのが始まりとされる。開業当時から、メタノールや硫酸、アンモニアといった化学薬品、化学肥料などを製造していたようだ。

　これに対して水俣のチッソは、一九〇八年に、曾木電気株式会社と日本カーバイド商会の合併によって生まれた。合併時の名称は「日本窒素肥料株式会社」である。チッソもまた、化学肥料の製造を主たる事業とする会社であった。チッソとスイソ、開業した時期には三〇年ほどのタイムラグがあるが、ともに化学工業のプラントであり、戦後復興に大きく寄与したとされる点で共通している。奇妙な符合はここにも見つかったわけだ。

　ほかにも何か符合が見つかるのではないかと思い、Googleで小名浜の「日本水素工業」について検索すると、昭和四〇年代にいわき市内で社会問題化していた公害被害や健康調査について書かれたレポートを見つけた。当時のいわき市医師会副会長、石井正によるものである。そこにこんな記述がある。

> 戦前の昭和12年、当時の小名浜町に化学工場N会社が設立されてから、その排出するSO2のため、その名も松の中と呼ばれる松林の群生していた部落の黒松は数年の間に殆んど全滅してしまった。町中にあった工場近接の鹿島神社の松の社は全くその姿を消し、葉の厚い闊葉樹が枯死をまぬかれた。またSO2の被害は農産物にまでおよび風向によって濃いSO2の流れた田甫では一夜にして稲の立枯れが起り、住民から被害の賠償を要求される事態を生じた。［★1］

　小名浜にも公害があったことは知っていた。石井によるこのレポートにも、小名浜地区の住民に対して行った健康調査の結果が克明に記されている（呼吸器系の症状はかなり広範に出ていたようだ）。しかし問題は、それぱかりではなかった。ぼくの暮らす「松之中」の松林も、ぼくの家のそばにあったはずの鹿島神社の松もスイソによって死滅させられたのだ。スイソは人の命までは奪わなかった。しかしそれはラッキーなだけだったかもしれない。いや、文化的には、石井がレポートを書いた昭和四〇年代に、すでに多くのものをこの松之中から奪っていったといえる。松之中の松を、風景を、そして地名を、返してほしい。ぼくの家の二階からは、もう海は見えない。工場の建屋と煙突が見えるだけだ。スイソ以前の、松林の奥に広がる小名浜の遠浅の海を、ぼくの先祖が見ていたであろう景色を、一度でいいから見てみたかった。

　しかし一方で、ぼくはスイソに育てられた。松之中がスイソ前になることで多くの商店が軒を連ねた。ぼくの父方の祖母は、ぼくが生まれた頃もスイソでパートの仕事をしていたそうだ。スイソで稼いだ金で米を炊き、それで作ったおにぎりをぼくは食べて育った。被害者にもなり得たかもしれないし、また同時に、加害者にもなり得た。

チッソとスイソの奇妙な符合はまだ続いた。葛西さんの案内で、埋立地にある古い防潮堤を見に行った。現在はチッソが所有する工場用地になっているが、防潮堤があるということは、以前はここが「海岸線」だったということだろう。葛西さんによれば、この場所にはかつて塩田があり、防潮堤は、その痕跡なのだという。

水俣湾は潮の干満差が大きく、古くから、その差を利用して広く製塩が行われていた。塩田の周囲を防潮堤で囲み、海水を塩田に引き込む「入浜式」という方法だったそうだ。ところが、日露戦争を機に国が塩を専売することになり、水俣の製塩業は一気に斜陽化。工場誘致などが取り沙汰されるなか、当時、曾木電気の経営者だった野口遵という実業家が、発電事業で余った電気の活用に役立てようと化学薬品工場の計画をぶち上げ、一九〇八年、日本窒素肥料株式会社が生まれた。つまりチッソは塩田の跡地に建てられたわけだ。

その話を聞いて、ぼくは頭を抱えた。なんということだ。スイソが建てられたところも古くは製塩工場だったのだ！

太平洋を望む小名浜高山地区の一角に「鈴木製塩所」ができたのは明治三八年とされる。小名浜の浜辺は南の方角を向いており日照量が豊富だ。このため古くから小規模製塩が行われていたのだが、明治時代、静岡からやってきた鈴木藤三郎という人物が、この良好な自然環境に目をつけ、近代的な製塩所を建設した。町のあちこちから、製塩所の煙突がよく見えたという。

その後、昭和の時代になり、各地で化学工業が盛んになると、先ほど紹介した九州曹達が小名浜に目をつけ工場建設を画策する。鈴木製塩所がすでにあったので、その敷地をそのままプラントに転用でき、なおかつ小名浜港にも近く物資の輸送にも適し

かつての塩田跡。防潮堤のある場所が、まさにかつての海岸線だったという

★1　石井正「いわき市の大気汚染と住民の健康について」『大気汚染研究』八巻三号、一九七三年。URL=https://www.jstage.jst.go.jp/article/taiki1966/8/3/8_175/_article/-char/ja

ていたためだ。そうして一九三七年、盧溝橋事件が起きる激動の年に、日本水素小名浜工場がこの地に産声をあげた。チッソもスイソも、豊かな海辺の町の塩田から始まったのである。

「符合」に気づかされたぼくは、カメラを握りしめたまま、しばし呆然と立ち尽くすほかなかった。チッソとスイソ。両方とも元素に由来する名を持ち、製塩や漁業が営まれていた豊かな漁村の塩田に生まれ、ともに化学肥料や化学薬品を製造し、規模は大きく違えど、ともに公害を引き起こし、いまなお社名を変えて存続している。

もちろん、会社としては別の組織であり、規模も業態も違う。スイソはチッソと違って二〇〇〇人近い命を奪った公害事件を引き起こしたわけではない。けれど、ぼくは勝手に両者の共通点を見つけ、その「縁」の深さに勝手に圧倒されてしまった。そして、こんなことを思った。チッソとスイソの間には、もしかしたら大きな差はなかったかもしれない。チッソは小名浜に来ていたかもしれないし、ぼくが「小名浜病」の被害者になっていたかもしれない。あるいは、工場労働者として加害者の側に回っていたかもしれない、などと。水俣と小名浜。逆の歴史になっていても不思議ではなかった。

日本人と土

塩田の次に向かったのが、ツアーのハイライトとも呼べる「百間排水口」だ。ここが水俣病原点の地。グラウンドゼロである。チッソは一九三二年から三〇年以上、水銀を含む排水を海に流し続けた。まさにこの水門を通じて、美しい不知火海に水銀が流れたのだ。

なぜ水銀の流出は止められなかったのか。なぜ自治体も国もチッソも被害者救済に後ろ向きだったのか。水俣病について、「後世」に生きるぼくたちは「当時は経済成長が優先された」と簡単に語る。しかしだからといって人命がこれほど軽視されていいのか。なぜ漁民たちが苦しまなければならなかったのか。なぜ人間は、これほどまでに愚かな行為を成し得たのか。人間の持ち得る業は、なぜこれほど肥大化してしまったのか。静かに流れる水門の水にやり場のない怒りや疑問をぶつけたところで、どこからも声は返ってこない。ただ、暖かな春の日差しが注ぎ込むそばの竹林から、鳥の鳴く声が聞こえるだけだ。

鳥の鳴く竹林の下には、有機水銀の含まれたあのヘドロが埋められているそうだ。見た目には美しい遊歩道に見える。そこに植えられた木々は、気持ちよさそうに風に揺れている。けれども、ぼくのこの足の下、ほんの七メートルのところに、海底から浚渫《しゅんせつ》してきたあのヘドロがある。ヘドロの上には遮蔽シートがかぶせられ、さらにその上に、膨大な量の土がかぶせられた。ヘドロを埋めるために使われた土は、御所浦島という、不知火海の対岸にある島の山を削り、船を使って運ばれてきたそうだ。さっき、その御所浦島を遠くから眺めた。土を削ったところだけ山肌が露出していた。それは傷痕のように見えた。土は、木々は、本当は怒っているのではないか。

　汚染物質の上に何メートルもの高さの土を盛り、その上に道を造り、木々を植え、復興のシンボルとなる公園をしつらえる。これは何も水俣だけではあるまい。それはおそらく廃炉後の浜通りの風景になる。いや、廃炉にかかる数十年（あるいは一〇〇年以上？）を待たずとも、すでに福島では除染した土を道路の下地材として使う計画が持ち上がっているし、飯舘村では、畑の土の下に除染土を敷き詰め、そこで農作物を作った場合、どの程度放射性物質が移行するかを調べる栽培実証実験が行われている。

ヘドロを埋め立てるために膨大な量の土が削り取られた御所浦島。削られた痕が残る

百間排水口。ここから有機水銀を含む排水が不知火海に放出された

　東日本大震災以前から、原発などから発生する低レベル放射性廃棄物は、そもそもその敷地内でドラム缶などに入れて厳重に管理・処分されることになっている。原発の解体などによって発生したコンクリートや金属などの再生基準は一キログラムあたり一〇〇ベクレルで、それ以下に収まれば、リサイクルしてもいいという決まりになっていた。しかし、原発事故後に制定された「放射性物質汚染対処特措法」によって、基準値は一キログラムあたり八〇〇〇ベクレルまで緩められた。そうでもしないと除染土を管理・処分しきれないからだ。

　野菜の栽培実証実験などの結果を見るに、地中深く埋めてしまえば科学的にはなんの問題もなく放射線を遮蔽でき、処分方法としては最適なのかもしれない。健康被害もないのだろう。畑の下に除染土があったとしても、安全でおいしければ気にしないという消費者も多いはずだ。ぼくだって安全でうまけりゃあ食べるだろう。けれど……。

そういえば、ツアー中、葛西さんが何度か「有害物質の埋立地」を案内してくれた。埋められているのは水銀を含んだヘドロだけではないようだ。実は小名浜にも、かつて産廃土壌（地元では「アカバイ」と呼ばれている）が造成に使われたという話がある。震災後、新たに宅地を造るために土を掘ったら、その時代のアカバイが出てきてしまった。放射能どころの問題ではない、なんてことが複数あったと聞く。

ぼくたちは、いつの時代も、都合の悪いものを地中に隠し、土をかぶせて埋めてしまう。見えなければ、それは存在しないのと同じだからだ。無論、「埋設処理」という方法は最新の環境工学の知見を生かした検討の結果採用されているのだろう。それはわかる。けれど……。そうなのだ。埋めるということを考えると、いつも「けれど……」というためらいが生まれてしまう。

町外れで見つけた廃棄物の埋立地。ガイドの葛西さんによればこの下にはチッソが排出したダイオキシンが埋められているそうだ

ふと思い出したのは、かつて『ゲンロン5』に掲載されていた、東浩紀さんと大澤真幸さんによる、劇作家・鈴木忠志さんへのインタビューだった。鈴木さんは、日本の能舞台を例に出し、古くから日本人は地中に超越的な存在があると考えていたと語る。だから、土を踏みしめ、あるいは舞台を踏みしめて音を出し、下に下に重力をかけることで地中の神々と交信しようとしたのではないか。そんな話が収録されていたと記憶している。

土の下には神がいる。ぼくたちの祖先も眠っている。ぼくも、いずれはその土に抱かれる運命にある。つまりぼくたちはやはり、先祖の遺体も、遺骨も、あるいはヘドロも放射性物質も受け入れてくれる「土」というものに対して、説明の難しい、何か超越的な力を感じているのではないだろうか。それは浄化の力であり腐敗の力だ。清らかなものでもあり汚れたものでもある。だからみんな埋めてしまうのだ。何千万年も前にいわきの海沿いに生息していたメタセコイアが地層に取り込まれ、膨大な時間と圧力をかけられて石炭に姿を変えたように、ヘドロも放射性物質もいつの日か、神から力を与えられ、形を変え、あるいは土の中で融合し、浄化され、だれかの暮らしに役立てられる何かに変化することもあるのだろうか。日本人にとって「土に埋める」という行為は、どのような意味があるのだろうか。この土に埋められているのは、ぼくたちの愚かさか、あるいは賢さか。竹林を歩きながら、ぼくの頭はあてもなく、答えもなく、ただぐるぐると回り続けるだけだった。

ここまで書いて皿に盛った刺身が全部なくなった。四号瓶に入った球磨焼酎も残り少なくなっている。少し飲みすぎたかもしれない。思い出すままに書き進めるのはこのあたりまでにしよう。モヤモヤとした胸の支えは、魚を食べることで、いや、やはりこうして書くことで少しスッキリしたようにも思う。そしてその分、さらに書くべきことも浮かんできた。

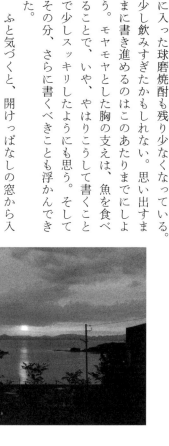

ふと気づくと、開けっぱなしの窓から入る風がすっかりつめたくなっている。酔いを覚ますのにちょうどよさそうだ。外に出ると、まさに太陽が海に沈まんとするところだった。対岸の島のシルエットが手前から遠くにいくに従って薄くなっていく。かと思えば、山の稜線から空の上の方に向かって、空の色が赤から薄いオレンジ、そして水色にと変化している。奥行き方向と上下方向、じわじわと変化するふたつのグラデーションのなかで、不知火海は静かに凪いでいた。ぼくの知っている海とは違うな。湖みたいだ。こんなに美しく静かな海を、ぼくは初めて見たかもしれない。そんなことを考えた。

不知火海に沈む夕日

土に埋められた言葉

水俣病は、地域にあまりにも大きな被害をもたらした。しかし、賠償や補償が被害者へと支給され、それと同時に、膨大なヘドロは地中に埋められた。そして、その上に復興の象徴となる「エコパーク水俣」ができた。慰霊のための施設もできた。漁業も再生した。市は「環境モデル都市づくり宣言」を行い、日本を代表する環境モデル都市となった。

そんな物語を生きる人たちにとって（ぼくもそうだった）、水俣病はすでに「終わった公害」であるだろう。いや、終わっただけでなく、その名称はむしろ地域の価値を毀損する「負の言葉」であり続けているのかもしれない。

　駅のそばに「水俣病」を「メチル水銀中毒症」という名前に変えようという看板を見つけた。だれが書いたものだろう。過去にもこうした「改称運動」はあったそうだが、改称するのか、存続させるのかの大きな議論にはつながらなかったと葛西さんは言っていた。なぜ議論にならないのか聞くと、葛西さんは「まだ語れる状況にないのかもしれません」と言う。それはどういうことだろう。葛西さんはこんなことを語ってくれた。

　名前を変えるにせよ、変えないにせよ、議論しなければ始まらない。けれど、いまの水俣には、水俣病についてざっくばらんに語ることのできる場がない。自分にとって水俣病とはどういう存在で、そこから何を感じ、どう考えているのかを語れる状況にない。市内には環境について考える学習施設などもあり、有識者を招いた講演などはよく開かれているけれど、集まってくる人たちの顔ぶれはいつも同じだ。一般的な市民には語ろうという気もないように見える。いやむしろ「語りたくない」という気持ちがあるのではないか。水俣に住んでいる人はどこかで水俣病患者を差別したり、患者が多く暮らす地域に差別的な目線を向けたりしたことがある。つまり、どこかで加害者になったことがある。さらに、いまなお原因企業であるチッソが大きな力を持ち、どこかでその恩恵にあずかっている。だから、自ら進んで語ろうと思えないのではないか。

　葛西さんが話してくれたのは、大まかにはそんな話だった。だれもが加害者になったことがある。自分にも、どこかに加害性がある。だから、多くの人たちは自ら進んで水俣病を語ろうという気持ちになりにくい。もう水俣病は終わったんだ。環境モデル都市になったんだ。そういう物語をなぞることで

ヘドロの埋立地の上に整備された竹林。その下に、膨大な量のヘドロが今も埋設されている

水俣病の改称を求めるパネル

なんとか複雑な状況に折り合いをつけて生きてきた人も多いのだろう。

　この文章の冒頭でぼくは、丘の上から見た風景を紹介しながら、水俣の社会階層が地域に現れていると書いた。町場の人の多くは、当初から「水俣病は漁村の病気だ」と考えていた。そもそもあった漁民への蔑視と、病気への不安や忌避感が結びついてしまったのだ。だから、だれもが差別の加害者になり得た。しかし、病気や地域に対して一度でも差別的な目線を向けてしまうと、もし自分に何らかの症状があったとしても自分が水俣病だと言い出しにくくなってしまう。自分が差別される側に回ってしまうからだ。まさか自分が、自分の家族が。しかしそうは言えない。我慢した方がいい。家族にも迷惑がかかる……。そうして自分の被害を訴えにくい状況をつくってしまった。葛西さんによれば、いまも体の不調に苦しんでいる人たちが大勢いて、相思社に相談に来ている人も多いそうだ。しかし、水俣病であることを家族には隠しておいてほしいと考えている人がかなりいるのだという。

　被害と加害、差別と被差別。分断線は災禍の「以前」から始まっている。災禍によってそれがよりはっきりと露わになり、その分断が、被害者を黙らせ、権力を温存してしまう。実害の大きさ、分断の深さ、事情の複雑さゆえに、多くの人は被害について語ることが難しくなり、当事者だからこそ語れない、そんな状況がつくられていく。次第に言葉が失われ、ついには失語状態になってしまう。そして、ぽっかりと空いた空白に、国や自治体が押し出すようなシンプルな復興のストーリーがインストールされていく。

袋湾の入り口に位置する港町の湯堂地区。かつて「死の海」と呼ばれたとは想像できないほどの穏やかさと静けさだった

　ぼくたちも、似たようなことをこの一〇年で経験している気がする。土に埋められたのはヘドロや放射性物質ばかりではあるまい。言葉もまた、埋められたのだ。

　ツアーの次の日の朝、出勤してきた相思社の永野三智《みち》さんと、地元の人たちの「語りにくさ」について、いくつか話をした。それについて永野さんは「水俣の若い世代には言葉が与えられていないと感じることがあるんです」と語った。若い世代は、まさに環境モデル都市となった水俣の文脈しか持っていない。それしか教えてもらっていないのかもしれないと。地元のことを調べようと思っても、何か気になることがあっても、それは

「終わった話」になってしまう。語りたくない、語るのが難しい、のではなく、そもそも語る言葉がないのだ。けれども永野さんは「そうなったのは自分たちの責任かもしれない」とも語った。「私たちも、水俣病のことを、子どもたちに語ってきただろうか。私たちの世代こそ、もっと言葉を尽くさなくちゃいけなかったんですよね」と。永野さんの話を聞いて身につまされた。そして反省した。福島のことも水俣のことも両方当てはまるからだ。水俣も、福島も、まだ何も終わっていない。ぼくたちが終わらせてしまっては言葉は土に埋もれたままだ。いまだに体の不調とともに生きざるを得ない人。水俣病の認定申請を出そうか迷っている人。言葉を失ったままの人。ふるさとを奪われた人。家族を失った人。悲しみや喪失感、苦しみや怒り。話さないだけで、話せないだけで、終わってなどいない。もちろん、回復されたもの、取り戻されたもの、新しくできたものにも目を向けなければいけない。しかしそれ以上に、語られることなく土に埋められた言葉に耳を傾け、時に土を掘りおこし、光を当て、養分を与え続けていかなければ。そんなことを考えた。

水俣からいわきへと戻った後、永野さんが執筆した『みな、やっとの思いで坂をのぼる　水俣病患者相談のいま』（ころから、二〇一八年）という本を読み始めた。永野さんはじめ相思社の皆さんが受けつけてきた相談の内容が、現地の人の言葉とともに綴られている。水俣病と思しき症状に苦しんでいる人。何十年も、そのつらい症状に耐えてきた人。周囲や家族の視線を気にして、自分を水俣病だと認められなかった人。かつては患者を差別してきたが、いまになって症状が出てきた人。加害と被害が複雑に絡みあい、地域の中にさまざまな差別や分断が複層的に存在していることが、その本にも書き綴られていた。相思社は、だれもが自由には言葉を紡ぐことのできない状況下で、それでも一言でも多く言葉を吐き出すことができるよう、この場を地域に開いてきた。相思社とは、まさに言葉を取り戻すための場だったわけだ。

しかしそれは、被害者だけに当てはまることではなかったように思う。ぼくのように水俣の外に住み、「勝手に終わったものだと思っていた人」すらも、自由に語り、自由に考えることができたのだから。ツアー中に、あるいは朝のちょっとした時間に、挨拶を交わすついでに、またあるいは、事務手続きをしているときに、昼めしを食べるときに。小さな時間を見つけては、相思社の皆さんが語りかけてくれたおかげでぼくは話すことができた。おそらく、日々の相談業務が下敷きとなって、スタッフの皆さんに聞く体勢がつくられていたからだろう。ここを訪れる人はだれも排除されない。だから安心して何かを語ることができる。それは、ぼくがこの連載で紹介した浜松の法人「クリエイティブサポートレッツ」の支援にも共通している。だれもがいていい。話していい。だからこそ、ぼくは自由に考えることができた。そして、こんな長文を書くことができた。

観光と共事

ぼくがここまで書いてきたことは、水俣と福島との奇妙な符合についてだが、実際に旅してみると、明確に違うこともわかってくる。たとえば、昨今取り沙汰されている、福島第一原発から生じる処理水の海洋放出に関して、少なくない人が「水俣の歴史を繰り返すな」と語っている。これには注意が必要かもしれない。もう二度と公害で人の命を奪ってはいけないという気持ちはぼくにもあるが、想定される健康被害は共通のものだろうか。処理水は現状の国際基準を遵守することが前提になっているし、第三者機関がチェックできる計画だ。また、トリチウムという放射性物質はそもそも弱いベータ線しか出さないし、ぼくたちの体の中にも存在する。これだけ耳目の集まる情勢で健康被害が生まれるほど汚染された水を流せるとは思わない。水俣の悲劇性を「活用」して、放出反対を語ることには弊害もあるだろう。

また、福島には原発事故以降、多くの移住者が地域づくりの担い手として入り込んでおり、外部との「関わりしろ」が生まれ、そこに「語り」も生まれているように思う（それはまだ事故から一〇年しか経っておらず、コミュニティ再生のための予算もそれなりに投じられているからだろう）。構図は似ているけれど状況の濃度・深度は違う。そう言えるかもしれない。

それを差し引いたとしても、ぼくは見てしまうのだ。その景色に、その音に、その空気に。あるいは、コンクリートの塊や、入り組んだ電線や、行き交うトラックに、奇妙な符合を、つまり「自分」を見てしまうのである。それは唐突で、鮮烈で、理屈ではない。とても感覚的なものだ。アカデミズムの知見を生かしたわけでも、データ的な裏付けがあるわけでも当然ない。そういう瞬間を、あなたも感じたことはないだろうか。初めて目にした何かや初めて聞いた何かに、「あっ、これってどこかで経験したことがある。この音を聞いたことがある。こんな声を耳にしたことがある」と。そうしていつの間にか、目の前の光景に「自分」を見つけてしまうことが、観光の持つ「共事性」と言えないだろうか。

ただふまじめに、うまいものが食いたい、あれが見たい、これも体験したいと、好奇心を通じて、自分を通じて地域に関わろうとするのが観光だ。だれかのため、課題解決のためにするものではなく、よりどころなるのは「私」しかない。だが、だからこそ視点の向かう先が相手だけではなく「私」に返ってくる。だから、水俣のことを考えているようで、小名浜のことを考えてしまうのだろう。

ぼくが水俣で経験したことも、それだった。目の前の風景が、熊本県水俣市の風景ではなく次第に小名浜に見えてしまう。福島の出来事が勝手に想起され、自分と地続きにあるものとして感じられるのだ。

目の前の景色に、目の前の困難に、自分という存在を通じて関わりしろを開けばいい。正しい関わり方でなくてもいい。素人であるぼくたちにあるのは、体系的な学術知でも、支援者としてのスキルでもなく、不確定でゆらぎのある「私」だけだ。しかし人は、だれもが「私」の当事者である。だから、自分という当事者の立場から、自分の生まれ育った地域、悩みや葛藤、苦しみから出発すればいいのではないだろうか。自分を通じて関わりがつくられている限り回路は見失われない。自分を通じて思考を重ねていれば自然と言葉も生まれる。水俣のことを語ることは難しくても、福島のことならば語ることができる。そうして福島を語ることで、水俣のことを考えることはできる。そうして生まれた関わりのことを「自分ごと」と呼ぶのではないだろうか。

あなたのなかにも水俣はある。福島もある。そうして、あなた自身を通じて語る言葉を見つけていけばいい。そう、ただ、そこにいて、目を凝らし、耳をそばだて、人の話を聞き、うまいものを食い、体験し、その経験と自分とをぶつけ合わせればいい。その先に、言葉が生まれ、奇妙な符合が見つかる、かもしれない。

私として関わるからこそ、等身大の言葉が立ち上がる。その意味で共事とは、言葉を取り戻すことだと言える。「当事者」とは言えなくとも、そのふわふわと浮ついた「自分」を通じて、勘違いでもいいから、自分の言葉で語り、関係を開けばいいのではないか。それが共事者なのではないか。そう開き直ることができて、ぼくは、このように長い文章を書くに至った。

最後に、永野さんの本から、ある一節を引用して本稿を閉じたい。

水俣病は教科書の中の物語ではない。それを見た人、知った人にとっても、考える人にとっても、決して共通のものではない。患者ひとりひとりにとっての水俣病があり、そして知ろうとする私たちひとりひとりの水俣病がある。ひとりひとりの「私」が当事者だ。

撮影＝小松理虔

本記事は、『ゲンロンβ61』（2021年5月）に掲載した「当事者から共事者へ　第11回　観光と共事」を改題し再掲載するものです。

夕暮れ時の袋湾。この袋湾のそばに漁村が点在し、その漁村で水俣病の被害が広がった

ベニガオザルの社会から考える「平和」

豊田有 Aru Toyoda

　私は二〇一五年からタイ王国で野生のベニガオザルの研究をしています。ベニガオザルは、日本人に馴染み深いニホンザルと同じ分類群であるオナガザル科マカク属に分類されるサルです。西はインド北東部、北は中国南西部、東はベトナム、南はマレーシア北部まで、生息域自体はアジア全域に広く分布していますが、近年は森林伐採や土地開拓によって生息域が消滅・分断化されてしまい、一部地域では絶滅の危機に瀕しています。日本の動物園ではほとんど飼育されていないので、実物を見たことがある、あるいはその存在を知っている人は非常に少ないことでしょう。

　真っ赤な顔に黒い斑点模様があるその風貌から、何やら恐ろしいサルであるという印象を持つかもしれません。しかしながら、おどろおどろしい見た目に反して性格は非常に温和で、社会的知性に富んだ暮らしをしています。本稿では、ベニガオザルの暮らしぶりから学ぶべき「平和」について、考えてみたいと思います。

「平和」探求のための〝攻撃性〟研究

　「平和」をテーマに原稿を書くことになっていろいろと考えた時に、ふと気がついたことがあります。それは、我々は「平和」という言葉を聞くと、真っ先に「戦争や紛争がない状態」のことを思い浮かべる、ということです。

　しかし改めて考えると、「平和」とは極めて抽象的な概念です。この状態は、客観的な指標によって定義づけることができません。一般的なイメージであるところの戦争や紛争がないという条件は、その構成要件に不可欠かもしれませんが、仮に戦争がなかったとしても、人々がどういう状態の時に世の中が「平和」であると感じるかどうかには大きな振れ幅があります。本稿で平和がすべて括弧付きで表記されているのはそのためです。また、特に近代戦争について考える時には、国家間の政治的要素を抜きにして、人類生態学的に考察することは不可能です。よって、学問的に「平和」について考える場合、その対極的な状態、つまり「平和」ならざる状態を引き起こす根源たる〝攻撃性〟の起源に主な関心が向けられる傾向があります。

　霊長類学的な観点から考えると、〝攻撃性の起源〟の探求に関する研究にはいくつものアプローチがあり、初期人類における武器使用と暴力性を考察する人類学的研究から、その進化的基盤を明らかにするために霊長類の攻撃行動を調べる動物行動学的研究に至るまで、多岐にわたります。ヒトはなぜ他者を傷つけるのか、攻撃的な衝動はなぜ生じるのか、異なる共同体同士はなぜ争うのか……攻撃性の起源とメカニズムを知ることができれば、それを排除することもできるかもしれないと願うのは、自然なことです。

しかしながら、そして残念なことに、どれだけ攻撃性に関する生物学的知見が蓄積されたとしても、人類から攻撃性を取り除くことは不可能でしょう。あらゆる生物は、生活空間や食物、繁殖相手など、様々な有限なる資源を巡って競争しています。その競争において常に相手より劣位であれば、生き残ることは難しいからです。本能としての攻撃性は、個体ないし集団が、資源を巡って競合他者に対し優位に立とうとする傾向を意味します。攻撃性はヒトに限らずあらゆる動物に備わっており、それは個体が自然環境の中で生存するために不可欠な防衛能力のひとつです。本来、攻撃性そのものには、善と悪の区別はありません。

図1　ベニガオザルのオス

図2　ベニガオザルのオスの犬歯。犬歯は動物にとって重要な武器のひとつ

霊長類の和解行動

ここで、もうひとつ重要な視点があります。それは、攻撃性を取り除く方法を考えるのではなく、それを制御する方法を考えればよい、という視点です。霊長類学の世界的権威であるフランス・ドゥ・ヴァール（Frans de Waal）は、著書 *Peacemaking among Primates*（邦題は『仲直り戦術』）において、平和共存の原理を探る目的から一貫してこの視点を中心に据え、霊長類の行動を記載しています[★1]。

この本の中で焦点が当てられているのは、「和解行動」と呼ばれる行動です。多くの個体が集団を形成して暮らしている霊長類において、食物資源や繁殖資源を巡る仲間との競合は避けては通れません。和解行動は、その競合の結果として生じる攻撃的交渉（ケンカなど）が起きたあとで、自分なり他者なりが受けたダメージを修復し、事態のさらなるエスカレーションを阻止するための行動です。

霊長類で見られる和解行動は、攻撃的交渉によって生じた社会的・生理的ストレスの即時緩和が主な機能です。その結果として起こるのは、ヒトで見られるような謝罪と赦しによって成立する長期的な関係の修復ではなく、もう少し短期的な視座に立った個体間関係の修復ですが、それでも集団全体が安定的な社会を運用する上で不可欠な行動であることは間違いありません。

和解行動に関する研究の始まりは、アフリカ大型類人猿のチンパンジーの観察からでした。チンパンジーは系統分類上、我々ヒトに最も近縁な動物であるために、ヒトの進化的起源の探求を命題に掲げる霊長類学においては中心的な研究対象です。

チンパンジーは、近縁種のボノボと比較して、その攻撃的な側面に焦点が当たることがあります。チンパンジーにおける長年にわたる研究の中で、オス同士が社会的な地位を巡って高度な政治的駆け引きをし、その過程でまれに仲間を殺害する事例が報告されています。また集団間の関係は敵対的であることが多く、縄張りを巡る争いが相手集団の個体の殺害にまで発展することもあります。こうした同種他個体の殺害というのは、よほどの理由がない限り進化しにくい行動です（例外的に「子殺し行動」など、生態学的に合理性が説明可能な同種他個体殺しはありますが［★2］）。チンパンジーで見られるこのような苛烈な攻撃行動は、〝攻撃性を制御する能力を欠いている〟存在たるヒトが示す殺人やジェノサイドといった攻撃行動と類似していることから［★3］、ヒトの攻撃性の起源を語る際にはしばしば、個々の事例にまつわる逸話が引き合いに出されることがあります。

一方で、チンパンジーは常に攻撃的な態度を示すわけではないことも事実です。ドゥ・ヴァールは一九七五年の冬に、オランダのアーネム動物園で飼育されているチンパンジー集団の中で、激しいケンカで争ったオスとメスの二頭が、直後にお互いにキスをし、抱き合う行動を観察しました。これが、霊長類における和解行動の研究の着想に至ったきっかけであったと記しています［★4］。こうした行動は、攻撃的行動の発現に関わる要因（例えば脳内の神経基盤や内分泌的要因、環境や社会的要因など）を探る研究が主流であった中で、見過ごされてきたものでした。

専制主義のサルと平等主義のサル

そろそろ本題へ移ります。ドゥ・ヴァールは先出の著書の中で、二種の大型類人猿、比較対象としての二種のマカク属サル、そしてヒトの五種における和解行動をまとめました。そのマカク属サルの例として登場しているのが、アカゲザルとベニガオザルです。

マカク属サルの社会性は、社会的順位関係の厳しさを指標に分類すると二つのタイプに分けることができます。順位関係が非常に厳格な専制主義的社会と、順位関係が曖昧な平等主義的社会です［★5］。アカゲザルは専制主義的社会の、そしてベニガオザルは平等主義的社会の典型種です。マカク属サルの例としてアカゲザルとベニガオザルが挙げられた理由はここにあります。順位関係の認識が全く異なる二種において、観察される和解行動の特徴を比較できるからです。

社会性が異なるということは、攻撃的交渉の発現の仕方、ひいては和解のあり方に大きな影響を与えます。アカゲザルのように順位関係が非常に厳格な専制主義的社会では、個体間の順位関係は家系単位で明確に定められています。集団全体の中で、自分（あるいは自分の家系）の順位が何番目なのかがはっきりしているのです。この明確な優劣関係は、階級社会のような狭苦しい制度にも見えますが、実は無用な争いを避ける社会的機構として機能しています。

というのも、体格が大きいかどうかという身体的強弱にかかわらず、社会的順位によって優劣が決まっているために、優位者に威嚇されたら劣位者側は速やかにその場を離れることが最善策となります。劣位者が優位者に対して「敵意がない」という服従の意思を示す特有の表情まで発達させていたりします。ひとたび劣位者が優位者に反撃を企てようものなら、徹底的に打ちのめされます。つまり、ほとんどの場合、ケンカは始まる前からすでに勝敗が決しているのです。

こうした専制主義的な社会性をもつ種では、当然ながら和解行動は極めてわかりにくい形で起こります。それは例えば、ついさっきケンカをしたばかりの優位な者と劣

★1　Frans B. M. de Waal. *Peacemaking among Primates*. Harvard University Press, 1990. 訳書は、フランス・ドゥ・ヴァール『仲直り戦術――霊長類は平和な暮らしをどのように実現しているか』、西田利貞、榎本知郎訳、どうぶつ社、一九九三年。

★2　同種他個体殺しとして有名な行動のひとつに、「子殺し」があります。オスが子どもを殺す行動で、霊長類では杉山幸丸がハヌマンラングールで初めて発見しました。子殺し行動は、よく児童虐待問題を語る際に「父親が子どもを殺す生物学的な例」として誤用されますが、実際に殺害するオスと殺害される子どもの間には血縁関係はありません。自分と血縁関係がないからこそ、他のオスの子どもである乳児を殺害し、母親の授乳期間を強制的に終了させます。授乳が止まったメスは、次の繁殖サイクルを再開するようになるので、オスは早く自分との子どもを作ることができるようになります。他者の子どもを殺してしまっても、自分の子どもを残せるという点において、オスにとっては利益のある行動なので、子殺し行動は進化します。こうした行動は、オス一頭とメス複数頭というハーレム型の集団を形成する種によく見られますが、それは「今いる子どもの父親」が誰なのかが明らかであるためです。したがって、子殺し行動は、ハーレムの乗っ取りが起きて、リーダーとなるオスが変わった際に起こります。

★3　コンラート・ローレンツ『攻撃――悪の自然誌』日高敏隆、久保和彦訳、みすず書房、一九八五年。この本の中で、ローレンツは攻撃性を「〝いわゆる〟悪」と表現し、絶対的な悪とはしていません。ドゥ・ヴァールは『仲直り戦術』でこれについて「しかし、その肝心な点が、『人間は殺しの本能をもっており、不幸にもそれを抑制する能力を欠いている』という彼の主要なメッセージのかげに見失われてしまった」（一二頁）と書いています。文中の「〝攻撃性を制御する能力を欠いている〟存在たるヒト」はこれを受けた表現です。

★4　ドゥ・ヴァール『仲直り戦術』、一三―一四頁。

★5　例えば、Shuichi Matsumura. "The Evolution of 'Egalitarian' and 'Despotic' Social Systems among Macaques." *Primates*, vol. 40, no.1, 1999, pp. 23-31.

位な者が再び鉢合わせた時、優位な者がそれ以上威嚇も攻撃もせずに通り過ぎる、あるいは何事もなかったかのように隣に座る、という形で表れます［★6］。和解行動というよりは、むしろ宥和行動と表現するほうが正確かもしれません。

他方のベニガオザルは、社会的順位関係が非常に曖昧な、平等主義的社会をもっています。「平等主義」と聞くと、それは平和的で良いことであるかのように思えるかもしれません。しかしながらそこでは、専制主義的な社会のように、社会的順位の明確化による無用な争いの抑止が機能しません。ベニガオザルは、相手が自分より優位であるか否かに基づく個体間関係を構築していないので、当然ながら相手に威嚇されたら威嚇し返します。叩かれたら叩き返し、噛まれたら噛み返します。先出のアカゲザルと違って、攻撃的交渉の場面において、被攻撃者からの反撃行動が見られるのです。よって、ケンカが頻発します。平等主義という言葉が連想させる平和的な社会とは正反対の、〝やられたらやり返す〟社会です。

そういう社会で暮らしているからこそ、ベニガオザルには明示的な和解行動が発達しています。ケンカが起きてしまった際、それが激しい攻撃行動にエスカレートする前に、なんとか事を収めようとしているのです。そして興味深いことに、ベニガオザルで見られる和解行動は、他の平等主義的社会をもつ近縁種よりも遥かに多様性に富んでいるのです。

ベニガオザルで見られる和解行動

ここからは、私が実際にタイ王国でおこなってきた長期観察の事例をご紹介します。先述のとおり順位関係が曖昧なベニガオザルでは、専制主義的社会をもつサルたちと比べて高頻度でケンカが起こります。普段の生活で起きるケンカはほとんどの場合、些細なことがきっかけの小競り合いのようなものです。例えば、自分の顔の前を通りかかったとか、急に隣に座ってきたとかで、観察している私から見たら単に虫の居所が悪かっただけではないかと思うこともあります。

誰かがケンカを始めると、周囲の個体が野次馬のように様子を見に来ます。反撃の応酬が長引くとケンカの火種があちこちに飛び火し、もともと関係のなかった個体までもがケンカに参入してくることもあります。こうなってくると、もはや誰と誰が何を巡ってケンカをしているのか、観察者には見当もつきません。社会的優劣がはっきりしないために、お互いに引き際がよくわからないのです。

ベニガオザルの和解行動は、こうした些細なケンカの場面でよく観察されます。先程まで叩きあっていた個体同士が急に静まり、片方がスッと腕をさしだします。すると、相手はその腕や手を噛むのです。噛む、といっても、力を込めて噛んでいるわけではありません。噛まれたことによって怪我をすることはありません。やんわりと、甘噛をするのです。

腕を噛む以外にも、相手の肩に手を回したり、唇を噛んだり、相手の顔を覗き込んだり、歯をカチカチ鳴らす表情を示したりと、いろいろなタイプの和解行動があります。

オス同士であれば、相手の睾丸を握ったり噛んだりする行動も見られます。オスにとって、睾丸は繁殖に不可欠な生殖器官なので、失うわけにはいきません。しかしオスたちは、あえてその大切な睾丸を相手に委ねることで、自分に敵意がないことや、相手を信頼していることを示しているのかもしれません。二頭のオス同士がお互いの睾丸を握り合っている様子は、傍目には同性愛的行動に見えなくもないのですが、これもれっきとした和解行動のひとつです。こうした行動によって、ケンカを一旦手打ちにして、それ以上事態がエスカレートするのを未然に防いでいるのです。

子どもという「平和」維持装置

ベニガオザルのケンカは多くの場合、こうした和解行動によって終止符が打たれます。しかしながら、メスを巡るオスたちの

★6　ドゥ・ヴァール、前掲書、一三五頁。

図3　アカゲザルと同様の専制主義的社会をもつカニクイザルで見られる、服従の意思を示す表情「グリメイス」

図4　相手の腕を噛むベニガオザルのメス

図5　相手の睾丸を噛むベニガオザルのオス

闘争のような重要な場面では、激しいケンカに発展することもあります。和解行動でも収められないケンカに発展してしまった時に、ベニガオザルたちにはもうひとつ、いわば奥の手とも言えるような、事態を収束させる手段があります。そこに不可欠な存在が、子どもです。

　ベニガオザルの子どもは、マカク属のサルでは珍しいことに、真っ白な毛色で生まれてきます。おとなは茶褐色から黒色の毛色をしているので、何も知らなければ、アルビノの子どもが生まれたと勘違いするでしょう。しかしそれは突然変異でもなんでもなく、すべての子どもに共通する特徴です。真っ白い毛色で生まれてきた子どもは、生後一年くらいをかけて、徐々におとなの毛色になっていきます。

　ベニガオザルの子どもがなぜこんな真っ白い毛色で生まれてくるのか、その進化的な理由は未だに解明されていません。しかし、ベニガオザルの社会では、この真っ白い子どもは非常に重要な役割を担っています。それが、個体間の緊張状態を解消する、「緩衝剤」としての役割です。

図6　生後2－3週間のベニガオザルの子ども

　オス同士が激しいケンカを始めると、場は騒然とします。何頭ものオスが群れの中心で暴れまわり、噛み合ったり取っ組み合ったりします。一方が和解を申し入れることもありますが、こうした場面では無視されてしまうことがほとんどです。そうしてオスたちが激しく威嚇し攻撃し合っていると、どこからともなく子どもがフラフラとやってきて、殺気立ったオスたちに近づいていきます。真っ白い子どもを見たオスたちは、おもむろに攻撃の手を止めて、子どもを抱きかかえます。抱きかかえられた子どもは特に抵抗したりしません。子どもを抱えたオスのもとには他個体が次々と

図7　ケンカの仲裁をしているベニガオザルの子ども

やってきて、子どもを一緒に触るという社会交渉をおこないます。そうこうしているうちに、ケンカは自然と収まっていくのです。子どもは、見事にオスたちの苛立ちを吸収し、集団内に漂う緊張状態を緩和し、攻撃性を中和してしまうのです。

もちろんすべてのケンカにおいて、子どもによる仲裁が見られるわけではありません。しかし、一方が致命傷を負うまでに発展するような、稀にしか起きない激しい争いが抑止されていることは間違いないでしょう。こうした仲裁役を担えるのは、毛の色が白い子どものみです。成長して毛色がだんだんおとなと同じ茶褐色になってくると、仲裁役を担うことはなくなります。もしかしたらこの子ども特有の白い毛色は、オスの攻撃性を抑止する重要な機能を持っているのではないかと、私は考えています。

他者を思いやるベニガオザル

こうした和解行動や子どもによるケンカの仲裁行動を観察していると、ベニガオザルは個体間関係を柔軟に調整する能力が非常に長けているサルであるという印象を持ちます。そしてその能力の片鱗は、ケンカ以外の場面での様々な行動からも見て取ることができます。

私がその能力を一番良く反映していると感じる行動のひとつに、怪我した個体に対する「お見舞い」行動があります。集団の中に怪我をして血を流している個体がいると、ひっきりなしにいろいろな個体がやってきて、傷口を舐めてあげたり、毛についた血の塊を毛づくろいでせっせと取り除いてあげたりするのです。この行動は、負傷した個体とお見舞いに来る個体の間に血縁関係がなくても見られ、若い子どもでもこの行動をとります。傷口を舐められている個体は、痛さで顔をしかめることもありますが、相手を無下に追い払ったりすることはありません。ベニガオザルには、他者の身体的苦痛に共感する能力があるのではないかと思うのです。

図8　別の個体が腰のあたりに負った怪我の様子を“診る”ベニガオザル

また、何らかの理由で子どもが死亡してしまった際にも、この「お見舞い」行動とよく似た反応が見られます。霊長類では、まだ母親の世話が必要な年齢の乳児が死亡してしまった時に、母親が子の亡骸を数日間にわたって運び続ける、「死児運搬」と呼ばれる行動が広く見られます。ベニガオザルで死児運搬の事例を観察していると、運ばれている死児のもとにいろいろな個体がやってきては、横たわる亡骸の様子をしげしげと眺めてみたり、体を動かしてみたりする行動が見られます。

珍しいことに私の観察では、まるで亡骸を検分するかのように、口を開けてみたり、舌を引っ張り出してみたりするという反応や、母親ではなく死児の年長の兄が運搬役を担うという事例も確認したことがあります。サルたちに「死」という概念があるかどうかは議論の余地がありますが、少なくとも、〝ただ事ならぬ状況である〟ことは理解しているようです。この事例はベニガオザルたちが、同じ群れの仲間の異変に気づき、常に関心を寄せて相手を気遣っていることを示しています。

ベニガオザルがもつ平等主義的社会は、我々人間がその文字面から想像するほど、「平和」な社会ではありません。しかしながらサルたちは、個体間に生じた軋轢や社会的ストレスを解消するための様々な手段を発達させることで、集団の安定化を図っています。その根幹を支えているのは、他者に対する高い共感能力なのかもしれません。

図9　死んだ子どもの様子を見に来た群れの仲間たち

ヒトにおける「平和」実現の鍵

では、我々ヒトの場合はどうでしょうか。日本の霊長類学者・西田利貞は、著書『人間性はどこから来たか』の中で、攻撃性についてヒトにしか見られないユニークな特徴をまとめています［★7］。それによると、我々ヒトでは、「自分たち」と「彼らたち」という、集団間の峻別がはっきりしています。「自分たち」の仲間を殺すことは犯罪ですが、「彼らたち」の誰かを殺すことは時に称賛の対象となります（例えば戦争など）。「彼らたち」に対する敵意は、特定のシンボルや言葉によって煽られ増幅されます。増大した敵意は、過去に起きた出来事に紐付けられ、憎悪と復讐心を生みます。その先にあるのが、大量殺戮や戦争なのです。こうした争いは新たな憎悪と復讐心を生み、負の連鎖が延々と続いていくことは、人類の紛争の歴史が物語っています。こうした争いの連鎖は、言語を持たず、世代間にまたがる記憶の継承がなされない動物では起こり得ないものです［★8］。

戦争の歴史を振り返ると、その多くが、人口増加に伴う資源の不足分を他集団からの収奪によって補おうとすることが原因で起きています。そしてその傾向は、今現在、地球上で起きている紛争や戦争とも共通しています。人間が活動をしていく上で必要となる資源が地球上に万遍なく均一に存在しているわけではない以上、戦争が生じる根本原因を解決することは難しいかもしれません。であるならば、我々は、不断の努力によって、「彼らたち」の集団に対する敵意や憎悪を増大させるメカニズムを抑制し、攻撃性をコントロールしなければならないと言えるでしょう。

平和共存原理を考える上で、我々ヒトにはもうひとつ、希望とも言うべき、特徴的な能力があります。それは、見知らぬ相手に対する高い「許容性」です。一見すると、「自分たち」と「彼らたち」という集団間の峻別と矛盾するかのように聞こえるかもしれません。では、東京の満員電車を想像してみてください。あるいは、お昼休み時間のエレベーター内でもよいでしょう。狭い限られた空間に、様々な人がギュウギュウ詰めになっていますが、だからといって争いが起きることがあるでしょうか。もしこれを、異なる地域からバラバラに連れてきたベニガオザルで再現してみたら、たちまちケンカになってしまうことでしょう。

満員電車の中では、「すみません、降ります」と言えば、みんなが道を開けてくれます。混雑したエレベーター内では、「何階ですか？」と聞いてくれる人がいるはずです。我々ヒトは、見知らぬ他者に対しても高い許容性を示し、時には協力的に振る舞う能力も有しているのです。ヒトにおける和解行動が「謝罪」と「赦し」によって成立する背景にも、この高い許容性が一役買っています。だからこそ我々人間は、大規模集団になっても、規律ある社会を維持し、共通の課題に向かって連携できる共同体を形成することができます。人種や国籍、所属集団の枠を超えて、互いに許容し合い、尊重し合いながら、共存の道を探ることが、攻撃性抑制を達成する手段のひとつなのではないでしょうか。

もちろん、ヒトに最も近縁な動物であるからといって、霊長類の行動研究から得られる知見のすべてを、即時的に人間社会が抱える課題の解決につなげることはできません。また、人間の行動を直ちに動物行動学的に理解しようとすることにも限界があります。ですが、「サルのふり見てヒトのふり直す」ことはできるのではないでしょうか。国際社会が軍事的な緊張状態の真っ直中にある今だからこそ、ベニガオザルたちから学べる知恵が、「ヒトにとっての平和」を考えるきっかけとなることを願っています。

撮影＝豊田有
撮影地＝タイ王国

本記事は、『ゲンロンβ74』（2022年6月）に掲載した「ひろがりアジア　第10回　ベニガオザルの社会から考える『平和』」を改題し再掲載するものです。

★7　西田利貞『人間性はどこから来たか――サル学からのアプローチ』、京都大学学術出版会、二〇〇七年、一五六頁。

★8　動物でも、次世代になにかの情報が継承されていく現象はありますが、それは例えば道具使用行動のように、他個体の行動を見て、真似て、試行錯誤しながら獲得していく、いわゆる〝社会的学習〟を意味することが多いです。技術の継承は社会的学習によって可能ですが、特定の個体が経験したことを記憶として他個体に伝達する能力まではないということを、ここでは意味しています。

コラム

イスラエルの日常、ときどき非日常

#7 兵役とジェンダー（2）

山森みか　מיקה ימאמורי

前回までは、現在のイスラエルには宗教や文化を基盤とした様々な集団（宗教的ユダヤ人、世俗的ユダヤ人、アラブ人キリスト教徒、アラブ人イスラム教徒、ベドウィン、ドゥルーズ教徒、父親や祖父母がユダヤ人でも母親がユダヤ人でないため非ユダヤ人と見なされる人々等）があること、そのような人々が相互に一定の距離を保ちつつも市民として共存していることを述べた。イスラエルでは一八歳から男女共に課される徴兵制（男性約三年、女性約二年）が、これらの異なるグループに属する人々をイスラエル国民として結びつける役割を果たしている。その実例としてわが家のケース、つまり、父親がユダヤ人でも母親の私が非ユダヤ人なのでユダヤ人とは認められない息子と娘の兵役体験を紹介した。

その時にも書いたように、私の子どもたちは二人とも、さほどの使命感もないまま戦闘部隊ではなく情報部隊で屋内勤務し、義務年限を終えるとすぐ除隊した。「すぐ」というのは、人によっては義務年限が過ぎた後も何年か軍に残って任務を続けるからである。その場合は義務年限中の小遣い程度の月給とは異なり、相応の給与が支払われることになる。

義務年限を超えて任務を続ける人の理由は様々だが、もうしばらく軍に籍を置いてお金を貯めたいという経済的理由と、軍の仕事に対する高いモチベーションの二つに大別される。とりわけ戦闘部隊に属する人は、高いモチベーションがあると言われている。ところが私は、子どもたちがそういうタイプではなかったし、親しい友人にもそういうタイプの人がいない。だから戦闘部隊に勤務する兵士、とりわけ女性兵士の、わざわざ戦闘部隊を選んだモチベーションについても、その生活についてもよく分かっていない。男性兵士については、夫が若いころ戦闘部隊の予備役だったので少しは雰囲気が分かる。よって、今回戦闘部隊の女性兵士について述べるにあたり、まずイスラエル軍における女性兵士登用の経緯を概観する。その後、メディア報道から二つの事例を紹介しよう。

イスラエルでは建国（一九四八年）前の英国統治時代から、ユダヤ人民兵組織の諸集団に属する女性たちが武装闘争に携わってきた経緯がある。建国後、民兵組織は正規のイスラエル国防軍に統合され、そこで女性兵士の扱いも定められた。

当初イスラエル国防軍においては、基本的に女性は戦闘部隊には所属しないことになっていた。また女性は男性に比べて兵役期間も短く、結婚や妊娠を機に除隊するという方針が採られていた。既婚、母親であること、妊娠が兵役免除の条件という考えには、確かに男女の役割分担についての宗教的、伝統的価値観の維持という側面がある。だがホロコーストによって多くの人が殺されたユダヤ人にとっては、ユダヤ人の人口をせめてホロコースト以前の状態まで回復し、自分たちの存在を世界に示し続けることが民族的悲願だという側面も無視できない。

女性にも兵役義務があるからといって、それが直接的に男女平等であることを意味するわけではない。兵役中に就く任務の内容や、兵役に対する意識には明らかに性差が存在してきた。その一方で、近代市民社会においては男女平等の理念は貫かれなければならないし、戦闘部隊に入りたいという女性側からの要望も増えている。そこで二〇〇〇年に兵役法が改正され、女性兵士は能力に応じてあらゆる部署の任務に就けることになった。その結果、徐々に女性たちが戦闘部隊に進出し始めたのである［★1］。

イスラエル国防軍にはいくつかの特殊戦闘部隊がある。日本でもネットフリックスで配信されているイスラエルのドラマ『ファウダ』（第一期二〇一五年、最新作第四期二〇二二年）は、その一つであるドゥブデバン（דובדבן：桜の意）部隊に属する人々の群像劇だ。ドゥブデバン部隊の人々はミスタアラビーム（מסתערבים：アラブ化する人々の意）とも呼ばれており、アラビア語を解するだけでなくアラブ人に扮して様々な作戦に従事することで知られている。最前線で危険な任務を行うエリート部隊であり、高い身体能力及び精神力を求められるため、入るには厳しい選抜試験があるらしい。ドラマでは、現場に出るマッチョな男性兵士たちと彼らを支える後方勤務の情報部隊（どちらかといえば女性が多い）の姿が描かれるが、その中で唯一アラブ人女性に扮して現場に出ていく女性兵士の姿が目を引く。

このドラマが放映されて人気を博した時、「あの女性兵士は私だ」と思った人がいたという。その人がイスラエル公共放送のインタビューに答えた内容がインターネットで公開されている［★2］。

彼女はドレスとハイヒールが好きな少女だったが、第二次インティファーダによる暴力の応酬が吹き荒れていた高校三年生の時、帰宅途中エルサレムのバスで自爆テロに遭遇し、命を失いかけた。その時の体験がもとで彼女の中で何かが変わり、また父親が対テロ戦の任務に就いていたという背景もあって、高校卒業後の兵役では戦闘部隊を希望。当時（二〇〇二年）、周囲の人々は心配してことごとく反対したが、唯一父親だけが支持してくれたという。

彼女はまず、戦闘部隊を希望する女性兵士に最初に門戸を開いた、国境警備隊に所属した。その後の進路選択で「ミスタアラビームが女性兵士を初めて試験的に起用す

★1　イスラエル国防軍におけるジェンダー問題の論点については、以下を参照。澤口右樹「現代イスラエルにおける軍隊と女性——女性の軍隊経験の語りから」、『日本中東学会年報』、三五巻二号、二〇一九年、三三－七〇頁。

★2　"המסתערבת הראשונה בצה"ל, אבל שנים חיה עם בושה [illegible]",22,7,2022. URL=https://www.facebook.com/watch/?extid=CL-UNK-UNK-UNK-AN_GK0T-GK1C-GK2C&v=610672123705159　日本語では「シールはイスラエル国防軍の最初のミスタアレベトだったが、長年恥辱とポストトラウマと共に生きた」となる。タイトル内の「ミスタアレベト」はミスタアラビームの女性単数形。

る」というオプションを示され、その部隊に属する最初の女性兵士となった。とはいえ作戦中はいつも「車中で待機せよ」と命令され続けた。上司や同僚たちによる「女性は黙ってきれいなままでいてくれればそれでいい」という扱いは、女性を尊重、保護しているからだということもできる。だが、女性の側から見ると、要は女性は要らないと言われているわけである。戦闘部隊にとって女性が入るということは、それだけで部隊のレベルが下がったと見なされるので、女性の存在はあからさまに嫌がられたという。

そのようにして二年を過ごした後、ヘブロン（パレスチナ自治区）近郊で行われた「テロリスト」を拘束するための大きな作戦で、逃げた一人のテロリストが同僚男性兵士と地面の上で格闘になった。テロリストは同僚に銃口を向け、同僚は今にも撃たれそうになった。その時彼女は車を出て、アラブ人女性の恰好のままテロリストの頭に銃口を押し付けた。テロリストも同僚男性兵士たちもショックでだれも動かず声を上げられない。数秒後、テロリストは何が起きたか分からないまま銃を捨てた。

ドラマだと、その件以降ようやく彼女は部隊の仲間として受け入れられた、めでたしめでたしと展開するところだが、現実世界ではそうはならなかった。事件は「なかったこと」のように扱われ、まだまだ仲間として受け入れられない日々が続いたのだ。彼女は男性と同じような外見を獲得するために、大きめの軍服を着るといった努力を続けた。

兵役中ずっと、彼女は自分の外側で起こっている具体的な戦いと、内面（自分のアイデンティティをどこに置くか）の戦いに苦しみ続けた。除隊後、ＰＴＳＤ（心的外傷後ストレス障害）の専門家の門を叩いたが、戦闘部隊に属していた男性のＰＴＳＤへの対応はあるのに、女性への対応はないと門前払い。やむなく彼女はＦａｃｅｂｏｏｋで女性戦闘部隊経験者のグループを立ち上げて活動を始めたという。

彼女の体験には、戦闘部隊にかぎらず、それまでは男性しかいなかった仕事の現場に女性が一人入った時の苦労として共通するものがある。その一方で部署の特殊性として、女性兵士はアラブ人女性にしか変装できないという問題がある。彼女がどれほど男性と全く同じ仕事をしたいと思っても、その部署では自分の女性という属性に沿った仕事をするしかない。男性と同じような外見を獲得しようとする彼女の努力は、アラブ人女性に見えなければならないという任務の目的とは矛盾する。しかし女性という属性のおかげで、彼女は男性には入ることができない空間に入っていくことができる。こう考えると、その特殊な部署における彼女の立場の複雑さがしのばれる。

時代が少し下った二〇一九年には、日本国籍を持つ女性兵士が戦闘部隊ギバティ旅団に女性として初めて加わり、その優秀な仕事ぶりが認められて「大統領賞」を受賞したことが報じられた。まずイスラエルのメディアで報道された後［★3］、日本語メディアでも詳しい報道があった［★4］。父が日本人、母がイスラエル人である彼女は、わが家の子どもたちと同様出生によって日本国籍とイスラエル国籍の二つを持つ立場だが、母がユダヤ人のため本人はユダヤ人のカテゴリーに入っている。

ギバティ旅団は対テロ作戦を主要任務としているが、彼女はそこで戦闘医療要員としての任務に従事した。戦闘部隊の医療要員とは、通常の戦闘部隊兵士としての役割があるだけでなく、重い医療器材をフィールドで持ち運びし、また怪我人や病人が出た場合はその移送も担当しなければならない時もあるので、たいへん厳しい仕事である。ヘブライ語の記事の見出しは「旅団は私の能力を信じている」となっているが、その下には「当初彼らは私のことをあまり信じていなかったが、私は自分の器材を背負い続けるのをやめなかった」とあり、小柄で細身の彼女が厳しい仕事に耐えきれるとは周囲に思われていなかった様子がうかがえる。

　彼女は「重いだろうから持ってやろう」という上官の好意的申し出を断り、体重の半分もの重さのバッグを手放さなかった。最初から彼女は、兵役では最前線に行って、同僚の兵士たちと共にベストを尽くすことこそが自分のすべきことだと認識していたのである。結局彼女は大統領賞を受けるほどの優秀さでその任務を終え、上官からもう少し軍に残るよう勧誘されるまでになった。だが軍に残った場合の仕事がフィールドよりも事務職に近いものであることが分かった時点で、彼女は除隊して進学することにしたという。

　話は少し逸れるが、この女性が日本語メディアでも注目されたのは、彼女がイスラエル国籍に加えて日本国籍も持っていたためだろう。日本政府は、出生によって日本と外国の二つの国籍を持つ若者に対しては、二二歳になるまでに国籍選択届を出すように求めてきた。これは日本の成人年齢が二〇歳であったことによるもので、本人が成人してから選択までに二年間の猶予が設けられていたわけである。だが日本での成人年齢が一八歳に引き下げられたことを受け、二〇二二年四月からは国籍選択届は二〇歳までの提出に変更された。

　いずれにしてもイスラエルの兵役は一八歳から二年あるいは三年なので、日本に国籍選択届を出す以前の年齢の若者が兵役に就くことになる。日本とは異なり、イスラエルは複国籍を認めている。認めているだけでなく、どちらかといえば国や社会そのものが、人々に複国籍を持つことを推奨、あるいは持っている国民の利点を最大限に生かそうとしているようにも見受けられる。たとえば東日本大震災の後、イスラエル軍が宮城県南三陸町に派遣した医療支援チームの中には、日本語を話す通訳要員として現役イスラエル軍兵士が含まれていた[★5]。イスラエル軍が他国にチームを派遣する場合は、食料も機材も通訳もすべて自前で用意するのが通例である。兵役に就く時には使用可能な言語も登録されるので、

★3　Yoav Zitun "יפנית, קרבית ומצטיינת בצה"ל: 'בגדוד מאמינים ביכולות שלי'", יואב זיתון, 9,5,2019.URL=https://www.ynet.co.il/articles/0,7340,L-5506654,00.html
夕刊紙「イェディオート・アハロノート」のサイト *ynet* の報道。タイトルは「日本人女性、イスラエル国防軍優秀女性戦闘部隊兵士『旅団は私の能力を信じている』」の意。

★4　吉岡良「兵役に『ためらいはなかった』イスラエル軍の21歳日本人女性軍曹」、時事通信社、二〇一九年五月一七日。URL = https://www.jiji.com/jc/v4?id=20190517-shimizu0001
　同前「22歳の元日本人女性軍曹が兵役後に考えたこと」、時事通信社、二〇二〇年二月一二日。URL=https://www.jiji.com/jc/v4?id=20200212world0001

★5　この医療支援チームに通訳として参加した当時の女性兵士のリポートが公開されている。木村リヒ「私が経験した東日本大震災―イスラエル国防軍医療支援チームの一員として」、ISRAERU、二〇一一年三月一〇日。URL=https://israeru.jp/business/tohoku_earthquake/

軍はマイナー言語であっても、必要があれば直ちに要員確保に動けるのであった。

日本に住んでいると、日本国籍保持者が他国の正規軍で兵役に就いている事態はなかなか想像が難しいが、今後このような事例は増えていくことが考えられる。事例が増えると、不測の事態が起きる確率も比例して増えるだろう。不測の事態とは、たとえば二〇〇六年にガザとの境界付近で誘拐され、二〇一一年に解放されるまでハマスの捕虜になっていたフランスとイスラエルの両国籍を持つ当時一九歳だった男性兵士のようなケースである［★6］。彼自身も両親もフランス語は話せないが、祖父のフランス国籍を継承していたらしい。

彼の両親はありとあらゆる手を使って、イスラエル政府だけでなく、外国政府、赤十字などの国際機関、ローマ法王などに息子の返還を訴えかけた。捕虜交換交渉にはフランス政府及びEUが当初から積極的役割を果たしてきた。フランス政府も、彼がフランス国民であることを何度も明言して返還への圧力をかけた。当時のサルコジ大統領がハマスに直接渡した彼の家族からの手紙は、赤十字経由の他の手紙は届かなかったのに、唯一本人の手元に届けられたという。またパリやローマなどの都市は、彼を名誉市民にした。

イスラエル国籍に加えて日本国籍も持っている兵士に万が一このような事態が起きた時、日本政府はどのような対応を取るのか、考えざるを得ない。

さて、イスラエル軍戦闘部隊における女性兵士の問題にも、男女平等参画社会を目指す他の多くの事例と同じく、女性が能力の高さを示し続けたり、それを受けて周囲が徐々に意識を変えたりするだけでは解決できない困難な側面がある。

その一つとして、ユダヤ教宗教派の男性兵士にとって、女性兵士と起居を共にする部署に入ることが、宗教的戒律によって禁じられていることが挙げられる。厳しく戒律を守る超正統派の人々はもともと兵役に就かない。宗教右派あるいは宗教シオニストと呼ばれるような、自らの宗教的信念とイスラエル国家の存続を結びつける立場の男性兵士たちが、女性兵士との混合部隊への配属を拒否することこそが問題になるのである。

確かに完全に男女混合にすると、身体が触れ合ったり異性と二人きりになったりする機会が生じることは避けられない。また実戦のフィールドに数日出る時などは、トイレや着替えといった生活に欠かせない場面でのプライバシー維持は難しい。世俗的観点から見ると、それは「任務だから」とプロフェッショナルに割り切って然るべきことなのだが、世俗派に属する女性側がいくらそれでかまわないと言っても、男性側が「宗教的に禁止されている」と言うのであれば、それ以上はどうしようもなくなる。世俗法で男女平等を規定しても、宗教法がそれを超える場合があるのである。宗教的理由で男女混合戦闘部隊への配属を拒否する宗教派男性兵士が増えると、軍としては少数の世俗派女性兵士を戦闘部隊に配属することで失われる宗教派男性兵士の数を考慮して、どちらを優先すべきかを判断せざるを得なくなる。

また、軍における女性兵士に関わる問題というものは、その軍隊内部で男女平等あるいはセクハラ対策が達成できればすべて解決できるわけではない。平時の軍隊、あるいはそうでなくても女性が後方支援にのみ従事している場合はそれでいいかもしれない。だが具体的戦闘においては、自分たちの共同体とは別の価値観を抱く「敵」が存在する。女性兵士が戦闘部隊にいる軍が「敵側」に与える印象はどのようなものになるのか、それによって戦闘の結果は異なってくるのかという問い、さらには前線の女性兵士が捕虜になった場合、彼女たちへの具体的処遇はどうなるのか、といった懸念が浮上する。女性兵士にかぎった問題ではないだろうが、前線に立つ兵士には常に、彼らが対峙する「敵」の視線とのダイナミズムが関わってくる。軍という組織の運営には、内部の男女平等施策の達成だけでなく、そのような視点も入れざるを得ないだろう。

　それに加えて、戦闘部隊における女性兵士という存在がもたらす、戦闘要員と非戦闘要員の境界の混乱の影響をどう考えるか、という問題もある。従来の常識では、戦闘要員とは成人男性を意味し、女性、子ども、老人はそのカテゴリーに入らない非戦闘員と見なしていればよかった。前述のイスラエル軍特殊部隊に属するアラブ人女性に扮した女性兵士の場合は、戦闘要員には見えない外見の彼女が実は戦闘要員であったという衝撃が、現実の戦闘において効果を上げた。だがそのような事例が続くと当初の衝撃は薄れ、女性だからといって一概には非戦闘要員とは見なされなくなっていくだろう。それはある意味では男女平等の達成である。だがその一方で、女性は非戦闘要員であって戦争に参加していないから攻撃すべきではない、という従来の考え方が通用しなくなる事態を、どれほどの人々が求めているのか、といった疑問も浮かぶ。

　日本に住んでいると遠い話だと思われるかもしれないが、このように、兵役におけるジェンダーという問題には、今我々の社会が直面する事例を考えるための様々なヒントが含まれている。女性兵士というのは、データの数値やヴァーチャルな世界の中の住人ではなく、今この世界において、我々と共に生きている、固有の身体、言葉を持った生身の人間であることが少しでも伝われば幸いである。

本コラムは本誌と姉妹誌『ゲンロンβ』をまたいで連載しています。次回は2023年4月発行の『ゲンロンβ80＋81』に掲載予定です。

★6　このギルアド・シャリートという兵士は、二〇〇五年から義務兵役に就いていたが、二〇〇六年に誘拐され、五年四カ月にわたってハマスの捕虜となっていた。彼が戻ってきたのは、エジプトとドイツの仲介で行われた、イスラエルとハマスの間の捕虜交換交渉が成立したからである。この時イスラエル政府は、パレスチナ人及びイスラエル国籍アラブ人の収監者一〇二七人を釈放することに同意した。彼が無事実家に戻ってきた二〇一一年一〇月一八日、イスラエルは国を挙げてのたいへんな祝祭ムードに包まれた。

コラム
最終回

イスラームななめ読み
#11「共生のイスラーム法学」とは何か

松山洋平 ماتسوياما يوهيه

一九九〇年代以降、一部のイスラーム法学者たちの間で「ムスリム・マイノリティのためのイスラーム法学」（فقه الأقليات المسلمة／fiqh for Muslim minorities：以下、「マイノリティ法学」と呼ぶ）という言葉が使われるようになった。ここでいう「ムスリム・マイノリティ」は、現代において、非イスラーム諸国でマイノリティとして生活するムスリムを意味する。つまり、マイノリティ法学とは、イスラーム法学の分野で、ムスリム・マイノリティのための特別な議論を行おうという呼びかけである。

ムスリムの奉じる宗教的な行為規範は、非イスラーム諸国――例えば、ヨーロッパやアメリカの国々――の法律・政治制度・社会的習慣と、ときに「対立」することがある。あるいは、明白に対立しないまでも、イスラームの宗教的な規範を非イスラーム諸国においてどのような形で体現すべきかがわからなくなるケースも多い。マイノリティとして生きるムスリムは、自分たちが生きる社会と、自分たちの奉じる宗教の規範との整合性をどのようにとればよいのかを考えさせられる機会に、頻繁に遭遇する。マイノリティ法学は、こうしたマイノリティが直面する問題を議論する枠組みとして提唱されたものである。

この概念の提唱者とされるのは、イラク出身のウラマー、故ターハー・ジャービル・アル＝アルワーニー（طه جابر العلواني：一九三五-二〇一六）である。アルワーニーは、一九九四年に布告したファトワー（فتوى：宗教に関わる個別的問題に対してウラマーが布告する教義回答）の中で初めてこの概念に触れることになる。そしてその後、マイノリティ法学についての基本的な考え方をいくつかの論考やファトワーによって示した。

以降、マイノリティ法学は、さまざまな背景を持つウラマーの支持を集めた。「マイノリティ法学」、あるいはそれに類似する表現をタイトルに冠した書籍――ファトワー集が比較的多い――がいくつも出版された。組織的な展開として顕著な例は、ヨーロッパ・ファトワー研究評議会（European Council for Fatwa and Research）の活動である。同団体は、一九九七年に設立された、ダブリンに本拠地を置く研究機関で、ヨーロッパに居住するムスリムの特殊な状況を考慮したファトワーを布告する方針を打ち出している。同団体の機関誌には、欧米におけるイスラームの宗教実践に関わる論文・ファトワー・声明が、アラビア語、英語、フランス語などの言語で収録されている［★1］。評議会の構成員には、イスラーム諸国で活動するウラマーのみならず、欧米で主導的な立場にあるウラマーも含まれている。

アルワーニーは、自身の唱導したマイノリティ法学を「共生のイスラーム法学」として位置づけようとした。

［過去の時代の］イスラーム法学者たちは、今日われわれが生きているような、さまざまな文化が交錯し、諸民族が同じ空間で生活する、一つになった地球を生きてはいなかった。むしろ彼らは、共同生活や相互理解の存在しない、分断された島々からなる世界で生きていた。それゆえに当時は、「戦争のイスラーム法学」（فقه الحرب）こそが、当代における現実的な必要性に見合う、主導的役割を担っていたのである。一方、われわれが今日、量的にも質的にも異なる現実において必要とするもの、それは「共生のイスラーム法学」（فقه التعايش）である。［★2］

彼の言葉には明白なメッセージが含まれている。グローバル化の進んだ現代においては、古い解釈を踏襲するだけでは十分ではない。共生を指向する新しい指針がイスラーム法学の議論には必要である――そう彼は主張するのである。マイノリティ法学は、このような問題意識から提唱された。

ただし、アルワーニーはなにも、イスラーム法学における古典的な解釈の蓄積をかなぐり捨てようとしたわけではない。彼自身、エジプトのアズハル大学で宗教教育を受け、その後一〇年ほど、サウジアラビアのイスラーム系大学でイスラーム法学を教えた経験を持つ伝統的なタイプのウラマーである。古典的な議論から距離をとる、独自路線の思想家というわけではない。

ムスリム・マイノリティの必要に沿った新しい解釈の方向性を、既存のイスラーム法学との連続性を保った上でいかにして示すか。それが、アルワーニーの課題だった。この課題は、マイノリティ法学の理念に賛意を示す彼以外のウラマーにも概ね共有されている。古典的なイスラーム法学の枠組みから離れすぎれば、法学者としての信用を失ってしまう。しかし、古典的な言説のみに依拠していては、ムスリム・マイノリティの現実に寄り添った解釈を示すことはできない。

マイノリティ法学の最も強力な論者の一人であった故ユースフ・アル＝カラダーウィー（يوسف القرضاوي：一九二六－二〇二二）もこのディレンマを意識していた。まず彼は、「望まれるマイノリティ法学は、一般的なイスラーム法学の範囲からはみ出るものではない」と述べる［★3］。しかし、それと同時に、ムスリム・マイノリティのために布告されるファトワーが、古典的な学説をそのまま適用するものであってはならないことも強調する。後者の点について、彼は以下のように述べている。

しかし、彼ら［過ぎ去った時代のウラマーたち］は、このような［今日の］マイノリティの状況や、非イスラーム社会において彼らに降りかかる困難への関心を欠いていた。ウラマーにとって、彼ら［ムスリム・マイノリティ］の現実に対する理解と、彼らに不可欠なものや必要な

★1　European Council for Fatwa and Research (URL= https://www.e-cfr.org)

★2　مقاصد الشريعة لطه جابر العلواني، دار الهادي، ٢٠٠١، ص٣٢.

★3　في فقه الأقليات المسلمة حياة المسلمين وسط المجتمعات الأخرى ليوسف القرضاوي، دار الشروق، ٢٠٠٥، ص١٠٢.

ものについての包括的研究を抜きにして、書物で読んだもののみによって彼らにファトワーを出すのでは、十分ではない。［★4］

古典的な法学の枠組みを継承することと、新しい解釈を創出すること。この二つの課題の両立に、彼らは取り組まなければならない。

マイノリティ法学の方法

彼らがマイノリティ法学を古典的な言説と接続させようとするとき、大きくわけて、次の二つのいずれかの方法がとられている。

一つは、蓄積された伝統の中に「新しい」解釈を見出そうと試みる方法である。つまり、各法学派の学説の中でこれまであまり採用されてこなかった、あるいは一般には知られてさえいなかった少数派説や、学説としては採用されることのなかった、教友（صحابة：サハーバ。ムハンマドと同時代に生きた第一世代のムスリム）や第二世代の学者に伝わる見解にまで選択肢を広げ、現代のマイノリティの必要に適う、可能な解釈の道筋を見つけ出そうとする方法がこれにあたる。

もう一つは、個別の問題について過去の学者が行きついた結論に拘泥するのではなく、「シャリーアの目的」（مقاصد الشريعة）に目を向ける方法である［★5］。つまり、イスラーム法学に内在する、ある種メタなレベルの原則に立ち戻り、それらの原則に依拠しつつ、より具体的な法判断を導き出す方法である。具体的には、「困難の免除」（رفع الحرج）、「二つの必要悪の内、軽微な悪をとること」（دفع أعظم الضررين بارتكاب أخفهما）、「慣習」（العرف）の考慮、「簡易化」（التيسير）のような、法源学（أصول الفقه）レベルの解釈指針や、「法格言・法諺」（القواعد الفقهية）の命題などがそうした原則にあたる。

マイノリティ法学に与するウラマーは、こうした手続きを介することで、古典的なイスラーム法学との連続性を確保した上で、非イスラーム諸国でマイノリティとして暮らすムスリムの援けとなるようなファトワーを布告している。ファトワーの具体的なテーマには、「クリスマスパーティーに招待されたが参加しても構わないか」「キリスト教徒用に設営された墓地にムスリムを埋葬してもよいか」「銀行に預金し、利子を取得しても構わないか」といった、マイノリティの信者の生活に密接に関連した内容のものが目立つ。

マイノリティ法学に賛同するウラマーが布告するファトワーでは、これまで受け入れられてきた学説とは対立する、「柔軟な」解釈が示されることが多い。例えば、「非ムスリムの夫婦の内、妻のみがイスラームに改宗し、夫がイスラームに入信しない場合、夫と離婚しなければならないか」という問題がある。この問題が浮上するのは、伝統的な解釈においては、ムスリムの女性はムスリムの男性としか結婚することができないためだ。古典的な学説に基づけば、妻だけがムスリムとなれば——議論の詳細には触れないが、最終的には——非ムスリムの夫との婚姻関係は解消されることになる。しかし、マイノリティ法学に与するウラマーたちは、さまざまなアプローチから、妻がムスリムとなり、夫が非ムスリムであり続ける場合にも、二人が婚姻関係に留まることができるという結論を導き出している［★6］。

彼らが通説とは大きく異なる法判断を示すとき、「マイノリティ法学」という枠組みは、イスラーム法学の解釈の幅を拡大し、新しい法判断を提起するための実験的なフィールドとして機能している。例えば前記のような、妻のみがイスラームに入信し夫が非ムスリムに留まる事例は、なにもムスリムがマイノリティの社会だけでなく、イスラーム諸国でも十分に起こり得ることだ。しかし、マイノリティ法学の論客は、あくまで非イスラーム諸国におけるケースに自分たちの議論の範囲を限定している。彼らが、イスラーム圏における同様の問題に対して、ムスリム・マイノリティに布告したのと同じようなファトワーを布告することはない。つまり、彼らの見解は、古い解釈を「上書き」するようなスタンスで提示されているのではないということだ。それはあくまで、非イスラーム諸国に暮らす個々のマイノリティのための、局地的・暫時的な宗教実践の指針として提示されている。アルワーニーは、マイノリティ法学で示される解釈の暫時的性格について次のように言及する。

［マイノリティ法学は］宗教的規定と、あるコミュニティやそのコミュニティが存在する場所の状況との関係を考慮に入れた、特別な知的領域である。それは、ある特定の状況下で生活し、特別な必要に迫られた個別的人間集団に適用され、別のコミュニティにとっては適切でないことが適切となり得るようなイスラーム法学である。［★7］

マイノリティ法学は、その自身の名称によって、通常のイスラーム法学とは別個の、例外的な状況下にあるムスリムに特化した言論空間であることをあらかじめ表明している。そうすることで、特定の層から想定されるある種の批判を排しつつ、冒険的な解釈をより自由に議論するための言論空間が確保される。そのような戦略として、マイノリティ法学を捉えることができる。

マイノリティ法学という実験的フィールドを通して生まれた解釈は、欧米のムスリムの間で共有されるだけでなく、イスラーム世界にいるウラマーの解釈や、当地のムスリムの実践にも大なり小なり影響を与えるかもしれない。先述のヨーロッパ・ファトワー研究評議会のメンバーには、アラブ諸国を活動拠点にしているウラマーも多い。また、同団体の布告するファトワーは、インターネットを通じて、欧米を超える広い地域のムスリムの目に届いている［★8］。

フランスでのムスリムの「統合」

マイノリティ法学の問題意識は、グローバルに解釈の影響が波及する可能性がある一方で、特定の一国において独特な形で展開・深化される場合もある。

★4　في فقه الأقليات المسلمة ليوسف القرضاوي، ص٩٦.

★5　シャリーアとは、後述のように「神が定めた真理なる法」のことであるが、ここでは「イスラーム法学」と同一視しても問題はない。

★6　婚姻関係に留まることを許容する説の詳細は、例えば以下の二つの論考に詳しい。'إسلام المرأة وبقاء زوجه على دينه' لعبد الله بن يوسف الجديع، المجلة العلمية للمجلس الأوروبي للإفتاء والبحوث، العدد الثاني، ٢٠٠٣، ص١٣-٢٠٥. 'حكم بقاء من أسلمت مع زوجها الذي لم يسلم' لعبد الله الزبير، المجلة العلمية للمجلس الأوروبي للإفتاء والبحوث، العدد الثاني، ٢٠٠٣، ص٢٠٧-٢٤١.

★7　Taha Jabir Al-Alwani, *Towards a Fiqh for Minorities: Some Basic Reflections*, IIIT, 2003, p. 3. 傍点引用者。

★8　同評議会の機関誌は、ヨーロッパだけでなく、アラブ諸国にいるウラマーにも送付されているという。Lena Larsen, *How Muftis Think: Islamic Legal Thought and Muslim Women in Western Europe*, Brill, 2018, p. 159.

フランスのタレク・ウーブロー（طارق أوبرو, Tareq Oubrou：一九五九－）による「フランス的シャリーア」（sharī'a Française, sharī'a de France）の思想はその急進的な事例と言える。ウーブローはモロッコ出身のフランス人で、フランスを代表するイスラーム指導者の一人である。彼は、ムスリムのフランスへの「統合」（intégration）を促進するために、マイノリティ法学の議論を通して、イスラーム法学の解釈をフランス化させる道筋を定式化している。

イスラーム法学のフランス化は、イスラーム法学に対する二段階にわたる認識上の操作を通じて行われる。その操作を、ここでは「分節化」と呼んでおきたい。

第一の分節化は、歴史的個体性を持つ「フィクフ」（فقه：学問としてのイスラーム法学）と、包括的な普遍法・神の法としての「シャリーア」（الشريعة：神の定めた真理なる法）とを区別することである［★9］。

［……］それゆえフィクフは、特定の時間と特定の文脈の中で捉えられた、シャリーアの一つの写しに過ぎない。シャリーアの真実は、イスラーム法学の古典に含まれていることもあれば、ときにそうでないこともある。新しい宗教的課題は常に生まれ続けている。加えて、もはや、イスラーム法学の教説に含まれる全てのものが、あらゆる状況下で適用されるべきでもない。イスラーム法学は、絶えず表現し直されなければならない。［★10］

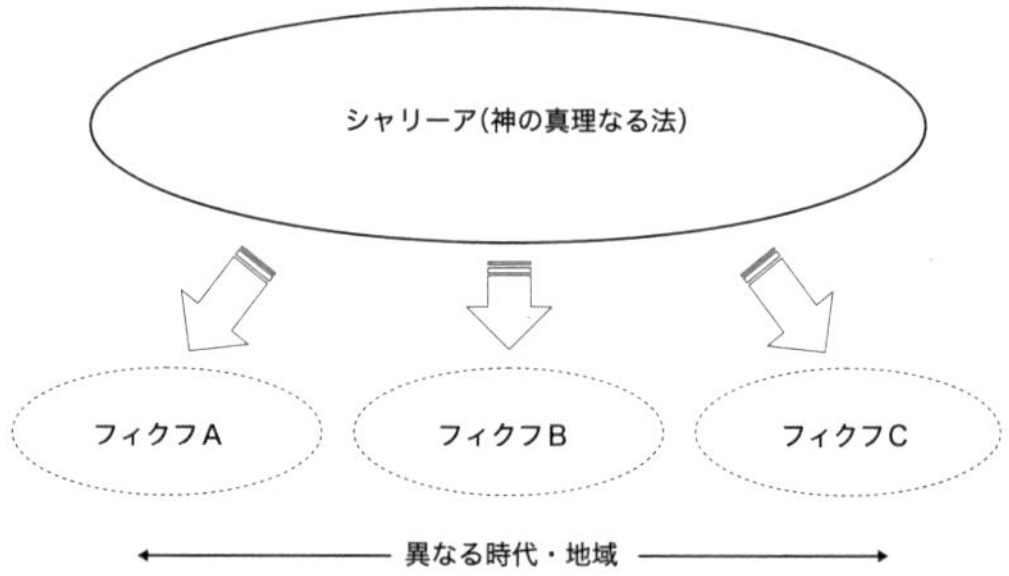

図1　イスラーム法学の第一の分節化

このように、「シャリーア」と「フィクフ」を区別することで、前者の普遍性と、後者の可変性・相対性が認識される。実社会で運用される生きた法である「フィクフ」は、より高次の普遍法である「シャリーア」を参照する形で、時代と地域に応じて随時表現し直される。これが、イスラーム法学の第一の分節化である［図1］。

ウーブローはさらに、シャリーアと差異化されたフィクフの領域に対して、内的な分類を行う。これが第二の分節化に関わる。

順を追って説明しよう。彼はまず、フィクフを以下の三つの領域に分類する。第一の領域は「儀礼行為」（cult, 'ibādāt）である。これは、礼拝や斎戒などの、いわゆる宗教的な儀礼に分類される行為をいう。第二の領域は「礼節」（moral, akhlāq）、第三の領域は「法」（droit, mu'āmalāt）である。

ウーブローによれば、このように分類された三つの領域の内、フランスの国法と対立する可能性があるのは第三の「法」の領域である。そしてこの対立は、「シャリーアの倫理化」（l'ethicisation de la sharī'a）という手続きを踏むことで解決されるという。彼は、この「シャリーアの倫理化」の手続きを以下のように説明する。

シャリーアの倫理化というのは実際、

シャリーアのメタボリズムの中にフランスの国法を組み込みつつ、ムスリムの一定の行動にイスラームの道徳的適法性を付与することを狙いとしている。それは、「法」(droit)を道徳的側面のみに縮減することで、それをシャリーアから排除することである。[★11]

言いかえれば、「シャリーアの倫理化」とは、イスラーム法学の中の、フランスの国法と衝突する領域の意味内容を、道徳的なレベルにまで「縮減」し、その「法」的性格を消滅させることを意味する。これが、ウーブローによる第二の分節化である[図2]。

イスラーム法学の「法」的領域を「倫理化」することは、「フランス的シャリーア」の確立、そして、ムスリムのフランス社会への統合の手段とされる[★12]。ウーブローのマイノリティ法学の議論は、フランス的価値観と調和する形にイスラームの行為規範を編み直し、フランスという一国の中で、イスラームを(未だそうでないとすればだが)「デノミネーション化」[★13]させる営みと言える。

こうしたウーブローの議論それ自体は、「統合」への圧力が強いフランス共和国という特殊な場所でのみ生まれ得たものかもしれない。そもそも、フランス国内だけ見ても、全てのムスリムがウーブローの意見に賛同するわけではない。しかし、今日求められているイスラームの「土着化」(ヨーロッパ化)の一つの可能なあり方は、このような試論が幾重にも積み重なることで徐々にその輪郭を形成していくものだろう。

イスラーム法学は、ムスリムの宗教実践のあり方に直結する問題領域である。例えばヴェール問題に象徴される種々の「イスラーム問題」は、ムスリムの側から捉えれば、「イスラーム法的にどこまで妥協できるか」という問いに、大なり小なり関連している。マイノリティ法学は、まさにこのイスラーム法学の領域に、「共生」という解釈の指針を組み込むためになされている、ゆるやかな改革の試みなのである。

図版作成=松山洋平

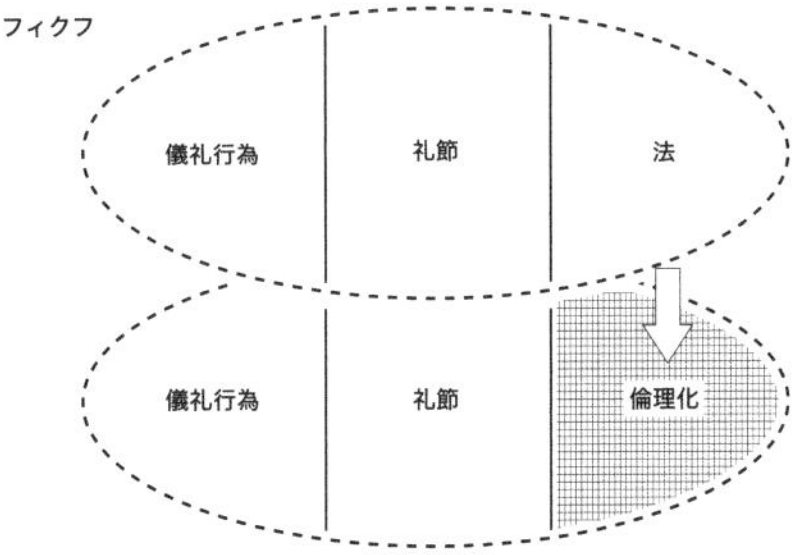

図2　イスラーム法学の第二の分節化

★9　なお、「フィクフ」と「シャリーア」の区別を強調する論法は、近代以降のムスリム知識人に広く見られるものであり、ウーブロー独自のものではない。

★10　Tareq Oubrou, "La sharīʻa de minorité: réflexions pour une intégration légale de l'islam," In *Lectures contemporaines du droit islamique-Europe et monde arabe*, F. Frégosi (ed.) Strasbourg, 2004, p. 216.

★11　ibid., pp. 219-220.

★12　ibid., pp. 216-217.

★13　「デノミネーション」(denomination)とは宗教社会学の宗教類型論における用語で、当該社会や他宗派と協調的な関係を保つ宗派をいう。「チャーチ」(church)、「エクレシア」(ecclesia)、「セクト」(sect)、「カルト」(cult)などの類型と並んで用いられる。

くーちゃんさん

投稿者名：タケさん

ネット上のねこ画像はどれも同じ顔？『新写真論』で示されたそんな仮説を覆す、かわいらしい模様と姿勢のくーちゃん。爪までピンと飛ばした後ろ足がキュートです！

さくらさん

投稿者名：ｒｙｏさん

投稿者さんのお宅にきたばかりのころの、三毛ねこのさくらさんのご様子。子ねこ時代は、座ったまま眠くなり、ときおりこてんと転んでしまっていたとか。ごろにゃーん。

Neko Deus ネコ・デウス 14

リニューアルにしたがい、ゲンロンが運営する記事サイト「webゲンロン」の読者投稿コーナー
「ネコ・デウス」が『ゲンロン14』に出張しました。
2010年代を代表する知識人、ユヴァル・ノア・ハラリは、
人間《ホモ》はシンギュラリティの到来とともに神《デウス》へと進化するといいました。
しかしネットにあふれる画像や映像を見ていると、
その人間を支配しているのはねこなのではないかと思えてきます。
ポストシンギュラリティの神は、ヒトか、ねこか——？
そんな神と化した、あるいは勝手に神と化した気になっているねこたちの写真を
読者・著者のみなさまから大募集するコーナーが「ネコ・デウス」です。
ここでは寄せられた100を超える投稿のなかから一部を紹介いたします。
みんなで猫神《ネコ・デウス》を愛でましょう！

ビリーさん

投稿者名：Youさん

飼い主さんの『ゲンロン10』をいっしょに読むねこさん。どこかアンニュイなそのまなざしは哲学者の風貌です……！

海辺の公園のねこさん

投稿者名：gatagotoさん

「イケメン」という言葉が似あうキジトラさん。海辺の公園で出会った、というシチュエーションもイケメン具合に拍車を掛けます。鼻周りの白模様はかわいい系かも!?

道端で眠るねこさん

投稿者名：龍之介

最近ねこの写真撮影に凝っているという龍之介さん。お天道さんの陽が注ぐなか、アスファルトの上で気持ちよさそーに寝るねこさんを見つけました。ゴロゴロゴロー。

レフ(Лев)さん

投稿者名：SHIRAさん

シラスのチャンネル「ロシア語で旅する世界　万歳《ウラー》！」でロシア語を学ぶねこさん。Привет!（こんにちは！）Я очень добрый кот!（わたしはとても優しいねこです！）Изучаю русский язык с мамой...（わたしは母と一緒にロシア語を勉強しています…）с…па…(˘ω˘)ｽﾔｧ…

cats × genron

ねこ写真募集中

webゲンロンでは、みなさまからの「ネコ・デウス」写真をお待ちしております。
下記のURLから、ねこさんにまつわるエピソードと一緒にお送りください。
ゲンロン友の会会員でなくても大丈夫。お待ちしてるにゃ〜。
https://genron-alpha.com/cattcw/

ラーさん

投稿者名：tomonoさん

横顔が素敵なtomonoさんのお宅のねこさん。家にはもう一匹ねこがいるそうなのですが、いつまでたっても互いにツンとしているのだとか。クールなところもまたねこの可愛さだにゃ。

砂の惑星（？）のねこさん

投稿者名：Tomonori Arasaki

『スターウォーズ』の砂漠の惑星タトゥイーン……ではなく、そのロケ地として有名なチュニジアで出会ったねこさん。遥か彼方の銀河系にも、ネコ・デウスはいるのか!?

寄稿者一覧

荒俣宏｜あらまた・ひろし
四七年生。作家、博物学者、京都国際マンガミュージアム館長。著書に『帝都物語』（角川文庫、日本SF大賞）、『世界大博物図鑑』（平凡社、サントリー学芸賞）、『女流画家ゲアダ・ヴィーイナと「謎のモデル」』（新書館）、『小説 妖怪大戦争 ガーディアンズ』（角川文庫）など。

梅津庸一｜うめつ・よういち
八二年生。美術家、パープルーム主宰。展覧会に「ポリネーター」（ワタリウム美術館）、「窯業と芸術」（陶園ほか）、「フェアトレード 現代アート産業と製陶業をめぐって」（Kanda & Oliveira）など。作品集に『梅津庸一作品集 ポリネーター』（美術出版社）、『ラムからマトン』（アートダイバー）。

浦沢直樹｜うらさわ・なおき
六〇年生。漫画家。代表作に『YAWARA!』、『MONSTER』、『20世紀少年』（いずれも小学館）、『BILLY BAT』（長崎尚志ストーリー共同制作、講談社）など。『ビッグコミックスピリッツ』（小学館）で『あさドラ!』を連載中。ミュージシャンとしても活動。

鹿島茂｜かしま・しげる
四九年生。作家、フランス文学者。著書に『子供より古書が大事と思いたい』（青土社、講談社エッセイ賞）、『『パサージュ論』熟読玩味』（青土社）、『神田神保町書肆街考』（ちくま文庫）、『稀書探訪』（平凡社）など。

小松理虔｜こまつ・りけん
七九年生。地域活動家。いわき市小名浜のオルタナティブスペース「UDOK.」を主宰。著書に『新復興論』（ゲンロン、大佛次郎論壇賞）、『ただ、そこにいる人たち』（共著、現代書館）、『新地方論』（光文社新書）など。

櫻木みわ｜さくらき・みわ
七八年生。小説家。〈ゲンロン 大森望 SF創作講座〉第一期の講座提出作を改稿した作品集『うつくしい繭』（講談社）でデビュー。著書に『コークスが燃えている』（集英社、貧困ジャーナリズム特別賞）、『カサンドラのティータイム』（朝日新聞出版）など。

櫻間瑞希｜さくらま・みずき
九三年生。言語社会学者。博士（社会科学）。二〇一六年第五回国際タタール語・タタール文学オリンピック優勝。共著に『タタールスタンファンブック』（パブリブ）、『ニューエクスプレスプラス タタール語』（白水社）など。

さやわか
七四年生。ライター、物語評論家、マンガ原作者。〈ゲンロン ひらめき☆マンガ教室〉主任講師。著書に『名探偵コナンと平成』（コア新書）、『世界を物語として生きるために』（青土社）など。マンガ原作に『永守くんが一途すぎて困る。』（LINEコミックス、作画・ふみふみこ）など。

田中功起｜たなか・こおき
七五年生。アーティスト。あいちトリエンナーレ（二〇一九）、ヴェネチア・ビエンナーレ（二〇一七）などに参加。著書、作品集に『Vulnerable Histories (An Archive)』（JRP | Ringier）、『リフレクティヴ・ノート（選集）』（美術出版社）など。

辻田真佐憲｜つじた・まさのり
八四年生。文筆家、近現代史研究者。著書に『天皇のお言葉』（幻冬舎新書）、『新プロパガンダ論』（西田亮介との共著、ゲンロン）、『超空気支配社会』（文春新書）、『防衛省の研究』（朝日新書）など。

豊田有｜とよだ・ある
九〇年生。京都大学大学院理学研究科生物科学専攻博士後期課程修了、博士（理学）。現在、日本学術振興会国際競争力強化研究員。研究テーマはマカク属の社会進化、オスの繁殖戦略、協力行動や社会行動など。著書に『白黒つけないベニガオザル』（京都大学学術出版会）。

ユク・ホイ｜**Yuk Hui 許煜**
哲学者。香港城市大学教授。その著作は十数カ国語に翻訳されており、近著に『芸術と宇宙技芸』（末邦訳）がある。二〇二〇年よりバーグルエン哲学・文化賞の審査委員をつとめる。

松下隆志｜まつした・たかし
八四年生。岩手大学人文社会科学部准教授。著書に『ナショナルな欲望のゆくえ――ソ連後のロシア文学を読み解く』（共和国）、訳書にソローキン『青い脂』（共訳、河出文庫）、『親衛隊士の日』（河出文庫）など。

松山洋平｜まつやま・ようへい
八四年生。名古屋外国語大学世界教養学部准教授。専門はイスラーム教思想史、イスラーム教神学。著書に『イスラーム神学』（作品社）、『イスラーム思想を読みとく』（ちくま新書）、編著に『クルアーン入門』（作品社）など。

山森みか｜やまもり・みか
六〇年生。テルアビブ大学東アジア学科日本語主任。著書に『古代イスラエルにおけるレビびと像』（国際基督教大学比較文化研究会）、『「乳と蜜の流れる地」から』（新教出版社）、『ヘブライ語のかたち』（白水社）など。

東浩紀｜あずま・ひろき
七一年生。作家・批評家。ゲンロン創業者。著書に『存在論的、郵便的』（新潮社、サントリー学芸賞受賞）、『動物化するポストモダン』、『一般意志2・0』（ともに講談社）、『観光客の哲学』（ゲンロン、毎日出版文化賞受賞）、『ゲンロン戦記』（中公新書ラクレ）、『忘却にあらがう』（朝日新聞出版）など。

上田洋子｜うえだ・ようこ
七四年生。ロシア文学者、博士（文学）。ゲンロン代表。編著に『歌舞伎と革命ロシア』（森話社）、監修に『プッシー・ライオットの革命』（DU BOOKS）、訳書にクルジジャノフスキイ『瞳孔の中』（共訳、松籟社）など。

伊勢康平｜いせ・こうへい
九五年生。東京大学大学院人文社会系研究科博士課程。著作に「技術多様性の論理と中華料理の哲学」（『群像』二〇二三年四月号）、「ユク・ホイと地域性の問題」（『ゲンロン13』）など、翻訳にユク・ホイ『中国における技術への問い』（ゲンロン）など。

支援者一覧

本誌の刊行はゲンロン友の会会員のみなさまに支えられています。第13期クラス250とクラス50の方々のお名前を支援者として記載します。(2023年2月16日時点)

クラス250

川上量生
加藤賢策
原口良胤
伊藤友里恵
行方一正
前田一聖
弓場康平
田中孝一

クラス50

河村信
猪谷誠一
岸野佑亮
古坂貴徳
清水康裕
奥野弘幸
新見永治
鈴木孝
坂直樹
崎山伸夫
石橋秀仁
大脇幸志郎
猪木俊宏
佐藤宏
稲葉智郎
岡本一平
戸城優紀
岡田智靖
森康臣
田中裕也
辻田真佐憲
佐藤正尚
高田和義
山岸亮
武藤大司
五十嵐誠
石黒孝幸
山本郁也
井村諒
岡ノ谷司
大井昌和
武井一雄
大家政胤
泉政文
木村文乃
吉田淳
喜多浩之
塩川晃平
小栗悠貴
三留奈保子
山本隆
桂大介
香月浩一
本間盛行
牧尾千賀子
山屋健
細井拓史
中村直人
神藏寿観
茂垣雅治
河西学
竹中俊平
横井佳久
足立健太
酒井俊直
西岡京
植田義人
渡辺健堂
穴井雄治
山下恭平
竹田克也
BLANCA SHINAGAWA FC
清川祐英
今由美
井上ゆかり
井出敬佑
柴田賢蔵
高橋慧
大坪徹夫
武藤高記
藁谷浩一
小玉周平
金子隆昭
翼駿馬
吉川陶太
稲葉理晃
碓井允揮
貝本隆三
中野弘太郎
新垣隆
上西雄太
山下洋平
三浦瑠麗
floatoo
齊藤秀一
行方隆人
足立保志
新宮昌樹
宮坂泰三
三橋祐太
大田周生
脇元寛之
永水和久
小山政幸
堀内大助
Ishida Ykevi
尾崎龍一
中川瞬希
柏敏文
冨田茂樹
秋谷延宏
嵐渓荘
高橋綾乃
qpp(`ω´)ノ
左近洋一郎
佐俣裕一
勢理客勇太
松井健人
浦野竜一

(会員番号順)

と飼いならされることなく、野生を保ったまま人間とともに暮らすねこ。なにかの役に立っているわけではないのに

Cat's Narrow Road

ねこのほそ道

2023. 2. 25 sat. — 5. 21 sun.

Taro Izumi
Emi Otaguro
Tam Ochiai
Sayako Kishimoto
Ken Sasaki
Teppei Soutome
Hideyuki Nakayama
+Taichi Sunayama

泉太郎
大田黒衣美
落合多武
岸本清子
佐々木健
五月女哲平
中山英之＋砂山太一

豊田市美術館
Toyota Municipal Museum of Art

〒471-0034 愛知県豊田市小坂本町8丁目5番地1
Tel.0565-34-6610 Fax.0565-36-5103
E-mail. bijutsukan@city.toyota.aichi.jp

Toyota Municipal Museum of Art
豊田市美術館

佐々木健《ねこ》2017年／油彩、カンヴァス／個人蔵／ Courtesy of the artist and Gallery Koyanagi

開館時間＝10:00–17:30（入場は17:00まで）　休館日＝月曜日（5.1は開館）

観覧料／一般1,000円（800円）、高校・大学生800円（600円）、中学生以下無料
＊（　）内は20名以上の団体料金
＊観覧料の減免対象者及び割引等については当館ウェブサイトをご確認ください

協力＝青山目黒、KAYOKOYUKI、小山登美夫ギャラリー、SUNAKI. Inc、TAKE NINAGAWA、中山英之建築設計事務所
協賛＝GEMINI Laboratory by TOPPAN

詳細はこちら

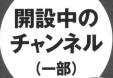

ゲンロンカフェを観覧・視聴するには

会場で見る

通常席

基本料金 **2,500円**（税込）

☑ シラス「ゲンロン完全中継チャンネル」会員マイページ提示で1ドリンク付

☑ 学生証提示で当日500円キャッシュバック（他サービス併用不可）

https://peatix.com/user/64905/

配信で見る（シラス）

チャンネル会員

月額6,600円（税込）で **見放題**

一般

990円（税込）

https://shirasu.io/c/genron

配信で見る（ニコ生）

チャンネル会員

月額10,266円（税込）で **見放題**

一般

1,000円（税込）

https://ch.nicovideo.jp/genron-cafe

直近のイベントスケジュールはこちら！

ゲンロンのYouTubeチャンネルでも過去のイベントのダイジェストなどを公開しています！

ゲンロン　YouTube　SEARCH

ゲンロンカフェをお得に楽しむなら「ゲンロン友の会」がおすすめ！

友の会会員のみなさまは、イベント入場受付時に会員証のご提示で**ワンドリンクがサービス**となります。上級会員コースでは、**特定イベントの先行予約**や、**座席確保サービス**などもございます。

「ゲンロン友の会」は現在13期。特典や優待サービスが目白押し！

☑『ゲンロン14』（23年3月刊行）

☑『ゲンロン15』（23年9月刊行予定）

☑ 選べる単行本 1冊

☑ ゲンロンβ 1年分

☑ webゲンロン 読み放題

☑ シラス視聴割引　対象チャンネル：「ゲンロン完全中継チャンネル」「上田洋子のロシア語で旅する世界YPA!」「鹿島茂のN'importe quoi!」

☑ スクール優待サービス

開講予定の講座（※）：「ゲンロン ひらめき☆マンガ教室」（第6期 23年4月開講）「ゲンロン 大森望 SF創作講座」（第7期 23年6月開講予定）

※その他、各スクールの開催予定について、最新の情報は公式サイト並びにSNSをご確認ください

ゲンロン友の会会員サービスの詳細はこちら！

Twitter @genroninfo | @genroncafe | @genronedit | @genronschool

Facebook facebook.com/genroncafe/　Instagram @genroncafe

LINE @genroncafe　note note.com/genron/

back issues　ゲンロン　編集長｜東浩紀

※価格はすべて税込です。

第 2 期

ゲンロン 10

小特集　平成から令和へ
小特集　AIと人文知
家入一真、高橋源一郎、
原武史、三宅陽一郎、
ドミニク・チェン、
ユク・ホイ、
山本貴光＋吉川浩満ほか
2019年9月刊　2640円

ゲンロン 11

小特集
「線の芸術」と現実
安彦良和、山本直樹、
武富健治、さやわか、
伊藤剛、柳美里、
石田英敬、安藤礼二、
中島隆博、小川哲ほか
2020年9月刊　2750円

ゲンロン 12

特集
無料とはなにか
宇野重規、鹿島茂、
楠木建、飯田泰之、
井上智洋、小川さやか、
鈴木忠志、高山羽根子、
ウティット・ヘーマムーン、
竹内万里子ほか
2021年9月刊　2860円

ゲンロン 13

小特集
ロシア的なものとその運命
乗松亨平、梶谷懐、
山本龍彦、三浦瑠麗、
辻田真佐憲、大山顕、
鴻池朋子、やなぎみわ、
菅浩江、星泉ほか
2022年10月刊　3080円

第 1 期

ゲンロン 1　特集：現代日本の批評　大澤聡／亀山郁夫／ボリス・グロイス／鈴木忠志ほか　2015年12月刊　2530円

ゲンロン 2　特集：慰霊の空間　五十嵐太郎／千葉雅也／筒井康隆／中沢新一ほか　2016年4月刊　2640円

ゲンロン 3　特集：脱戦後日本美術　会田誠／安藤礼二／椹木野衣／キム・ソンジョンほか　2016年7月刊　2640円

ゲンロン 4　特集：現代日本の批評Ⅲ　浅田彰／佐々木敦／山口二郎／プラープダー・ユンほか　2016年11月刊　2640円

ゲンロン 5　特集：幽霊的身体　飴屋法水／大澤真幸／金森穣／木ノ下裕一ほか　2017年6月刊　2640円

ゲンロン 6　特集：ロシア現代思想Ⅰ　乗松亨平 特集監修／石田英敬／貝澤哉ほか　2017年9月刊　2640円

ゲンロン 7　特集：ロシア現代思想Ⅱ　乗松亨平 特集監修／アレクサンドル・エトキントほか　2017年12月刊　2640円

ゲンロン 8　特集：ゲームの時代　アレクサンダー・R・ギャロウェイ／さやわか／橋野桂ほか　2018年5月刊　2640円

ゲンロン 9　第1期終刊号　五木寛之／苅部直／沼野充義／ミハイル・バフチンほか　2018年10月刊　2640円

lineup

ゲンロン既刊単行本

※価格はすべて税込です。

今後の刊行予定

観光客の哲学　増補改訂版　東浩紀　2023年4月刊行予定
訂正可能性の哲学　東浩紀　2023年夏刊行予定
革命と住宅　本田晃子　2023年夏刊行予定
ディスクロニアの鳩時計　海猫沢めろん　2023年夏刊行予定
アンビバレント・ヒップホップ　吉田雅史　2023年秋刊行予定

ゲンロン叢書 012
中国における技術への問い
宇宙技芸試論
ユク・ホイ　伊勢康平 訳
2022年8月刊　3300円

第49回大佛次郎賞

ゲンロン叢書 011
世界は五反田から始まった
星野博美
2022年7月刊　1980円

ゲンロン叢書 010
新映画論
ポストシネマ
渡邉大輔
2022年2月刊　3300円

第18回大佛次郎論壇賞

ゲンロン叢書009
新復興論 増補版
小松理虔
2021年3月刊　2750円

ゲンロン叢書008
新プロパガンダ論
辻田真佐憲＋西田亮介
2021年1月刊　1980円

ゲンロン叢書 007
哲学の誤配
東浩紀
2020年4月刊　1980円

ゲンロン叢書 006
新対話篇
東浩紀
2020年4月刊　2640円

ゲンロン叢書 005
新写真論
スマホと顔
大山顕
2020年3月刊　2640円

ゲンロン叢書 004
新しい目の旅立ち
プラープダー・ユン
福冨渉 訳
2020年2月刊　2420円

ゲンロン叢書 003

テーマパーク化する地球

東浩紀

2019年6月刊　2530円

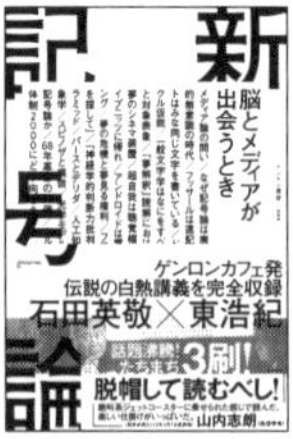

ゲンロン叢書 002

新記号論

脳とメディアが出会うとき

石田英敬＋東浩紀

2019年3月刊　3080円

第71回毎日出版文化賞

ゲンロン 0
観光客の哲学

東浩紀

2017年4月刊　2530円

『ゲンロンβ』既刊紹介

本誌には姉妹誌として電子版批評誌『ゲンロンβ』が存在します。編集長は東浩紀。原点は2013年創刊の「福島第一原発観光地化計画通信」です。長いあいだ月刊で発行し、通巻も130号を超えていましたが、2023年8月の『β83』で残念ながら終刊となることになりました。すでに2022年12月の『β79』より隔月刊に移行しています。同誌連載からは小松理虔さんの大佛次郎論壇賞、星野博美さんの大佛次郎賞も生まれました。現在の連載は本誌『ゲンロン』および「webゲンロン」に引き継がれます。終刊まで残り数号。応援をよろしくお願いいたします。

ゲンロンβ 79

2022年12月23日発行

小松理虔「当事者から共事者へ　第20回　沖縄取材記(前篇)」／松山洋平「イスラームななめ読み　第10回　これからのクルアーン翻訳、あるいはアダプテーション」ほか

ゲンロンβ 78

2022年11月10日発行

梶谷懐＋東浩紀「悪と公共性をアジアから考える」／柿沼陽平「動物と人間の中国古代史」／さやわか「アフターコロナのイギリス訪問記」ほか

ゲンロンβ 76＋77

2022年9月12日発行

養老孟司＋茂木健一郎＋東浩紀「脳と戦争と日本の未来」／東浩紀「『観光客の哲学』英語版序文」／小松理虔「当事者から共事者へ　第19回」ほか

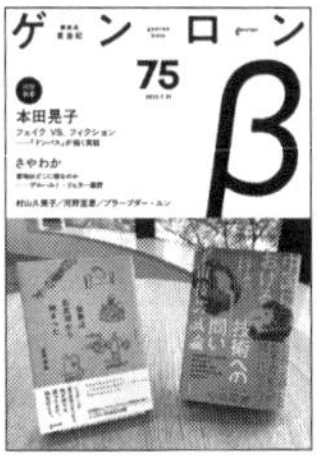

ゲンロンβ 75

2022年7月31日発行

本田晃子「フェイクVS.フィクション　『ドンバス』が描く寓話」／さやわか「愛について　番外編　ゲルハルト・リヒター展評」ほか

編集後記

ふたたび編集後記を書くことになった。今号より編集方針を変えたからだ。頁数を抑え、年二回刊行にした。内容も硬軟のバランスを意識した。手に取りやすくなったのではないかと思う。

本誌は二〇一五年に創刊した。最初は年三回刊行だったのだが、一九年から頁数が増え始め、いつのまにか年一度の刊行が体力的に限界になってしまった。今回は初心に帰るリニューアルだ。気がつくと大艦巨砲主義になるのはぼくの宿痾で、古くからの読者は『日本2・0』という異形の号を記憶しているだろう。あの出版から社の経営が傾いた。二度目の失敗をしないよう戒めたい。

会社経営も長くなった。去る二月にはカフェが開店一〇年を迎えた。今号の座談会もカフェで収録されている。開催したイベントは約千回、登壇者は七百人を超える。壁に並ぶ無数のサインを見ると、我ながらたいへんな空間を作ってしまったと感じる。弊社は毀誉褒貶が激しいが、少なくともこの事実だけは後世必ず評価されるだろう。

経営も長いが物書きとしても長くなった。今年は個人的には「ソルジェニーツィン試論」から三〇年、『存在論的、郵便的』から二五年の節目の年でもある。この三〇年でいろいろなひとが現れ、消えていった。日本も世界も大きく変わった。哲学は世界を変えることはできないが、ひとは救えるはずだと最近よく考える。雑音ばかりが聞こえる時代だが、人文知の価値を後世に少しでも伝えることができるよう、迷わずに着実に歩みを進めたい。（編集長A）

今日は二月二四日、校了直前だ。今日は誕生日で、かつてはお祝いの楽しい日だった。それが昨年から戦争開始の辛い日に変わった。ちょうど、新潟の舞踊劇団noismの公演『さすらい人』があって見に行く。二〇一六年に開催した利賀セミナーで講師をつとめていただいた金森穣さんの振付。二一本のシューベルトの歌曲が用いられている。後半は『魔王』や『死と乙女』など、人が死に、別れる話が繰り返される。ダンサーは舞台上で一人ずつ死者となる。最後に全員が復活して、一本一本花を植える。赤い色の斑点が舞台を埋めつくしていく。花は墓碑かもしれない。血かもしれない。新しい命かもしれない。絶望と、世界の秩序が回復することへの小さな希望を共に味わった。（U）

入社したときはゲンロンカフェ五周年が祝われていたはずが、気づけば一〇周年が祝われている。つい最近に思っていたオフィスの引っ越しすらもう一年前だ。ただでさえ時間が加速しているように思えるなか、『ゲンロン』の刊行ペースが二倍になった。正直、マジかと思わないこともない。ワードファイルとゲラの奔流のただ中で、視野の片隅に、知とは物量だという文字が光って見える。著者が莫大な労力をかけたテクストを、浴びるように読むことができるのだから、編集者ほどお得な職業はない、のかもしれない。そのエネルギーの奔流に押し流されないよう、とにかく手を動かす。朦朧とする頭に、どこかから「さあ、編めよ」という声が聞こえた気がした。（Y）

ゲンロン

genron

発行日　2023（令和5）年3月15日　第1刷発行

編集人　東浩紀《あずまひろき》

発行人　上田洋子《うえだようこ》

発行所　株式会社ゲンロン
141-0031
東京都品川区西五反田2-24-4
WEST HILL 2F
TEL:03-6417-9230　FAX:03-6417-9231
info@genron.co.jp　https://genron.co.jp/

印刷　株式会社シナノパブリッシングプレス

編集　上田洋子　横山宏介
編集補佐　伊勢康平　住本賢一　植田将暉　栁田詩織

デザイン　川名潤

DTP　株式会社キャップス

Printed in Japan
ISBN 978-4-907188-48-1

以下よりご感想をお待ちしております
https://www.genron-alpha.com/genron14/

次号予告

ゲンロン15　2023年9月刊行予定

14
2023
March

星野博美さんの『世界は五反田から始まった』が第49回大佛次郎賞を受賞しました。写真は大五反田圏内のホテル「雅叙園」で行われた、祝賀会での一幕。弊社代表兼担当編集の上田洋子とのツーショットです。
雅叙園は星野さんのご両親が結婚式を挙げられたゆかりの場所。五反田から生まれた書籍が世界へ羽ばたき、そして「大五反田」へと凱旋した記念すべき一夜でした。星野さん、受賞おめでとうございます！（Y）

genron 14 Table of Contents

This is a full translation of the table of contents.

Contributors and Translators

Hiroshi Aramata
Born in 1947. Author, natural historian, and director of the Kyoto International Manga Museum. Works include *Teito monogatari* (Kadokawa Bunko, winner of the Nihon SF Taisho Award), *Sekai daihakubutsu zukan* (Heibonsha, winner of the Suntory Prize for Social Sciences and Humanities), *Joryu gaka Gerda Wegener to "nazo no moderu"* (Shinshokan), and *Shousetsu yokai daisensou gaadianzu* (Kadokawa Bunko).

Yuk Hui
Philosopher, professor at the City University of Hong Kong, author of several monographs that have been translated into a dozen languages, most recently *Art and Cosmotechnics* (University of Minnesota Press, 2021). Hui sits as a juror of the Berggruen Prize for Philosophy and Culture since 2020.

Shigeru Kashima
Born in 1949. Author and scholar of French literature. Works include *Kodomo yori kosho ga daiji to omoitai* (Seidosha, winner of the Kodansha Essay Award), *"Passage-ron" jukudoku ganmi* (Seidosha), *Kanda Jinbocho shoshi gaikou* (Chikuma Bunko), and *Kisho tanbou* (Heibonsha).

Riken Komatsu
Born in 1979. Community activist. Head of the alternative space UDOK. in Onahama, Iwaki. Works include *Shin fukkou-ron* (Genron, winner of the 18th Osaragi Jiro Prize), *Tada, soko ni iru hito-tachi* (co-authored, Gendai Shokan), and *Shin chihou-ron* (Kobunsha Shinsho).

Mika Levy-Yamamori
Born in 1960. Head of Japanese at the Department of East Asian Studies, Tel Aviv University. Works include *Kodai Israel ni okeru Levi-bito-zou* (ICU Comparative Culture), *"Chichi to mitsu no nagareru chi" kara* (Shinkyo Shuppansha), and *Heburai-go no katachi* (Hakusuisha).

Takashi Matsushita
Born in 1984. Associate professor at the Faculty of Humanities & Social Sciences, Iwate University. Authored works include *National na yokubou no yukue: Soren-go no Russia bungaku o yomitoku* (editorial republica). Translated works include Sorokin's *Blue Lard* (co-translated, Kawade Bunko) and *Day of the Oprichnik* (Kawade Bunko).

Yohei Matsuyama
Born in 1984. Specialist in the fields of history of Islamic thought and Islamic theology. Associate Professor at the Department of World Liberal Arts, Nagoya University of Foreign Studies. Authored works include *Islam shingaku* (Sakuhinsha) and *Islam shiso o yomitoku* (Chikuma shinsho). Edited works include *Quran nyumon* (Sakuhinsha).

Miwa Sakuraki
Born in 1978. Novelist. Debuted with *Utsukushii mayu* (Kodansha), a collection of revised stories submitted for the first Genron Ohmori Science Fiction Writers' Workshop. Recent works include *Ko-kusu ga moeteiru* (Shueisha, winner of the Poverty Journalism Award) and *Cassandra no Teatime* (Asahi Shimbun Publications).

Mizuki Sakurama
Born in 1993. Sociolinguist. Ph.D. (social science). Winner of the 5th Tatar Language Olympics, held in 2016. Co-authored works include *Tatarstan Fan Book* (Publib) and *New Express Plus Tatar-go* (Hakusuisha).

Sayawaka
Born in 1974. Writer, narrative critic, and manga creator. Lead lecturer at the Genron Hirameki☆Manga School. Works include *Meitantei Conan to Heisei* (Core Shinsho) and *Sekai o monogatari toshite ikiru tame ni* (Seidosha). Manga titles authored include *Nagamori-kun ga ichizu sugite komaru.* (LINE Comics, art by Fumiko Fumi).

Koki Tanaka
Born in 1975. Artist. Participant in exhibitions including the Aichi Triennale (2019) and the Venice Biennale (2017). Works and collections of works include *Vulnerable Histories (An Archive)* (JRP | Ringier) and *Reflective Note (senshu)* (Bijutsu Shuppan-Sha).

Aru Toyoda
Born in 1990. Received a Ph.D. (science) after completing the doctoral program at the Division of Biological Sciences, Kyoto University. Currently a cross-border postdoctoral fellow at the Japan Society for the Promotion of Science. Research themes include the evolution of societies, male reproductive strategies, and cooperative and social behaviors of macaques. Works include *Shiro kuro tsukenai benigaozaru* (Kyoto University Press).

Masanori Tsujita
Born in 1984. Writer and scholar of modern and contemporary history. Works include *Tennou no okotoba* (Gentosha Shinsho), *Koseki Yuji no Showa-shi* and *Chokuuki shihai shakai* (both Bunshun Shinsho), *Shin Propaganda-ron* (co-authored with Ryosuke Nishida, Genron), and *Boueishou no kenkyuu* (Asahi Shinsho).

Yoichi Umetsu
Born in 1982. Artist and head of Parplume. Exhibitions include *Pollinator* (Watarium Art Museum), *Yougyou to geijutsu* (Touen and others), *and Fair Trade: Gendai Art sangyou to seitougyou o megutte* (Kanda & Oliveira). Collections of works include *Umetsu Youichi sakuhinshuu: Pollinator* (Bijutsu Shuppan-Sha) and *Lamb kara Mutton* (Art Diver).

Naoki Urasawa
Born in 1960. Manga artist. Titles include *Yawara!*, *Monster*, *Happy!*, *20th Century Boys*, *Pluto* (original work by Osamu Tezuka), and *Billy Bat*. His most recent work is *Asadora!* (serialized in Big Comic Spirits). Also active as a musician.

Ko Ransom
Born in 1987. Translator. Translated

works include *Attack on Titan* (Kodansha), *Prison School* (Kodansha), the *Monogatari* series (Vertical), and various essays for *Shisouchizu beta* and *Genron*.

Hiroki Azuma

Born in 1971. Author and critic. Founder of Genron. Works include *Sonzairon-teki, yuubin-teki* (Shinchosha, awarded the Suntory Prize for Social Sciences and Humanities), *Doubutsu-ka suru posutomodan* (Kodansha, published in English by University of Minnesota Press as *Otaku: Japan's Database Animals*), *Ippan ishi 2.0* (Kodansha, published in English by Vertical as *General Will 2.0*), *Kankokyaku no tetsugaku* (Genron, awarded the Mainichi Publishing Culture Award, published in English by Urbanomic as *Philosophy of the Tourist*), *Genron senki* (Chuko Shinsho La Clef), and *Boukyaku ni aragau* (Asahi Shimbun Publications).

Yoko Ueda

Born in 1974. Russian literature scholar and Ph.D (literature). Head of Genron. Co-edited works include *Kabuki to kakumei Russia* (Shinwasha), supervised works include *Pussy Riot no kakumei* (DU BOOKS), and translations include Sigizmund Krzhizhanovsky's *In the Pupil* (Shoraisha, co-translation).

Kohei Ise

Born in 1995. Enrolled in the doctoral course at the Graduate School of Humanities and Sociology, the University of Tokyo. Works include "Gijutsu tayousei no ronri to chuka-ryouri no tetsugaku" (*Gunzo*, April 2023 issue) and "Yuk Hui to chiikisei no mondai" (*Genron 13*). Translations include Yuk Hui's *The Question Concerning Technology in China* (Genron).